"十二五"职业教育国家规划教材
经全国职业教育教材审定委员会审定
普通高等教育"十一五"国家级规划教材
新世纪高职高专物流管理专业系列教材

供应链管理

第3版

主　编　赵继新　阎子刚
副主编　吕亚君　刘喜敏
参　编　李　钊

机 械 工 业 出 版 社

本书是“十二五”职业教育国家规划教材，经全国职业教育教材审定委员会审定。

本书较为系统地讲述了涉及供应链管理的相关理论、方法和技术，内容包括供应链管理基础，供应链管理方法，供应链的构建与优化，供应链合作伙伴的选择与评价，核心竞争力与物流外包、供应链管理环境下的生产计划和控制、库存控制、物流与采购管理，供应链绩效评价与企业激励机制，供应链管理信息技术支撑体系等。

本书是新世纪高职高专物流管理专业规划教材之一，可作为高等学校本专科工商企业管理和物流管理等专业师生的教材和参考用书，也可作为各类工商企业生产经营管理人员参考书籍。

图书在版编目（CIP）数据

供应链管理／赵继新，阎子刚主编．—3版．—北京：机械工业出版社，2017.1（2023.1重印）

“十二五”职业教育国家规划教材　经全国职业教育教材审定委员会审定　普通高等教育“十一五”国家级规划教材　新世纪高职高专物流管理专业规划教材

ISBN 978－7－111－55428－8

Ⅰ.①供…　Ⅱ.①赵…②阎…　Ⅲ.①供应链管理-高等职业教育-教材　Ⅳ.①F252.1

中国版本图书馆CIP数据核字（2016）第278289号

机械工业出版社（北京市百万庄大街22号　邮政编码100037）

策划编辑：孔文梅　　责任编辑：孔文梅　张　亮

责任校对：刘怡丹　　封面设计：鞠　杨

责任印制：张　博

北京中科印刷有限公司印刷

2023年1月第3版·第9次印刷

184mm×260mm·15.5印张·345千字

标准书号：ISBN 978－7－111－55428－8

定价：45.00元

电话服务

客服电话：010－88361066

010－88379833

010－68326294

网络服务

机　工　官　网：www.cmpbook.com

机　工　官　博：weibo.com/cmp1952

金　　书　　网：www.golden－book.com

机工教育服务网：www.cmpedu.com

前 言

PREFACE

供应链管理理论的诞生和不断发展，不仅引起了人们的广泛关注，更为全球范围内的企业从“纵向一体化”向“横向一体化”转变提供了强大的思想武器。在供应链管理的思想指导下，国际上一些著名的企业如戴尔、ZARA、惠普和苹果等公司在增强自身核心竞争力的基础上，充分利用外部资源，构建供应链合作伙伴关系，取得了良好的绩效，也使人们更加坚信供应链管理是新世纪企业适应全球竞争的一个有效法宝。但与之形成鲜明对比的是许多企业仍然面临物流成本高、库存水平高、响应速度低、客户服务水平低的“两高两低”等问题。因此，探索解决供应链管理问题的著作和论述大量涌现。

与一般的供应链管理专著和普通教材不同，本书根据教育部建设中国特色、世界水平的现代职业教育体系的总体目标，为协助各职业院校科学定位、办出特色、构建优质教育资源，依托广西交通职业技术学院的自治区精品课“供应链管理”课程，兼顾其他兄弟院校的教学内容和职业资格考试的知识要点，深入浅出地阐述了供应链管理理论和方法及其应用。

本次修订是根据专业发展规律和师生提出的一些意见、问题和建议，按照更好地服从于教师教学和学生学习的目标要求，基本体例、基本内容及文风不变，增加、删减和改写了一些内容，并进行一些文字修改，调整了部分案例，修改了与本书配套的助教多媒体课件。

本书由赵继新、阎子刚任主编，吕亚君、刘喜敏任副主编，参加本书编写的有：阎子刚（第二章），赵继新（第一章、第五章、第六章），吕亚君（第三章、第四章），刘喜敏（第七章、第八章），李钊（第九章、第十章）。赵继新负责本书配套的助教多媒体课件的设计和制作，并负责全书的总体修订和最后统稿。

为方便教学，本书配备助教多媒体课件等教学资源。凡选用本书作为教材的教师均可登录机械工业出版社教育服务网 www.cmpedu.com 下载。咨询电话：010－88379375，QQ：945379158。

由于社会发展变化及其热点转换较快，加之编者水平的限制，书中难免有不足之处，恳请广大读者提出宝贵意见，以期保持教材的时代性和实用性，以便与高职高专的物流管理专业教育与时俱进。

编　者

目 录

CONTENTS

第一章 Chapter One

供应链管理基础

学习目标

1. 了解企业管理思想的演变历史和供应链管理产生的背景。
2. 理解供应链的基本概念、结构、类型和特征。
3. 理解供应链管理的含义、内容和目标。
4. 理解供应链运营的机制和主要驱动因素。
5. 解释供应链管理决策对企业成功与失败的影响。
6. 叙述如何实现供应链战略以及其与企业竞争战略之间的匹配。

第一节 企业管理思想的演变及其发展

一、企业管理思想的演变

现代管理学之父彼得·德鲁克说过：“在人类历史上很少有什么事比管理的出现和发展更为迅猛，对人类具有更大和更为激烈的影响。”纵观近代人类的发展史，我们不难发现，各种管理思想的涌现为推动人类文明的迅速进步做出了巨大的贡献。

管理思想既是文化环境的产物，又是文化环境的过程。它是依托于文化模式、道德水准和社会制度的变迁而不断向前发展的。管理能够促进个体和群体实现目标，各种组织，如家庭、部落、国家、教会，在历史上都作为满足人们需求的手段而出现。

在工业化之前，管理还未作为一种正式的科学登上历史舞台，早期文明反映了一些试图将个人与组织联系起来的尝试，但一般都不重视经济活动，并且对管理职能持一种狭隘的观点。管理并没有受到足够的重视，这也是和当时的生产力发展水平相适应的，但是工业革命改变了这一切，并将管理带到了科学管理时代。

科学管理时代的代表人物泰勒出身富有，家里希望他成为一名律师，但是他知道自己并不擅长法律，毅然离开法学院，在一家水压工厂当磨具工和机工学徒。在那里他度过了4 年时光，深刻体会到了作为普通工人的感受，工人产出的限制、糟糕的管理以及工人与管理者之间的紧张关系深深触动了他。后来，他来到米德维尔钢铁公司，从 1878 年到1890 年，他从一个名普通工人晋升为总工程师，这为他积累了足够的经验，也为发展他的工厂管理理念奠定了基础。当时已经有了计件工资制，但是他发现这种体制的工作效率低下，他后来把原因分为“本性磨洋工”和“系统磨洋工”。本性磨洋工来源于“一种自然的本能和人们倾向于松懈的趋势”；系统磨洋工则来自于工人们“更加复杂的二次思考以及对人际关系的权衡”。说得通俗一点，前者主要是人的懒惰，可以通过管理者的激励或强制使工人达到工作要求。而后者，其实是管理体系存在缺陷，这迫使工人放慢工作速度来保护自己的利益。泰勒发现：按天或小时计算的工资系统，肯定会滋长磨洋工，因为工人干得太快可能导致其他工人或者自己失业，反正报酬取决于出勤和职位，而不是努力程度。那么计件工资制能解决这个难题吗？也不能，因为通常它设定的标准不合理，当工人获得的报酬多时，雇主就会降低单件价格。

因此，泰勒开始进行工时研究，工时研究也是泰勒制的基础。有记录表明，查尔斯·巴比奇之前就用手表测定了工人在生产大头针所进行的操作动作和所需要的时间，但是他仅仅满足于把实际完成一项工作花费时间汇总起来，而泰勒却将一项工作拆分成不同的组成部分，对各部分进行测试，并按照合理的方式重新安排工作。泰勒说：“管理的首要目的，应该是保证雇主最大限度的富裕，以及每名工人最大限度的富裕。”

对科学管理，泰勒做过精确的阐述：它是科学，而不是单凭经验的方法；它是和谐，而不是嘈杂；它是合作，而不是各行其是；它以最大产出代替有限产出；它让每个人的发展达到最高效率和获得最大富裕。从本质上说，科学管理，对于在具体公司或者行业工作的工人来说，他们对工作的责任、对同事的责任、对雇主的责任，都是一场彻底的心理革命。同样，对于管理层——工长、主管、企业所有人和董事会来说，他们对管理层同事的责任、对工人的责任、对日常出现的问题的责任，也是一场彻底的心理革命。如果没有双方彻底的心理革命，科学管理就无从谈起。

科学管理时代的后期诞生了“社会人”的思想，虽然泰勒等很多管理先哲的理念里已经有了社会人的模糊认识，但是直到20世纪30年代才引起更多的关注，梅奥的霍桑实验便是开端。

在西方电气公司霍桑工厂进行的霍桑实验从调查工人产量与照明之间的关系开始，逐渐成为一系列试图解释与照明无关的产量增加的尝试。绩效的提高并不是因为休息时间和茶点，而是与工资激励计划（部分程度上）和监工风格有关。总的说来，20世纪30年代管理开始关注人本身，而不再是工作。

法约尔其实和泰勒的时代相距不远，但是法约尔的著作得到认可的时间很晚，直到第二次世界大战后，康斯坦丝·斯托尔斯对法约尔的著作进行了翻译，才再度激发了人们对于一般管理理论的兴趣。亨利·法约尔是提出一般管理理论的第一人，他把该理论界定为：一般经验通过尝试和检验之后得到的规律、规则、方法和程序的总和。法约尔的理论包括两个部分，一个是基本要素，它描述了管理者做什么，即计划、组织、命令、协调和控制；另一个是管理原理。

在工业化时代，各企业和企业部门之间强调的是效率与分工的重要性，因此每个企业都追求效率化及高度单纯化，人们普遍认为只要本企业可以达到效率最大化，整体必因此而获利。但由于过分强调工作切割及局部最佳化，整体观念有所削弱。例如工厂为追求大量快速的生产效率，引进许多高度自动化的生产机械和强调单一动作的单能工，这些快速生产出来的标准化产品，一旦销路不畅，就会在仓库堆积库存，所以人们想办法把库存变成现金，包括买一送一、跳楼大拍卖等销售手段。此时的供应链可以说纯粹以物流驱动为主导，缺乏整体的观点。换句话说，零售店不会去考虑制造商的问题，同样制造商也不会去关心制造出来的产品对于物流配销或零售店的影响，造成了销售和生产的“大脱节”。事实上这些观念至今还影响深远。

知识经济时代的今天，国际化、动态化市场竞争日益激烈，用户需求的不确定性日益增加，高新技术迅猛发展，大型的生产系统日趋复杂，其复杂程度可从其复杂的产品物流看到。不同的供应商以其不同的方式将原料、零部件送至生产现场，经过复杂的生产过程生产出各种零部件和最终产品，再将零部件和产品送至客户。至此，“客户”一词的含义分割为两层，既包括最终产品的外部使用者，也包括内部以此为原料的下游的生产者。原料经过了运输、生产、运输、再生产……最后成为产品，并送至客户手中，其中复杂的生产过程多少也带有不确定性。现实中几乎所有的生产者都拥有一定的库存，以对抗这种可能发生的情况。难处在于，须知道库存量的大小和设立库存的地点。之所以困难是由于不确定性的传播，而从数学上讲是复杂的，现有的知识未能给人们提供一种分析方法，能够精确地计算出生产过程中库存量应有的大小，也可以说，前人未能精确地洞察到供应链中的其他过程。企业对付供应链中不确定性的唯一办法是依赖于经验和直觉。

缩小库存量和改进服务是现代企业所面临的巨大压力，不同的企业和组织发现他们自己有各自的目的。当不同的企业互相独立时，地理位置相隔遥远，并且一起为同一目标运行时，这种现象尤为突出。企业要降低成本，就要减少库存，而这样势必影响对客户的最终服务。为了恢复服务水平，必须对其供货者施加更大的压力以改进他们自己的性能指标。尽管此举可以缩小自己的库存，但是下游过程的库存并不能减少。这样，供应链中就会在某些节点上存在断续的库存以保证其他各节点维持最小库存。这样，整体看来，供应链的总体库存更多。为了减少库存投资和改进对客户的服务，只有重新分配库存，然而多数组织往往停留在口头承诺上，不利于系统的共同协作。

上述这些状况是现代企业面对的重大挑战。正因为这样，才需要有一套崭新的管理理念及方法，供应链管理也就应运而生了。

二、纵向一体化管理模式及其缺陷

管理模式是一种系统化的指导与控制方法，企业通过它把人、财、物和信息等资源，高质量、低成本、快速及时地转换为市场所需要的产品和服务。因此，自从有了企业起，质量、成本和时间（生产周期）就一直是一个企业活动的三个核心内容，企业管理模式也是围绕着这三个方面不断发展的。企业的生存和发展全有赖于对这三个核心活动过程的管理水平，因为质量是企业的立足之本，成本是生存之道，而时间则是发展之源。没有好的质量，就无法得到消费者的认可，企业所提供的产品或服务就无法在市场上立足；没有低的成本，企业就没有实力进行价格竞争，无法获得再生产所需要的资金而难以为继；而企业要适应不断发展的消费需求，就必须能在最短的时间里提供消费者所需要的产品或服务，因此生产周期（包括产品研制和生产时间）就成了能否适应企业发展要求的关键。为了做好这三个方面的工作，企业无时无刻不在寻找最有效的管理方法。

从管理模式上看，企业出于对制造资源的占有要求和对生产过程直接控制的需要，传统上常采用的策略是，或扩大自身规模，或参股到供应商企业，与为它提供原材料、半成品或零部件的企业是一种所有关系。这就是人们所说的“纵向一体化”管理模式。我国企业（特别是过去的国有企业）一贯采取“大而全”“小而全”的经营方式，可以认为是“纵向一体化”的一种表现形式。例如，许多企业拥有从铸造、毛坯准备、零件加工、装配、包装、运输等一整套设备、设施及组织机构，但其构成比例却又是畸形的，受长期计划经济的影响，其产品开发能力和市场营销能力都非常弱，但拥有庞大的加工体系。在产品开发、加工、市场营销三个基本环节上呈现出中间大、两头小的“腰鼓型”。“腰鼓型”企业适合于计划经济体制，而在市场经济环境下无法快速响应用户需求。当前有些企业经营不景气，并不是没有生产能力，而是生产不出或不能快速生产出市场上需要的产品，丧失了许多市场机遇。

从生产计划与控制机制看，企业生产管理系统在不同的时期有不同的发展和变化。20世纪60年代以前，盛行的方法是通过确定经济生产批量、安全库存、订货点，来保证生产的稳定性，但由于没有注意独立需求和相关需求的差别，采用这些方法并未取得期望的成果。20世纪60年代中期，出现了物料需求计划（MRP），较好地解决了相关需求管理问题。此后，人们就一直探求更好的制造组织和管理模式，出现了诸如制造资源计划（MRPⅡ）、准时生产制（JIT）及精细生产（LP）等新的生产方式。这些新的生产方式对提高企业整体效益和在市场上的竞争能力确实做出了不可低估的贡献。然而，进入20世纪90年代以来，消费者的需求特征发生了前所未有的变化，整个世界的经济活动也出现了全球经济一体化特征，这些变化对企业参与竞争的能力提出了更高的要求，原有的管理思想已不能完全满足新的竞争形势。以MRPⅡ和JIT为例，这两种生产方式都是只考虑企业内部资源的利用问题，一切优化工作均着眼于本企业的资源的最优应用。这种指导思想在21世纪的市场环境中显得有些不适应，因为在当前这种市场环境里，要求企业的一切都能快速响应用户需求，而要达到这一目的，仅靠一个企业所拥有的资源是不够的。在这种情况下，人们自然会将资源延伸到企业以外的其他地方，借助其他企业的资源达到快速响应市场需求的目的，这是企业管理的必然发展趋势。

在20世纪40~60年代，企业处于相对稳定的市场环境中，当时“纵向一体化”模式是有效的。但是在20世纪90年代科技迅速发展、知识更新加速、竞争日益激烈、顾客需求不断变化的形势下，“纵向一体化”模式则暴露出以下种种缺陷。

1. 增加企业投资负担

不管投资是用于建新的工厂，还是用于控股其他公司的目的，都需要企业自己筹集必要的资金。这一工作给企业带来许多困难。首先，企业必须花费人力、物力设法在金融市场上筹集所需要的资金。其次，资金到位后，随即进入项目建设周期（假设新建一个工厂）。为了尽快完成基本建设任务，企业还要花费精力从事项目实施的监管工作，这样一来又消耗了大量的企业资源。由于项目有一个建设周期，在此期间内企业不仅不能安排生产，而且还要按期偿还借款利息。显而易见，用于项目基本建设的时间越长，企业背负的利息负担越重。

2. 承担丧失市场时机的风险

对于某些新建项目来说，由于有一定的建设周期，往往出现项目建成之日，也就是项目下马之时的现象。市场机会早已在你的项目建设过程中消失。这样的事例在我国很多。从选择投资方向看，决策者当时的决策可能是正确的，但就是因为花在生产系统基本建设上的时间太长，等生产系统建成投产时，市场行情可能早已发生了变化，错过了进入市场的最佳时机而使企业遭受损失。因此，项目建设周期越长，企业承担的风险越高。

3. 迫使企业从事不擅长的业务活动

“纵向一体化”管理模式实际上是“大而全”“小而全”的翻版，它把产品设计、计划、财务、会计、生产、人事、管理信息、设备维修等工作看作本企业必不可少的业务工作，许多管理人员往往花费过多的时间、精力和资源去从事辅助性的管理工作。结果是，辅助性的管理工作没有抓起来，关键性业务也无法发挥出核心作用，不仅使企业失去了特色和竞争力，而且增加了企业产品成本。例如，在20世纪90年代中期，通用汽车公司死抱着纵向管理思想不放，为它自己的公司生产70%的零部件，而福特公司只有50%，克莱斯勒只有30%。正是由于通用汽车公司的顽固做法，它不得不经受着多方面竞争的压力。通用汽车公司因为生产汽车零部件而耗去的劳动费用高于其他两个公司，每生产一个动力系统，它比福特公司多付出440美元，而比克莱斯勒公司多600美元，在市场竞争中始终处于劣势。

4. 在每个业务领域都直接面临众多竞争对手

采用“纵向一体化”管理模式的企业的另一个问题是，它必须在不同业务领域直接与不同的竞争对手进行竞争。例如，有的制造商不仅生产产品，而且还拥有自己的运输公司。这样一来，该企业不仅要与制造业的对手竞争，而且还要与运输业的对手竞争。在企业资源、精力、经验、知识都十分有限的情况下，四面出击的结果是可想而知的。事实上，即使是IBM这样的大公司，也不可能拥有所有业务活动所必需的才能。因此，从20世纪90年代初起，IBM就不再进行纵向发展，而是与其他企业建立广泛的合作关系。例如，IBM与苹果公司合作开发软件，协助MCT联营公司进行计算机基本技术研究工作，与西门子公司合作设计动态随机存储器等。

5. 增大企业的行业风险

如果整个行业不景气，采用纵向一体化模式的企业不仅会在最终用户市场遭受损失，而且会在各个纵向发展的市场遭受损失。曾有这样一个例子，某味精厂为了保证原材料供应，自己建了一个辅料厂。但后来味精市场饱和，该厂生产的味精大部分没有销路。结果不仅味精厂遭受损失，与之配套的辅料厂也难以维系。

三、企业管理模式的发展

实际上，人们很早就注意到了外部环境的变化对管理模式的影响问题，并从技术和组织的角度采取了许多措施，提出了许多适应竞争环境变化的有效方法。例如，已在企业中得到较为广泛应用的计算机辅助设计/制造（CAD/CAM）、柔性制造系统（FMS）、计算机集成制造系统（CIMS）、MRP Ⅱ/ERP、JIT、精细生产等，都可以认为是为了提高企业对用户需求的有效响应而采取的措施。归纳起来，管理模式的变化可分为两个大的阶段。

（一）基于单个企业的管理模式

所谓基于单个企业的管理模式，是指管理模式的设计以某一个企业的资源利用为核心，资源的概念仅局限于本企业。比较典型的管理模式有如下几种形式。

1. 成组技术

成组技术（GT）的概念始于20世纪50年代的苏联，由米特洛凡诺夫首先提出。当时称为成组工艺，目的是解决零件品种多、批量小带来的问题。他把结构、工艺路线相似的零件构成一个零件组，在零件组中选择一个典型零件，并根据典型零件选择配套的设备和工艺装备，通过扩大零件组的“组批量”来降低单件小批生产的成本。经过德国、美国、英国、日本等国许多学者的研究和推广应用，后又与数控技术和计算机技术、生产管理、产品设计、资源配置等结合起来，将成组的概念扩展至生产计划、生产作业计划及生产管理整个系统，发展成为成组技术。

2. 柔性制造系统

随着计算机技术的发展和在企业中应用的不断深化，首先由英国人创造了柔性制造单元（FMC）。所谓FMC，就是在成组技术的基础上引入计算机控制和管理，提高了加工的自动化和柔性，从而进一步发展了成组技术的概念和应用。进一步，在FMC中又增加了计算机控制和调度功能，通过计算机可以实现数小时连续工作，实现了不停机转换零件品种和批量。同时，在加工中心之间通过自动导向小车或传送带运输零件。人们称这种系统为柔性制造系统（FMS）。FMS实现了柔性生产流水作业，使多品种、小批量生产取得了类似大量流水生产的效果。因此，FMS在世界上发展很快，目前已有许多国家的企业使用了FMS。

3. 减少零件变化

减少零件变化（VRP）是20世纪80年代后期出现的一种系统方法。它源于模块化设计，但方法和技术具有系统性。它运用统计方法，区分产品中的固定不变部分与变动部分，使变动部分尽可能减少，它研究各种组合技术，如基本部分加附加部分、公共模块的组合方式以及各种基本模块的组合方式等，以简化设计。

4. 计算机集成制造系统

计算机集成制造（CIM）是由美国的约瑟夫·哈林顿（Joseph Harrington）博士在

1974 年首次提出的，其中有两个基本观点：①企业生产的各个环节，即从市场分析、产品设计、加工制造、经营管理到售后服务的全部生产活动是一个不可分割的整体，要紧密连接，统一考虑。②整个生产过程实质上是一个数据的采集、传递和加工处理的过程，最终形成的产品可以看作数据的物质表现。

CIM 是信息技术和生产技术的综合应用，目的在于使企业更快、更好、更省地制造出市场需求的产品，提高企业的生产效率和市场响应能力。从生产技术的观点看，CIM 包含了一个企业的全部生产经营活动，是生产的高度柔性自动化，它比传统的加工自动化的范围要大得多；从信息技术的观点看，CIM 是信息系统在整个企业范围内的集成，主要是体现以信息集成为特征的技术集成、组织集成乃至人的集成。因此，CIM 是生产组织的一种哲学思想和方法。当一个企业运用 CIM 哲学组织整个企业的生产经营活动时，就构成了计算机集成制造系统（CIMS）。

进入 20 世纪 80 年代以后，CIMS 受到了企业界和学术界的广泛注意，并被看作制造业的新一代生产方式。CIMS 的出现，把企业竞争力建设推进到一个更高的阶段。通过实施 CIMS，可以使企业在快速响应用户需求方面提高一个档次。

以上几种方法的共同特点，首先是以一个企业的资源为主，所考虑的都是本企业制造资源的安排问题。正如我们曾讨论过的，在当前市场竞争环境下，仅靠一个企业的资源难以使市场上的用户得到满意的服务，自己也难以获得理想的效益。其次，由于只站在单个企业的角度考虑问题，对企业间的合作没有提高到战略高度来认识，有时甚至把企业间的协作看作不得已的办法。

（二）基于扩展企业的管理模式

20 世纪 80 年代后期，美国意识到了必须夺回在制造业上的优势，才能保持在国际上的领先地位。于是他们就向日本学习精细生产方式，并力图在美国企业中实施。但是由于文化背景和各种社会条件的差别，其效果不尽人意。1991 年美国国会提出要为国防部拟定一个较长期的制造技术规划，要能同时体现工业界和国防部的共同利益。于是，委托里海大学的艾科卡研究所编写了一份“21 世纪制造企业战略”的报告。里海大学邀请了国防部、工业界和学术界的代表，建立了以 13 家大公司为核心的有 100 多家公司参加的联合研究组。前后耗资 50 万美元，花费了7 500多人时，分析研究了美国工业界近期的 400 多篇优秀报告，提出了“敏捷制造”（AM）的概念，描绘了一幅在 2006 年以前实现敏捷制造模式的蓝图。

该报告的结论性意见是：全球性的竞争使得市场变化太快，单个企业依靠自己的资源进行自我调整的速度赶不上市场变化的速度。为了解决这个影响企业生存和发展的世界性问题，报告提出了以虚拟企业（VE）或动态联盟为基础的敏捷制造模式。提出敏捷制造是一次战略高度的变革。敏捷制造面对的是全球化激烈竞争的买方市场，采用可以快速重构的生产单元构成的扁平组织结构，以充分自治的、分布式的协同工作代替金字塔式的多层管理结构，注重发挥人的创造性，变企业之间你死我活的竞争关系为既有竞争、又有合作的“共赢”（Win-Win）关系。敏捷制造强调基于互联网的信息开放、共享和集成。

可见，敏捷制造和供应链管理的概念都是把企业资源的范畴从过去单个企业扩大到整个社会，使企业之间为了共同的市场利益而结成战略联盟，因为这个联盟要“解决”的往往是具体顾客的特殊需要（至少有别于其他顾客），例如，供应商就需要与顾客共同研究，如何满足顾客的需要，还可能要对原设计进行重新思考、重新设计，这样，供应商和顾客就建立了一种长期依存关系。供应商以满足顾客、服务顾客为目标，顾客当然也愿意依靠这个供应商，当原来的产品用完或报废需要更新时，还会找同一个供应商。这样一来，借助敏捷制造战略的实施，供应链管理也得到越来越多人的重视，成为当代国际上最有影响力的一种企业运作模式。这种运作管理模式的变化见表1-1。

表1-1　企业运作管理模式的变化

20世纪80年代	20世纪90年代初期	20世纪90年代后期	进入21世纪
制造资源计划（MRPⅡ）	准时化生产（JIT）	精细生产和供应	供应链
推动式系统	拉动式生产	消除浪费	快速反应
物料订货以可分配需求为基础 消除安全库存和周转库存 依赖于相关订货计划和可靠的预测 通过变动对供应商需求实现柔性	来自最终用户的固定需求量 生产能力与需求匹配 固定的生产协作单位 柔性的制造系统 相似的产品范围很小 经济生产，批量很小	库存和在制品占用最小 成本在供应链上透明 多技能员工 减少工件排队 调整转换时间很短 多品种小批量生产 每个阶段连续改进	供应具有柔性 顾客化的定制生产 与最终需求同步生产 受控的供应链过程 合作伙伴间的能力是集成的 全面应用电子商务

四、供应链管理思想的产生背景

有鉴于“纵向一体化”管理模式的种种弊端，从20世纪80年代后期开始，国际上越来越多的企业放弃了这种经营模式，随之而来的是“横向一体化”思想的兴起，即利用企业外部资源快速响应市场需求，企业只关注自身核心的竞争能力：产品方向和市场。至于生产，只抓关键零部件的制造，甚至全部委托其他企业加工。例如，福特汽车公司的Festiva车就是由美国人设计，在日本的马自达汽车株式会社生产发动机，由韩国的制造厂生产其他零件和装配，最后再在美国市场上销售。制造商把零部件生产和整车装配都放在了企业外部，这样做的目的是利用其他企业的资源促使产品快速上马，避免自己投资带来的基建周期长等问题，赢得产品在低成本、高质量、早上市等方面的竞争优势。“横向一体化”形成了一条从供应商到制造商再到分销商的贯穿所有企业的“链”。由于相邻节点企业表现出一种需求与供应的关系，当把所有相邻企业依次连接起来，便形成了供应链（Supply Chain，SC）。这条链上的节点企业必须达到同步、协调运行，才有可能使链上的所有企业都能受益。于是便产生了供应链管理（Supply Chain Management，SCM）这一新的管理理论和管理思想。所以供应链管理思想的产生是有其背景的。

（一）新的竞争环境

供应链以及供应链管理的概念是在 20 世纪 80 年代提出来的，由于经济全球化、知识经济、信息经济趋势明显加强，导致现代企业管理模式发生新的变革。新的竞争环境包括以下内容。

1. 经济全球化

经济全球化是指世界经济一体化发展的高级阶段，表现为商品、服务、资本、人力资源和技术等各种经济载体依据市场经济的需要而在全球范围内自由地配置优化。其对企业的影响主要体现在以下 4 个方面：

（1）原材料采购、产品制造、资金和人力资源的获得、服务和产品的实现，都可以在全球范围内进行流动优化。

（2）加深了同一价值链中企业间的相互联系和依赖程度。

（3）竞争范围的加大，企业不仅要面对国内竞争对手，还要面对国外的跨国公司、大企业、大集团的竞争。

（4）对企业的管理提出了挑战，企业必须对全球范围内整个供应—生产—销售—服务体系实行有效管理，应对全球市场差异化、个性化的需求。全球化趋势对企业的全球供应链管理提出了更高要求。

2. 知识经济和信息经济

世界经济的发展趋势是知识经济和信息经济，它改变了传统经济的稀缺性，在此条件下，企业以获取、利用和生产信息为竞争的必要前提。对于供应链管理而言，就是要充分利用相关技术，从内外部获取、创造、分享知识和信息，提高协同运作水平和反应速度，以满足顾客的需求。

3. 市场需求的巨大变化

当今世界市场变得越来越苛刻，要求越来越高，表现在产品的多样化和个性化，客户需要更多功能、更具个性化的产品和附加产品，同时客户对产品的需求变化快，缩短了交货期，更需要小批量、多品种、定制化的生产与之对应。

4. 环保要求

随着社会环保意识的提高，人们对可持续发展的认识越来越深入。政府通过行政立法等加强企业在生产运作中的环保行为，企业要应对这一要求，会对其成员提出更高的环保要求。

5. 生产方式变革

用户需求的多样化和个性化，对生产系统提出了更高要求。随着柔性制造系统（FMS）、准时化生产（JIT）、计算机辅助设计/制造（CAD/CAM）等管理模式的出现，生产运作对供应链管理提出了新的要求，如 JIT 采购与配送等。

6. 信息管理技术的发展

各种信息技术和网络技术的发展促进了管理模式的变革，供应链管理系统要求各种信息技术综合运用，如自动识别与数据采集技术（AIDC）、条码技术（BC）、射频技术（RFID）、销售终端（POS）系统以及车辆自动识别技术（AVI）、电子数据交换技术（EDI）等。

总之，经济全球化和知识经济、信息经济、消费需求的变革对现代企业而言，既有机遇也带来了挑战；而生产方式的变革和信息技术为新的企业管理模式提供了条件。

（二）新的竞争环境对管理模式提出新的要求

1. 柔性策略

企业要更好地满足顾客的个性化、多样化需求，就必须要求管理模式能响应和适应这种市场的需求，准确地获取顾客的需求信息，实行一对一的产品设计与服务。

2. 及时性

产品生命周期缩短，要求企业对顾客信息的把握不仅要准确，更要及时，能在最短时间满足顾客的时效性需求，获得竞争优势。

3. 增值性

获取顾客忠诚与信赖的关键在于让渡更多的顾客价值，为顾客提供可信赖的、有价值的产品和服务，要求我们的生产运作必须有增值性，能为顾客带来更高的价值。

4. 低成本

企业一贯追求的目标是降低成本，大多数把目光集中在生产成本和人力资源成本上，20 世纪 60 年代以来，企业开始将成本的重点转向物流领域。但是单个企业成本的降低并不能降低整个供应链的运作成本，所以在新的模式下、新的竞争环境下，新的管理模式就是进一步降低供应链的运作成本。

5. 有效性

在新的管理模式下，企业要更加有效地响应顾客需求，以最少的资源消耗和成本，实现满足顾客需求的目标，保证能够在合适的时间和地点，以合适的价格和质量，向合适的顾客提供合适的数量和服务。

6. 核心竞争力的培养与合作

为了提高企业的运作效率和竞争能力，企业在新的管理模式下，要更加注意核心竞争力的培养，而将其非核心业务进行外包。

第二节　供应链基本概念

一、供应链的定义

所谓供应链（SC），是指生产及流通过程中，涉及将产品或服务提供给最终用户活动的上游与下游组织所形成的网链结构。即由物料获取、物料加工，并将成品送到用户手中这一过程所涉及的企业和部门组成的一个网络。它是围绕核心企业，通过对信息流、物流、资金流的控制，从采购原材料开始，到中间产品以及最终产品，最后由分销网络把产品送到消费者手中，全过程涉及的供应商、制造商、分销商、零售商、最终用户连成的一个整体性功能网链结构模式。它可以看作一个范围更广的企业组织结构模式，它包含供应链上所有加盟的节点企业，从原材料的供应开始，经过链中不同企业的制造加工、组装、分销等过程直到最终用户。它不仅是一条联接供应商到用户的物料链、信息链、资金链，而且也是一条增值链、知识链，物料在供应链上因加工、包装、运输等过程而增加其价值，给相关企业和顾客都带来收益。所以，美国管理学家迈克尔·波特又称之为价值链。

供应链的概念是从扩大的生产概念出发的，它将企业的生产活动进行了前伸和后延。譬如，日本丰田公司的精益协作方式中就将供应商的活动视为生产活动的有机组成部分加以控制和协调，这就是向前延伸。后延是指将生产活动延至产品的销售和服务阶段。因此，供应链就是通过计划、获得、存储、分销、服务等这样一系列活动而在顾客和供应商之间形成的一种链接，使组织能满足内外部顾客的需求。企业从原材料采购开始，到进行加工直到最终送到顾客手中为止的这一过程被看成是一个环环相扣的链条，而参与其中的企业或组织被视为链条上的节点。

供应链与市场学中的销售渠道的概念有相似之处。供应链包括一个产品到达顾客手中之前所有参与生产、分配和销售的公司和企业。但是，供应链概念与分配销售渠道的概念也有所不同。首先，供应链在重视销售的同时，也重视采购和储运，供应链管理的目的是管理库存及各种关系以达到具体的销售目标。其次，供应链对上游供应商和下游消费者同样重视。另外，供应链重视所有有关的部门、企业、厂家和顾客，包括顾客的顾客以及供应者的供应者等。

二、供应链的结构模型

按照供应链的定义，供应链的网链结构模型如图 1－1 所示。

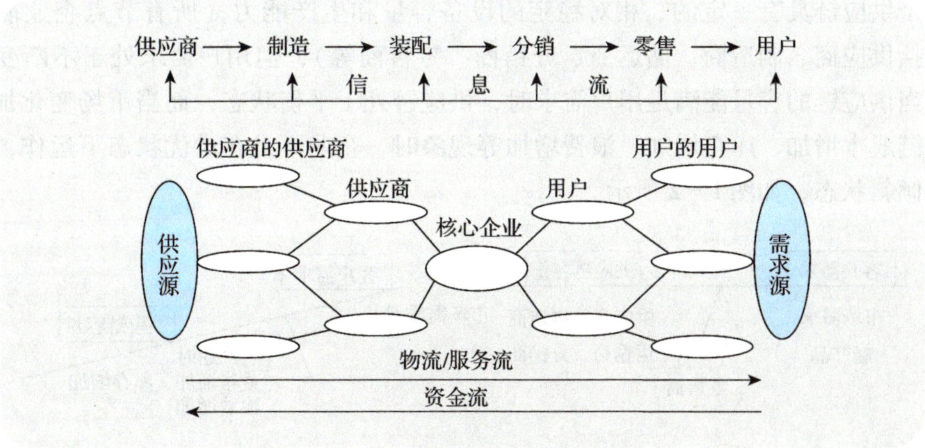

图 1－1　供应链的网链结构模型

从图 1－1 中可以看出，供应链由所有加盟的节点企业组成，其中一般有一个核心企业（可以是产品制造企业，也可以是大型零售企业），节点企业在需求信息的驱动下，通过供应链的职能分工与合作（生产、分销、零售等），以资金流、物流、服务流为媒介实现整个供应链的不断增值。

三、供应链的类型

根据不同的划分标准，我们可以将供应链分为以下几种类型。

1. 内部供应链和外部供应链

从制造企业供应链的发展历程看，供应链是由内部供应链慢慢发展成为外部供应链的。内部供应链是指企业内部产品生产和流通过程中所涉及的采购部门、生产部门、仓储部门、销售部门等组成的供需网络。而外部供应链则是指涵盖企业的与企业相关的产品生产和流通过程中所涉及的供应商、生产商、储运商、零售商以及最终消费者组成的供需网络。内部供应链和外部供应链共同组成了企业产品从原材料到成品再到消费者的供应链。可以说，外部供应链是内部供应链的延伸。如对于制造厂商来说，其采购部门就可看作外部供应链中的供应商，它们的区别只在于外部供应链范围大，涉及企业众多，企业间的协调更困难。

2. 稳定的供应链和动态的供应链

根据供应链存在的稳定性，可以将供应链分为稳定的供应链和动态的供应链。基于相对稳定、单一的市场需求而组成的供应链稳定性较强，而基于相对频繁变化、复杂的需求而组成的供应链动态性较高。在实际管理运作中，需要根据不断变化的需求，相应地改变供应链的组成。

3. 平衡的供应链和倾斜的供应链

根据供应链容量与用户需求的关系可以将供应链划分为平衡的供应链和倾斜的供应链。一个供应链具有一定的、相对稳定的设备容量和生产能力（所有节点企业能力的综合，包括供应商、制造商、储运商、分销商、零售商等），但用户需求处于不断变化的过程中，当供应链的容量能满足用户需求时，供应链处于平衡状态，而当市场变化加剧，造成供应链成本增加、库存增加、浪费增加等现象时，企业不是在最优状态下运作，供应链则处于倾斜状态，如图 1－2 所示。

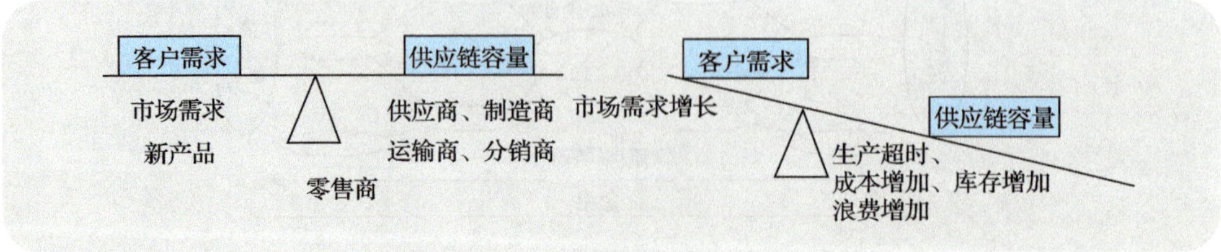

图 1－2　平衡的供应链和倾斜的供应链

平衡的供应链可以实现各主要职能（低采购成本、生产规模效益、低分销和储运成本、产品多样化和资金周转快）之间的均衡。

4. 有效性供应链和反应性供应链

根据供应链的功能模式（物理功能和市场中介功能）可以把供应链划分为有效性供应链（Efficient Supply Chain）和反应性供应链（Responsive Supply Chain）。有效性供应链主要体现供应链的物理功能，即以最低的成本将原材料转化成零部件、半成品、产成品以及在供应链中的储运等；反应性供应链主要体现供应链的市场中介的功能，即把产品分配到满足用户需求的市场，对未预知的需求做出快速反应等。两种类型的供应链的比较见表1-2。

表1-2 反应性供应链和有效性供应链的比较

	有效性供应链	反应性供应链
基本目标	以最低的成本供应可预测的需求	尽可能快地对不可预测的需求做出反应，使缺货、降价、库存最小化
制造的核心	保持高的平均利用率	配置多余的缓冲库存
库存策略	创造高收益而使整个供应链的库存最小化	安排好零部件和成品的缓冲库存
提前期	尽可能缩短提前期	大量投资以缩短提前期
供应商的标准	成本、质量	速度、质量、柔性
产品设计策略	绩效最大化、成本最小化	采用模块化设计，尽可能差异化

有效性供应链和反应性供应链是从市场需求变化的角度进行划分的，重点是供应链如何处理来自供给方和需求方的不确定性。所以，近年来有人又提出了敏捷供应链的概念。

5. 推动式供应链与拉动式供应链

按供应链管理运作驱动力的不同，供应链分为推动式（Push）供应链与拉动式（Pull）供应链两种，如图1-3所示。推动式的供应链运作方式以制造商为核心，产品生产出来后由分销商逐级推向用户。分销商和零售商处于被动接受的地位，各个企业之间的集成度较低，通常采取提高安全库存量的办法应付需求变动，因此整个供应链上的库存量

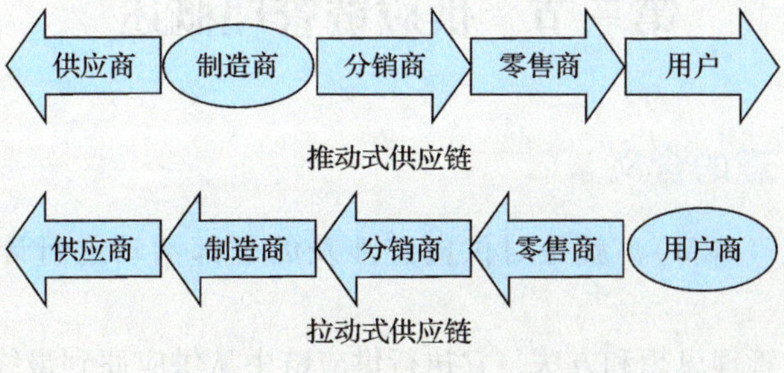

图1-3 推动式和拉动式供应链

较高，对需求变动的响应能力较差。拉动式供应链的驱动力产生于最终用户，整个供应链的集成度较高，信息交换迅速，可以根据用户的需求实现定制化服务。采取这种运作方式的供应链系统库存量较低。

四、供应链的特征

从供应链的结构模型可以看出，供应链是一个网链结构，由围绕核心企业的供应商、供应商的供应商和用户、用户的用户组成。一个企业是一个节点，节点企业和节点企业之间是一种需求与供应关系。供应链主要具有以下特征：

1. 复杂性

供应链节点企业涉及的跨度（层次）不同，供应链往往由多个不同类型甚至多国企业构成，所以供应链结构模式比一般单个企业的结构模式更为复杂。

2. 动态性

为了企业战略和适应市场需求变化的需要，节点企业需要动态地更新，这就使得供应链具有明显的动态性。

3. 面向用户需求

供应链的形成、存在、重构，都是基于一定的市场需求而发生，并且在供应链的运作过程中，用户的需求变动是供应链中信息流、产品/服务流、资金流运作的驱动源。

4. 交叉性

节点企业可以是这个供应链的成员，同时又是另一个供应链的成员，众多的供应链形成交叉结构，增加了协调管理的难度。

5. 增值性

供应链本身也是一个增值链，物品在供应链上因加工、运输、储存等功能过程而增加其时间价值和空间价值，供应链应当从客户的角度规划设计供应链物流、信息流、价值增值过程。

第三节　供应链管理概述

一、供应链管理的含义

所谓供应链管理（SCM），就是对供应链涉及的全部活动进行计划、组织、协调与控制。

它是一种集成的管理思想和方法，它执行供应链中从供应商到最终用户的物流的计划与控制等职能。它是一种管理策略，主张把不同企业集成起来以增加供应链的效率，注重企业之间的合作，它把供应链上的各个企业作为一个不可分割的整体，使供应链上各个企业分担的采购、制造和销售的职能成为一个协调发展的有机体。成功的供应链管理要求对那些贯穿企业内部以及构成供应链的所有企业之间的各种商业流程实行跨职能整合。

供应链管理的范围包括从最初的原材料直到最终产品到达顾客手中的全过程，管理对象也延展到了此过程中所有与物资流动、资金流动及信息流动有关的活动和相互之间的关系中。对于一个企业内部来说，后勤管理包括：运入后勤，即负责货物从供应者运达公司的过程；内部后勤，即负责货物在公司内部的转移；运出后勤，即负责货物从公司运送到客户的过程。供应链系统的功能目标是，将顾客所需的产品能够在正确的时间按照正确的数量和正确的质量送到正确的地点，并且使总成本最小。

集成化供应链管理（ISCM），是指生产制造商、供应商和顾客的联盟以及他们共同努力达到一个更具有竞争力的先进组织的过程。早期的供应链管理通常将视点集中在一个企业内部的供应链管理，而现在则主要集中在跨公司的计划与执行活动，即供应链的集成化。由于供应链系统所包含的范围很广，所以供应链系统的合理运作的关键在于供应链系统的集成化，即供应商、制造者、客户为同一个目标而共同努力，从而提高效率。集成化供应链如图 1－4 所示。

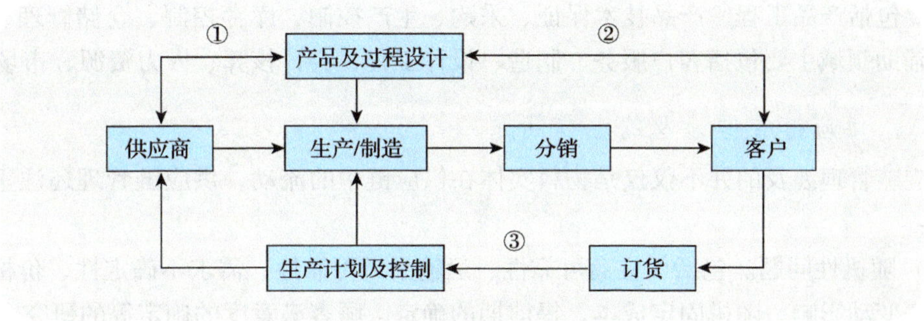

图 1－4 集成化供应链示意图

图 1－4 中，过程①是指合作设计，即供应商参与到设计过程中，这样可以避免由于设计不合理而造成供应商无法生产、需改变生产线才能满足总装厂的要求或生产成本提高等不必要的浪费。过程②是指用户驱动设计，即根据用户的需要对产品进行设计或变更，这样可以使产品尽可能满足用户的需求，从而增强产品的竞争力。过程③是指订单驱动生产，即工厂根据用户的需求量进行生产，而不是盲目生产，避免了库存积压及供不应求的现象。

二、供应链管理的内容

（一）供应链管理涉及的主要领域

供应链管理研究的内容主要涉及四个主要领域：供应、生产计划、物流、需求，如图 1－5 所示。供应链管理是以同步化、集成化生产计划为指导，以各种技术为支持，尤其以 Internet/ Intranet 为依托，围绕供应、生产作业、物流（主要指制造过程）、满足顾客需求来实施的。供应链管理主要包括计划和合作控制从供应商到用户的物料（零部件和成品等）和信息。供应链管理的目标在于提高用户服务水平和降低总的交易成本，并且寻求两个目标之间的平衡（这两个目标往往有冲突）。

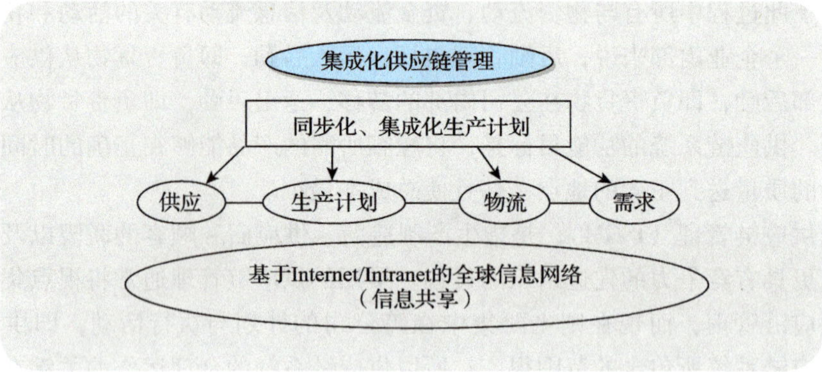

图 1－5　供应链管理涉及的领域

在以上四个领域的基础上，我们可以将供应链管理细分为职能领域和辅助领域。职能领域主要包括产品工程、产品技术保证、采购、生产控制、库存控制、仓储管理、分销管理。而辅助领域主要包括客户服务、制造、设计工程、会计核算、人力资源、市场营销。

（二）供应链管理涉及的主要问题

供应链管理涉及的并不仅仅是物料实体在供应链中的流动，供应链管理还注重以下主要问题：

（1）随机性问题。包括供应商可靠性、运输渠道可靠性、需求不确定性、价格波动影响、汇率变动影响、随机固定成本、提前期的确定、顾客满意度的确定等的研究。

（2）供应链结构性问题。包括规模经济性、选址决策、生产技术选择、产品决策、联盟网络等的研究。

（3）供应链全球化问题。包括贸易壁垒、税收、政治环境、产品各国差异性等的研究。

（4）协调机制问题。如供应—生产协调，生产—销售协调，库存—销售协调等。

（三）供应链管理涉及的主要内容

（1）战略性供应商和用户伙伴关系管理。

（2）供应链产品需求预测和计划。

（3）全球节点企业的定位、设备和生产的集成化计划、跟踪和控制。

（4）企业内部与企业之间物料供应与需求管理。

（5）基于供应链管理的产品设计与制造管理。

（6）基于供应链的用户服务和运输、库存、包装等管理。

（7）企业间资金流管理（汇率、成本等问题）。

（8）基于 Internet/Intranet 的供应链交互信息管理。

三、供应链管理的理念和目标

（一）供应链管理的理念

在供应链管理的过程中，各相关方应坚持：

（1）面向顾客理念。

（2）双赢和多赢理念。

（3）管理手段、技术现代化的理念。

（二）供应链管理的目标

（1）根据市场需求的扩大，提供完整的产品组合。

（2）根据市场需求的多样化，缩短从生产到消费的周期。

（3）根据市场需求的不确定性，缩短供给市场及需求市场的距离。

（4）降低整体供应链的物流成本和费用，提高整体供应链的运作效率，增强整体供应链的竞争力。

四、供应链管理的运作机制

供应链成长过程实际上也是企业在市场竞争中成熟与发展的过程，供应链管理则是一种基于“竞争-合作-协调”机制的、以分布企业集成和分布作业协调为保证的新的企业运作模式。通过供应链管理的合作机制、决策机制、激励机制和自律机制等来实现满足顾客需求、使顾客满意以及留住顾客等功能目标，从而实现供应链管理的最终目标：社会目标（满足社会就业需求）、经济目标（创造最佳利益）和环境目标（保持生态与环境平衡）的合一，这可以说是对供应链管理哲学的经典概括（如图 1－6 所示）。

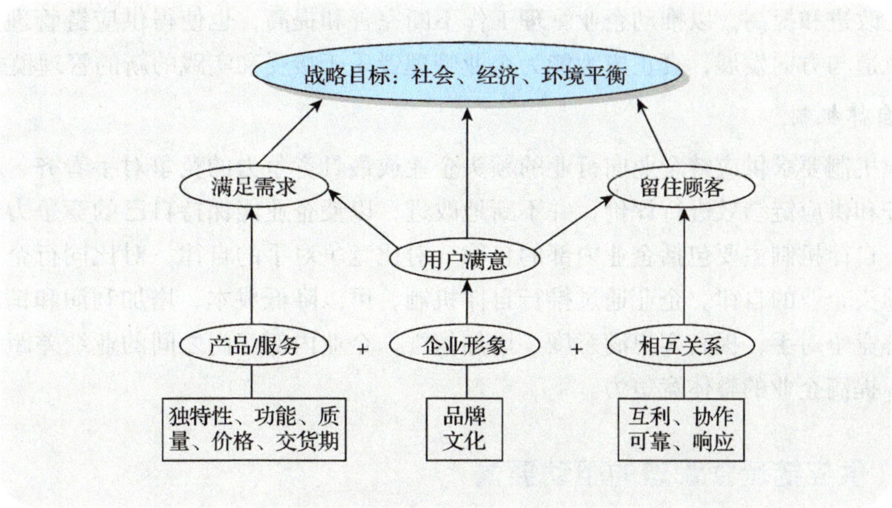

图 1－6 供应链管理目标实现过程

1. 合作机制

供应链合作机制体现了战略伙伴关系和企业内外资源的集成与优化利用。基于这种企业环境的产品制造过程，从产品的研究开发到投放市场，周期大大地缩短，而且顾客导向化程度更高，模块化、简单化产品、标准化组件使企业在多变的市场中的柔性和敏捷性显著增强，虚拟制造与动态联盟提高了业务外包策略的利用程度。企业集成的范围扩展了，从原来的中低层次的内部业务流程重组上升到企业间的协作，这是一种更高级别的企业集成模式。在这种企业关系中，市场竞争的策略最明显的变化就是基于时间的竞争和价值链及价值让渡系统管理或基于价值的供应链管理。

2. 决策机制

由于供应链企业决策信息的来源不再仅限于一个企业内部，而是在开放的信息网络环境下，不断进行信息交换和共享，达到供应链企业同步化、集成化计划与控制的目的，而且随着 Internet/Intranet 发展成为新的企业决策支持系统，企业的决策模式将会产生很大的变化，因此处于供应链中的任何企业的决策模式应该是基于 Internet/Intranet 的开放性信息环境下的群体决策模式。

3. 激励机制

归根到底，供应链管理和任何其他的管理思想一样都是要使企业在 21 世纪的竞争中在“TQCSF”等方面有上佳表现（T 为时间，指反应快，如提前期短，交货迅速等；Q 指质量，企业的产品、工作及服务质量高；C 为成本，企业要以更少的成本获取更大的收益；S 为服务，企业要不断提高用户服务水平，提高用户满意度；F 为柔性，企业要有较好的应变能力）。缺乏均衡一致的供应链管理绩效评价指标和评价方法是目前供应链管理的弱点和导致供应链管理实践效率不高的一个主要问题。为了掌握供应链管理的技术，必须建立、健全绩效评价和激励机制，使我们知道供应链管理思想在哪些方面、多大程度上给予企业改进和提高，以推动企业管理工作不断完善和提高，也使得供应链管理能够沿着正确的轨道与方向发展，真正成为能为企业管理者乐于接受和实践的新的管理模式。

4. 自律机制

自律机制要求供应链企业向行业的领头企业或最具竞争力的竞争对手看齐，不断对产品、服务和供应链绩效进行评价，并不断地改进，以使企业能保持自己的竞争力并得以持续发展。自律机制主要包括企业内部的自律、对比竞争对手的自律、对比同行企业的自律和比较领头企业的自律。企业通过推行自律机制，可以降低成本，增加利润和销售量，更好地了解竞争对手，提高客户满意度，增加信誉，企业内部部门之间的业绩差距也可以得到缩小，提高企业的整体竞争力。

五、供应链运营管理的驱动要素

各个生产厂商为了满足自己的竞争战略需要，必须在供应链的反应能力与盈利水平之间取得平衡。为此，供应链管理者必须对影响供应链运营的相对独立的主要驱动要素——

库存、运输、设施和信息，在反应能力和盈利水平之间进行平衡，这四个要素的共同作用决定了整条供应链的反应能力和盈利水平。

1. 库存

库存是指在供应链流程中所有的原材料、半成品和产成品。库存的改变会在很大程度上影响整个供应链的反应能力和盈利水平。厂商可以通过提高库存水平来增强反应能力，然而，库存量的增大将增加厂商的成本，从而降低盈利水平。反之，减少库存会提高厂商的盈利能力，却又降低了反应能力。

2. 运输

运输是指将原材料、半成品或产成品从供应链中的一处转移到另一处。运输有多种方式与多种路径的组合决策与选择，不同组合有各自不同的运营特点。厂家可以选择更为快捷的运输方式，提高供应链的反应能力，这同时意味着要支付更高的运输成本，降低了盈利能力。反之，可以选择速度较慢的运输方式，降低运输成本，提高盈利能力，但这意味着必须以降低反应能力为代价。

3. 设施

设施指供应链网络中物料储存、装配加工或制造的地方。主要设施可分为两类：一是生产场所；二是储存场所。无论是生产场所还是储存场所，有关设施的选址、功能和灵活性决策对供应链的绩效有着决定性的作用。例如，一家汽车零配件分销商为了提高自己的反应能力，可以选择在靠近消费者的地方建设许多仓储设施，但这样做会降低盈利水平。若为了追求盈利，它可能会减少仓库数量，这样做又会降低反应能力。

4. 信息

信息包括整条供应链中有关库存、运输、设施、顾客等的数据资料和分析。信息可能是对供应链运营影响最大的驱动要素，因为它直接影响了其余每个要素。信息为管理者提供决策依据，从而使供应链更具反应能力和盈利水平。例如，在顾客需求拉动模式中，汽车生产厂商利用及时、有效、丰富的顾客订单信息和零配件供应信息，在订单履行时间内，快速合理地组织零配件的供应、装配生产和分销配送等活动，使产供销顺畅，既提高了整个供应链的反应能力，也提高了盈利能力。

第四节　供应链管理的战略选择

供应链管理经过多年的发展，现已在发达国家的企业中得到了较为成功的应用，而且随着人们对供应链管理认识的不断深入，供应链管理本身也得到了发展。人们逐渐感到，要想进一步发挥供应链管理的潜在作用，应该将供应链管理作为企业的战略性问题来考虑，而不能仅仅将其看作一种操作方法。

根据德勤公司发布的一项研究报告，许多企业没有实施供应链管理战略。其原因主要是：

（1）缺乏应用和集成技术的能力。

（2）缺乏协调企业资源所需要的更高权重。

（3）改革关键流程的阻力。

（4）跨职能的障碍。

（5）缺乏有效测量供应链绩效的评价指标。

以上情况反映出一个问题，即供应链管理对提高企业竞争力的重要作用和它在实际运作中表现出的绩效不成比例。产生这些问题的原因并不是供应链管理理论本身有什么大问题，而是企业没有把它看作企业战略的一个组成部分。从德勤公司揭示的影响供应链管理绩效的几个原因看，需要一个从全局的角度进行规划的战略性思考，才能彻底解决上述问题，因为所有这些影响供应链管理绩效的因素都不是哪一个部门能够解决的，也不是一蹴而就的。因此，从战略性的角度考虑供应链管理的地位具有十分重要的意义，否则许多相关问题都无法得到有效解决。

供应链管理战略就是要从企业发展战略的高度考虑供应链管理的事关全局的核心问题，例如，实施战略的制定问题、运作方式的选择问题、信息支持系统的建立问题等。

一、制定供应链管理的实施战略

供应链管理的实施战略，就是要解决企业在具体实施供应链管理方式时所依据的方法论和策略，避免走弯路或出现失误。

1. 在企业内外同时采取有力措施

从企业内部来说，主要是发扬团队的合作精神。要鼓励员工协同工作、解决问题，他们要把合作看作一种义务，而不是互相推诿责任。这样，企业就会以一种类似于医院急救室的工作方式进行运转，去完成新的订单带来的任务，获取新的市场机遇。另一方面也要有明确的智力资源权利条例和企业内部明确的道德准则，来规范人们的行为和保护员工发明创造的权利。在管理上，强调权力分散，让中下层管理人员在保证企业总任务的前提下，有更多的自治权。循循善诱的领导作风、鼓励和信任代替传统的上司对下属的命令和控制。各级人员都具有强烈进取心，责任分担、荣誉分享的企业文化蔚然成风。整个企业，从员工个人到组织机构，都能最有效地适应市场的变化，做出“敏捷”的响应。

从外部来说，合作的概念已经发展到了以前竞争对手之间的合作。在 20 世纪 70 年代，美国三大汽车巨头 —— 通用、福特、克莱斯勒，都投资了几亿美元开发处理汽车尾气的装置。在那个时候，他们绝不愿意联合起来开发，而实际上各自做出了类似的结果，白花了很多钱。现在，他们都参加了一个多功能的集团“USCAR”，共同开发各种技术、材料和部件，从结构塑料到电池再到电子控制系统等。

2. 充分发挥信息的作用

因为市场在急剧变化，所以最主要的是掌握用户需求的变化和在竞争中知己知彼。如果对本企业内部的信息不能透彻了解，那么如何能要求员工从全局出发做到集成呢？如果竞争对手采取了一些新的措施，采用了一些新技术，而本企业却迟迟不了解，又如何能及时采取改进竞争手段的对策呢？企业要做到既快又灵活，所以一定要把信息的价值提到足够的高度来认识。

3. 供应链节点企业的组成和工作

从竞争走向合作，从相互保密走向信息交流，实际上会给企业带来更大利益。如果市场上出现一个新的机遇，譬如看准了半年后推出某种新型计算机必能畅销，于是几家本来是竞争对手的大计算机公司，可能立即建立起一种合作关系。A 公司开发的主机性能好，B 公司的软件开发能力强，C 公司的外围设备有特色和很好的声誉，各家都发挥自己的优势共同开发，就能迅速占领市场。完成这次合作以后，各家还是各自独立的公司。合作产生的基础是利用全国以至全球的通信网络，了解到有专长的合作伙伴，确定合作关系，用并行工程的做法实现快速和高质量的新产品开发。

4. 计算机技术和人工智能技术的广泛应用

未来制造业中强调人的作用，但丝毫没有贬低技术所起的作用。计算机辅助设计、辅助制造、计算机仿真与建模分析技术，都应在供应链中加以应用。另外，还要提到“团件”，这是研究比较多的一种计算机支持协同工作（CSCW）的软件，是强调分布式群体决策的软件系统，它可以支持两个以上用户紧密合作共同完成一项任务，例如，有同样想法而又同时工作的人所用的文章大纲编辑器。人工智能在生产和经营过程中的应用，是另一个重要的先进技术的标志。从底层原始数据检测和收集的传感器，到过程控制的机理以至辅助决策的知识库，都需要应用人工智能技术。

5. 方法论的指导

所谓“方法论”，就是在实现某一目标，完成某一项大工程时，所需要使用的一整套方法的集合。实现供应链的整体集成是一项十分复杂的任务。对每一时期每一项具体任务，都应该有明确的规定和指导方法，这些方法的集合就叫“集成方法论”。这样的方法论能帮助人们少走弯路，避免损失。这种效益，比一台新设备、一套新软件所能产生的有形的经济效益要大得多、重要得多。

6. 标准和法规的作用

目前产品和生产过程的各种标准还不统一，而未来的制造业的产品变异又非常突出，如果没有标准，不论对国家、对企业、对企业间的合作、对用户都非常不利。因此，必须强化标准化组织和演进，使其工作能不断跟上环境和市场的改变。现行法规也应该随着国际市场和竞争环境的变化而演进，其中包括政府贷款、技术政策、反垄断法规、税法、税率、进出口法、国际贸易协定等。

二、供应链管理的运作方式

有两种不同的供应链管理运作方式：一种为推动式，一种为拉动式。

作为供应链管理战略内容之一，就是要选择适合于自己实际情况的运作方式。拉动式供应链虽然整体绩效表现出色，但对供应链上企业的要求较高，对供应链运作的技术基础要求也较高，而推动式供应链方式相对较为容易实施。企业采取什么样的供应链运行方式，与企业系统的基础管理水平有很大关系，切不可盲目模仿其他企业的成功做法，因为不同企业有不同的管理文化，盲目跟从反而会得不偿失。

三、供应链管理下的绩效测量与评价

传统的企业评价总是着眼于可计量的经济效益，对生产和经营活动的评价，则看一些具体的技术指标。这种方法基本上属于短期行为、侧重于操作层的做法。对于供应链管理、系统集成所提出的战略考虑，如缩短提前期对竞争能力有多少好处？如何度量企业柔性？企业对产品变异的适应能力会导致怎样的经济效益？如何检测雇员和工作小组的技能？技能标准对企业柔性又会有什么影响……这一系列问题都是在新形势、新环境下提出来且需要解决的。又如传统的会计核算主要适合于静态产品和大批量生产过程，用核算结果来控制成本，压缩原材料和直接劳动力的使用，这是一种消极防御式的核算方法，不适合供应链企业。当前要采用一种支持这些变化的核算方法，如 ABC 法（基于活动的成本核算方法）把成本计算与各种形式的经营活动相关联，是未来企业中很有希望的一种核算方法。合作伙伴资格预评是另一种评价问题。因为供应链企业的成功必须要合作伙伴确有所长，而且应有很好的合作信誉。由此可见，供应链管理环境下的绩效测量与评价是一个关系到企业全局的大问题，应该从战略的高度去制定相关的绩效测量与评价指标，制定相关的程序和方法。

四、供应链管理战略的系统构成

供应链管理的战略系统涉及的范围较大，主要包括以下 6 个方面的内容。

（一）组织战略

供应链管理是一种不同于一般管理的模式。虽然这里用了“管理”一词，但是其含义与过去的只在一个企业内部发生的管理行为不一样。供应链管理关注合作企业间的协调问题，供应链企业要认识到这一点，并在组织结构上进行重新设计，使之能够适应供应链管理的运行要求。如果发生在一个大的集团公司内，公司总部应起到计划和协调的作用。

（二）改革企业的经营思想

创立供应链优势、改变传统采购模式不仅是一种职能，而且是一种战略的思想。认识到这一点是改革企业原有经营管理思想和模式的重要前提。供应链管理的实践已经表明，它不是一种单纯的操作性方法，而是一种改变人们对企业职能再认识的战略。传统企业管理模式和供应链管理模式的区别可以表述为如下几个方面：

（1）传统企业的目标是：制造为了销售；供应链企业的目标是：按订单安排生产。

（2）传统企业的管理目标是：减少与优化库存；供应链管理的目标是：创新。

（3）传统企业提高生产效率的主要方法是：增加批量；供应链企业提高效率的主要方法是：提高企业的柔性。

因此，实施供应链管理首先要在经营思想上提高对它的认识，这样才能制定出符合企业发展目标和供应链管理运行规律的战略。

（三）共享信息战略

供应链的优势在于使企业能够共享信息。通过共享竞争信息，使供应链上的企业及时做出或调整他们的生产策略，以便在市场上占据主动。制造商、供应商、分销商愿意相互开放，并且希望在供应链中有及早介入的机会。因此，共享信息是供应链管理必须考虑的战略之一。

（四）利用先进技术的战略

为从供应链上获得优势，企业要从一些基本技术，例如物流过程自动化、企业资源计划系统（ERP）等做起，把先进技术作为支持供应链协调运行的基础，并且要随着技术的发展，随时向新的、更先进的技术推进。

（五）绩效度量问题

绩效度量是实施任何一种战略必不可少的管理内容之一。只有知道某一战略的实施效果，才能使管理者最后做出有效决策。绩效度量还被看作保持战略层和执行层迈向共同目标的黏合剂，因为系统运行绩效是执行层努力的结果。

（六）供应商战略

通过供应链创造优势的企业清楚地懂得每个供应商在资源组合（Sourcing Portfolio）中的作用，因而把保持与供应商的关系看作高度战略化的工作。为了保证企业具有较多的选择余地，与供应商建立广泛的关系就成为一种战略性的问题。

本章小结

供应链管理作为一种现代企业竞争战略，产生于20世纪90年代初，它是企业管理理论与实践发展到一定阶段的必然结果。本章第一节首先介绍了企业管理的发展历史、20世纪90年代以来企业经营管理面临的问题与挑战、传统企业管理模式及其缺陷。进而阐述了供应链管理理念和模式演变与发展。目的是给读者一个有关供应链管理萌生、演变和基本概念形成的清晰轮廓。

第二节详细介绍了供应链的概念及其结构模型、特征。通过本节的阅读和学习，可以建立供应链结构概念。

第三节介绍了供应链管理的含义、内容、理念、目标、运作机制和驱动要素。从而从整体上了解供应链管理的集成理念和要素体系。

第四节的供应链管理的战略选择，主要介绍了如何从企业战略的高度认识和实施供应链管理的方法、策略、运作模式、企业绩效测量与评价等。以便从整体上了解供应链战略的系统构成。

复习思考题

1. 相对于供应链管理模式，传统管理模式有哪些缺点？
2. 什么是供应链管理？供应链管理研究的主要内容有哪些？
3. 供应链管理模式和传统的管理模式有哪些区别？
4. 企业管理模式经历了哪些阶段？各阶段的主要特点有哪些？
5. 供应链管理的发展经历了哪几个阶段？
6. 什么是供应链？供应链分为哪些类型？试给出供应链的结构模型？
7. 试比较和区分供应链管理的推动式运作方式和拉动式运作方式？
8. 供应链管理战略的系统构成有哪些？

案例 1

波音 787 在供应链管理模式上的新尝试

在飞机制造行业，传统上是主机厂负责设计、供应商按图加工、主机厂组装整机。例如空客 380，空客设计了零部件的图纸、制定了技术规范以及各模块之间的详细接口，供应商按图加工，空客采购零部件，并组装成机。在这种模式下，供应链关系为竖向为主，由主机厂负责管理、协调各供应商之间的关系，供应商之间的平行联系很薄弱。在波音 787 上，波音则采取了不同的模式，它委托一级供应商设计、生产子系统，而自己则承担系统集成者的角色。例如机翼就委托给日本的重工三巨头富士、三菱和川崎，由它们负责细化设计、组装和整合，然后运到波音做最后组装。在这种模式下，波音与供应商之间的竖向沟通、交流很频繁，供应商之间的横向合作也很紧密。就机翼而言，日本三巨头各做一块，波音制定了模块之间的粗略搭接规范，而细节则由供应商们协作制定。这要求供应商不但要有先进的技术能力，而且要有不错的管理能力。

这种供应链管理的新模式，一方面源自供应商能力的提高，因为日本企业在与波音合作几十年后，已经系统掌握了机翼设计、加工的核心技术；另一方面也跟波音的轻资产战略有关。根据《西雅图时报》的估计，整个项目投资大致要 320 亿美元，包括 150 多亿美元的开发成本。供应商承担一次性的研发投入，降低了波音公司的投资风险。但是，“成也萧何败也萧何”，波音 787 延误 8 次，也跟高度外包不无关系。例如波音 787 的关键供应商中，有 100 多个在海外，遍布欧洲、亚洲和大洋洲。这些供应商有独到的技术和生产工艺，但供应链拉得太长，供应链伙伴之间的协作、配合难度大增。想想看，波音和供应商的6 000多个工程师投入到波音787的研发、生产，跨及四大洲，加上语言、文化障碍，协调、沟通是个很大的挑战。这也反映了全球经济下公司面临的窘境：不外包、不借助全球最优秀的供应商的力量，就很难得到最新的技术、工艺和研发资金；要外包，全球供应链协作上的难度，对于复杂如波音787的产品，动不动就成了超投资、拖进度和各种质量问题的噩梦。

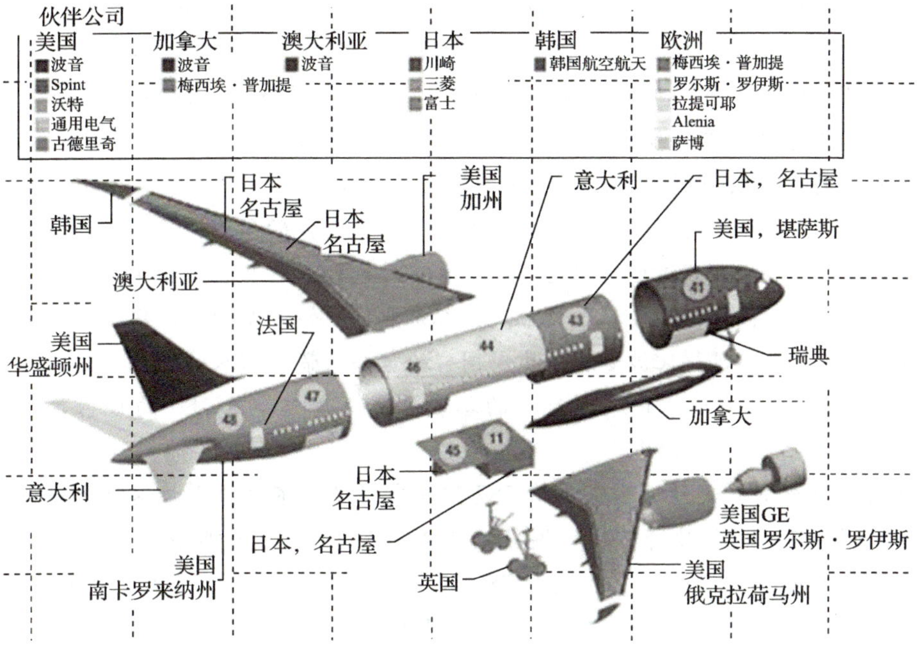

图1－7　波音787的全球供应链

高度外包的结果也使波音在整个波音787的设计、生产中的份额下降。例如波音仅承担整个工作量的35%，而日本的供应商则承担了35%，欧美的供应商承担26%，其余4%由其他供应商承担。这种做法与汽车行业的供应链分级、分层管理挺相似，结果是主机厂对供应商的依赖大幅增加，一些核心竞争能力也逐渐从主机厂转移到供应商。例如在汽车制造行业，离开了供应商，美国的三大汽车巨头再也没有能力独立研发、制造出一辆汽车来。在新的供应链模式下，波音也在面临同样的挑战。但这种挑战，无非就是汽车、家电、消费品行业二三十年来经历过的，在供应商的能力达到一定地步后，自然而然会做更多的主机厂以前做的事情，何况飞机行业的顾虑其实更多是来自政治考量。

外包并不意味着放弃对供应链的控制。在波音787项目上，波音把下级供应商管理的责任完全交付给一级供应商，这种做法就值得商榷。相反，本田（美国）公司的做法是，如果下级供应商在技术、成本或质量上至关重要，本田（美国）会自己直接与供应商签约，并主导供应商关系，例如皮革商是三级供应商，但因为皮革昂贵，对汽车的成本影响重大，所以本田（美国）与皮革商直接签约，拟定价格等主要商业合作条款。而对于重要性较低的次级供应商，则需要得到本田（美国）的批准，由一级供应商签约、管理。只有那些次要的下级供应商，本田（美国）才会完全交给一级供应商选择、签约和管理。在这种模式下，本田（美国）就能有选择地管理重要供应商，灵活地管控整个供应链，而不至于受制于一级供应商。

高度外包、高度依赖一级供应商的供应链管理模式，要求主机厂有一流的供应商管理和整合能力。国内主机厂竖向集成度高，其实也是管理和整合能力欠缺的表现。按照经济学原理，管理能力不足，外部协调成本就高，公司就倾向于竖向集成，而不是市场调节。当然，这也跟国内的供应商水平不够也不无关系。在家电行业，由于一级供应商不够成熟，海尔在外包生产上也遭遇很多困难。这种问题在航空业也存在。不过在过去二三十年间，随着波音、空客在中国的采购额的节节攀升，国内供应商也深度融入全球航空供应链，其管理水平也得到进一步提高。例如就波音 787 而言，成飞、沈飞和哈飞都参与了，虽说不是波音的一级供应商，还是体现了本土企业的水平。

这几年里，每隔一段时间，就会听到波音 787 再次延误的新闻，然后就是媒体对波音的外包模式的口诛笔伐。其实这些延误也不能都算在外包模式的头上，很大程度上是因为大型研发项目与之俱来的高复杂度、低预见性。空客采取传统的开发模式，供应商的介入深度远不如波音，但延误也不见得比波音少多少，同样给母公司带来惊人的损失，也让客户一再受到影响。比如 2006 年前后，新加坡航空的总裁许文辉说起空客 380 的种种延误，也满是无奈。

2011 年，历经 8 次延误，首架波音 787 终于交货了。不过像飞机这样可持续使用几十年的产品，现在还不是给波音 787 的供应链外包模式盖棺定论的时候。波音也意识到外包过度的问题。吃一堑、长一智，在波音 787 的第二版上（给日本客户的，体积更大点），波音自己设计了很多以前外包的零部件，例如飞机的尾翼。

案例 2

高仪公司（Grohe AG）是全球领先的卫生设备配件制造商和供应商，约占全球市场份额的 10%，拥有 5200 名员工、6 家生产工厂、20 家销售分公司，业务范围遍及全球 130 个国家。显然，高仪是一家全球化公司。

2005 年，高仪因市场发展成熟、全球竞争更加激烈和产品多样性加强等因素影响，遭遇了发展的瓶颈，要解决这些问题非常困难。通过广泛地调研，高仪明白问题不仅在于公司高额的固定成本，更主要的问题在于公司的供应链管理。

为摆脱这一困境，并从优化的全球整合中获得高效率，高仪在整个公司范围内发起了一项名为“创建世界级的高仪”的改革计划。此项计划包括将供应链策略与业务策略结合、供应链整合及协调、减少零部件的飞速增加、自制或外购策略、物流网络优化、制造基地的全球化以及日益扩大的全球采购。事实证明，高仪的改革已经为其创造了巨大的价值，包括改善的现金状况、效率、速度、过程优化及品质保证。通过这项全面的供应链改革计划，公司实现了战略目标，成为业内为数不多的、最受欢迎的企业之一。

第二章 Chapter Two

供应链管理方法

学习目标

1. 理解快速反应（QR）方法的内涵和实施步骤。
2. 理解有效顾客响应（ECR）方法的内涵和特征。
3. 理解有效顾客响应（ECR）方法的构建技术和战略。
4. 理解企业资源计划（ERP）的内涵和实施步骤。

第一节　快速反应（QR）方法

一、QR 产生的背景和含义

（一）QR 产生的背景

快速反应（Quick Response，QR）是由美国纺织与服装行业发展起来的一种供应链管理战略。20 世纪 80 年代初期，美国国产的鞋、玩具以及家用电器在市场的占有额下降到 20%，而国外进口的服装却占据了美国市场的 40%。面对与国外商品的激烈竞争，纺织与服装行业在 20 世纪 70 年代和 80 年代采取的主要对策是在寻找法律保护的同时，加大现代化设备的投资。到了 20 世纪 80 年代中期，美国的纺织与服装行业是通过进口配额系统保护最重的行业，而纺织业是美国制造业生产率增长最快的行业。尽管上述措施取得了巨大的成功，但服装行业进口商品的渗透仍在继续增加。行业的一些先驱认识到保护主义措施无法保护美国服装制造业的领先地位，他们必须寻找别的方法。

1984 年，美国纺织与服装行业的先驱们成立了一个委员会，该委员会的任务是为购买美国生产的纺织品和服装的消费者提供更大的利益。1985 年该委员会开始做广告，提高美国消费者对本国生产服装的信任度。该委员会也拿出一部分经费，研究如何长期保持美国的纺织与服装行业的竞争力。1985 ~ 1986 年，通过对供应链进行分析，结果发现，尽管系统的各个部分具有高运作效率，但整个系统的效率却十分低下。于是，在纤维、纺织、服装以及零售业开始寻找那些在供应链上导致高成本的环节和活动。结果发现，供应链的时间长度是影响其高效运作的主要因素。

整个服装供应链，从原材料到消费者购买，总时间为 66 周：有 11 周时间在制造车间，40 周在仓库或转运，15 周在商店。导致供应链不仅各种费用大，更重要的是，基于不精确的需求预测而计划的生产和分销，造成因生产数量过多或过少的损失也非常大。

整个服装供应链系统的总损失每年可达 25 亿美元，其中 2/3 的损失来自于零售商或制造商对服装的降价处理以及在零售时的缺货。进一步的调查发现，消费者离开商店而不购买的主要原因是找不到合适尺寸和颜色的商品。

这项研究导致了快速反应（QR）战略的应用和发展。快速反应是零售商及供应商密切合作的战略，应用这种战略，零售商和供应商通过共享销售终端（POS）系统信息、联合预测未来需求、发现新产品营销机会等对消费者的需求做出快速的反应。从业务操作的角度来讲，贸易伙伴需要用 EDI 来加快信息的流动，并共同重组他们的业务活动以将订货前导时间降低，实现成本最小化。在补货中应用 QR 可以将交货前导时间降低 75%。

（二）QR 的含义

QR 是美国零售商、服装制造商以及纺织品供应商开发的整体业务概念，是指在供应链中，为了实现共同的目标，至少在两个环节之间进行的紧密合作。目的是减少从原材料到销售点的时间和整个供应链上的库存，最大限度地提高供应链的运作效率。一般来说，供应链共同目标包括：提高顾客服务水平，即在正确的时间、正确的地点用正确的商品来响应消费者的需求；降低供应链的总成本，增加零售商和厂商的销售额，从而提高零售商和厂商的获利能力。

这种新的贸易方式意味着双方都要告别过去的敌对关系，建立起贸易伙伴关系来提高向最终消费者的供货能力，同时降低整个供应链的库存量和总成本。

QR 的着重点是对消费者需求做出快速反应。QR 的具体战略有商品即时出售（FRM）、自动物料搬运（AMH）等。QR 的实施分为三个阶段：

第一阶段：对所有的商品单元条码化，即对所有商品消费单元用 EAN/UPC 条码标识，对商品储运单元用 ITF—14 条码标识，而对贸易单元则用 UCC/EAN—128 条码标识。利用 EDI 传输订购单报文和发票报文。

第二阶段：在前一阶段的基础上增加与内部业务处理有关的战略。如自动库存补给与商品即时出售等，并采用 EDI 传输更多的报文，如发货通知报文、收货通知报文等。

第三阶段：与贸易伙伴密切合作，采用更高级的 QR 战略，以对顾客的需求做出快速反应。一般来说，企业内部业务的优化相对来说较为容易，但在贸易伙伴间进行合作时，往往会遇到诸多障碍，在 QR 实施的第三阶段，每个企业必须把自己当成集成供应链系统的一个组成部分，以保证整个供应链的整体效益。

二、QR 的优点

（一）QR 对厂商而言的优点

（1）更好地为顾客服务。快速反应零售商可为店铺提供更好的服务，最终为顾客提供更好的店内服务。由于厂商送来的货物与承诺的货物是相符的，厂商能够很好地协调与零售商间的关系。长期的良好顾客服务会增加市场份额。

（2）降低了流通费用。由于集成了对顾客消费水平的预测和生产规划，就可以提高库存周转速度，需要处理和盘点的库存量减少了，从而降低了流通费用。

（3）降低了管理费用。因为不需要手工输入订单，所以采购订单的准确率提高了。额外发货的减少也降低了管理费用。货物发出之前，仓库对运输标签进行扫描并向零售商发出提前运输通知，这些措施都降低了管理费用。

（4）生产计划准确。由于可以对销售进行预测并能够得到准确的销售信息，厂商可以准确地安排生产计划。

（二）QR 对零售商而言的优点

（1）提高了销售额。条形码和 POS 扫描使零售商能够跟踪各种商品的销售和库存情况，这样零售商就能够：

1）准确地跟踪存货情况，在库存真正降低时才订货。

2）缩短订货周期。

3）实施自动补货系统（也称厂商补货系统），使用库存模型来确定什么情况下需要采购，以保证在顾客需要商品时可以得到现货。

（2）减少了削价的损失。由于具有了更准确的顾客需求信息，店铺可以更多地储存顾客需要的商品，减少顾客不需要的商品的存货，这样就减少了削价的损失。

（3）降低了采购成本。商品采购成本是企业完成采购职能时发生的费用，这些职能包括订单准备、订单创建、订单发送及订单跟踪等。实施快速反应后，上述业务流程大大简化了，采购成本降低了。

（4）降低了流通费用。厂商使用物流条形码标签后，零售商可以扫描这个标签，这样就减少了手工检查到货所发生的成本。

物流条形码支持商品的直接出货，即配送中心收到货物后不需要检查，可立即将货物送到零售商的店铺。

厂商发来的预先发货清单（ASN）可使配送中心在货物到达前有效地调度人员和库存空间。而且不需进行异常情况处理，因为零售商能准确掌握厂商发货信息。

（5）加快了库存周转。零售商能够根据顾客的需要频繁地小批量订货，也降低了库存投资和相应的仓储成本。

（6）降低了管理费用。管理费用包括接收发票、发票输入和发票例外处理时所发生的费用，由于采用了电子发票及 ASN，管理费用大幅度降低了。

总之，采用了快速反应的方法后，虽然单位商品的采购成本会增加，但通过频繁地小批量采购商品，顾客服务水平就会提高，零售商就更能适应市场的变化，同时其他成本也会降低，如库存成本和清仓削价成本等，最终提高了利润。

三、QR 成功的条件

美国零售商、服装制造商以及纺织品供应商开发的整体业务概念 QR 之所以能够取得成功，主要是具备了以下5个条件。

1. 改变传统的经营方式，革新企业的经营意识和组织

主要表现在以下5个方面：

（1）企业必须改变只依靠独自的力量来提高经营效率的传统经营意识，树立通过与供应链各方建立合作伙伴关系，努力利用各方资源来提高经营效率的现代经营意识。

（2）零售商在垂直型QR系统中起主导作用，零售店铺是垂直型QR系统的起始点。

（3）通过POS数据等销售信息和成本信息的相互公开和交换来提高各个企业的经营效率。

（4）明确垂直型QR系统内各个企业之间的分工协作范围和形式，消除重复作业，建立有效的分工协作框架。

（5）通过利用信息技术实现事务作业的无纸化和自动化，改变传统的事务作业的方式。

2. 开发和应用现代信息处理技术

这些信息技术有商品条形码技术，物流条形码技术、电子订货系统（EOS）、POS数据读取系统、EDI系统、预先发货清单技术、电子资金支付（EFT）系统、供应商管理库存方式（VMI）、连续库存补充计划（CRP）等。

3. 与供应链相关方建立战略伙伴关系

具体内容包括以下两个方面：一是积极寻找和发现战略合作伙伴，二是在合作伙伴之间建立分工和协作关系。合作的目标既要削减库存，又要避免缺货现象的发生，降低商品风险，避免大幅度降价现象发生，减少作业人员和简化事务性作业等。

4. 实现信息的充分共享

将销售信息、库存信息、生产信息、成本信息等与合作伙伴交流分享，并在此基础上，要求各方一起发现问题、分析问题和解决问题。

5. 供应方必须缩短生产周期和降低商品库存

缩短商品的生产周期，进行多品种少批量生产和多频度小数量配送，降低零售商的库存水平，提高顾客服务水平，在商品实际需要将要发生时采用JIT生产方式组织生产，减少供应商的库存水平。

四、QR的实施步骤

实施QR的三个阶段，按实施进程可以进一步分为以下6个步骤（如图2－1所示）。每一个步骤都需要以前一个步骤作为基础，并比前一个步骤有更高的回报，但是需要额外的投资。

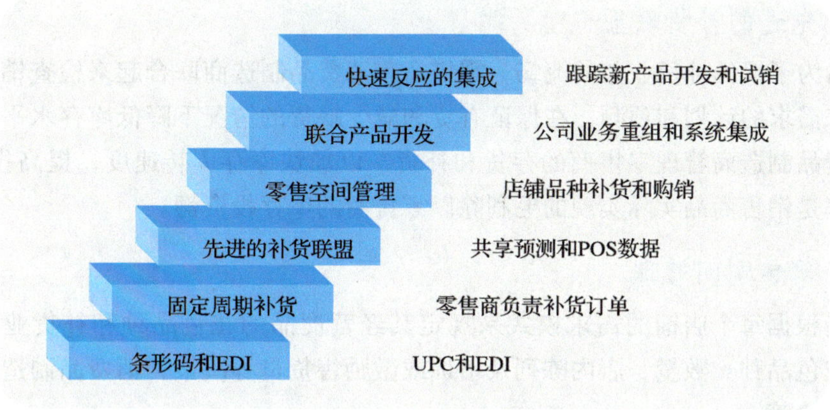

图 2-1 实施 QR 的 6 个步骤

（一）条形码和 EDI

零售商首先必须安装通用产品代码（UPC 码）、POS 扫描和 EDI 等技术设备，以加快 POS 机收款速度、获得更准确的销售数据并使信息沟通更加通畅。POS 扫描用于数据输入和数据采集，即在收款检查时用光学方式阅读条形码，然后将条形码转换成相应的商品代码。

UPC 码是行业标准的 12 位条形码，用作产品识别。正确的 UPC 产品标志对 POS 端的顾客服务和有效的操作是至关重要的。扫描条形码可以快速准确地检查价格并记录交易。

EDI 是在计算机间交换的商业单证，需遵从一定的标准，如 ANSI X. 12。零售业的专用标准是“志愿跨行业通信标准”委员会制定的，食品类的专用标准是 UCC 制定的。EDI 要求公司将其业务单证转换成行业标准格式，并传输到某个增值网（VAN），贸易伙伴在 VAN 上接收到这些单证，然后将其从标准格式转到自己系统可识别的格式。EDI 可传输的单证包括订单、发票、订单确认、销售和存货数据及事先运输通知等。

（二）固定周期补货

QR 的自动补货要求供应商更快、更频繁地运输重新订购的商品，以保证店铺不缺货，从而提高销售额。通过对商品实施快速反应并保证这些商品能敞开供应，零售商的商品周转速度更快，消费者可以选择更多的花色品种。

某些基本商品每年的销售模式实际上都是一样的，一般不会受流行趋势的影响。这些商品的销售量是可以预测的，所以不需要对商品进行考察来确定重新订货的数量。

自动补货是指基于商品销售预测的自动化。自动补货使用基于过去和目前的销售数据及其可能变化，利用预测软件进行定期预测，同时考虑目前的存货情况和其他因素，以确定订货量。自动补货是由零售商、批发商在仓库或店内进行的。

（三）先进的补货联盟

这是指为了保证补货业务的流畅，零售商和消费品制造商联合起来检查销售数据，制定关于未来需求的计划和预测，在保证有货和减少缺货的情况下降低库存水平。还可以进一步由消费品制造商管理零售商的存货和补货，以加快库存周转速度，提高投资毛利率。投资毛利率是销售商品实际实现的毛利除以零售商的库存投资额。

（四）零售空间管理

这是指根据每个店铺的需求模式来规定其经营商品的花色品种和补货业务。一般来说，对于花色品种、数量、店内陈列及培训或激励售货员等决策，消费品制造商也可以参与甚至制定决策。

（五）联合产品开发

这一步的重点不再是一般商品和季节商品，而是像服装等生命周期很短的商品。厂商和零售商联合开发新产品，其关系的密切超过了购买与销售的业务关系，不仅缩短了从新产品概念到新产品上市的时间，而且经常在店内对新产品进行实时试销。

（六）快速反应的集成

通过重新设计业务流程，将前五步的工作和公司的整体业务集成起来，以支持公司的整体战略。快速反应前五步的实施，可以使零售商和消费品制造商重新设计产品补货、采购和销售业务流程，可以使配送中心得以改进，可以适应频繁的小批量运输，使配送业务更加流畅。同样，由于库存量的增加，大部分消费品制造商也开始强调存货的管理，改进采购和制造业务，使他们能够做出正确的反应。

最后一步，零售商和消费品制造商重新设计其整个组织、绩效评估系统、业务流程和信息系统，设计的重点围绕着消费者而不是传统的公司职能，它们要求集成的信息技术。

有时可以先完成最后一步工作，至少是设计整体体系结构，这样补货的改进和新产品的开发就会尽可能地互相吻合。在确定公司核心业务及其发展方向时，更具有战略性的眼光。

第二节　有效顾客响应（ECR）战略

一、ECR 产生的背景

20 世纪六七十年代，美国日杂百货行业的竞争就在生产厂商间展开了，竞争的重心是品牌、商品、经销渠道以及广告和促销。生产厂家和零售商的交易关系中，生产厂家占支配地位。但进入 20 世纪 80 年代后，零售商借助通信技术和信息技术组建了一些全国性的连锁公司。零售行业的这种整合导致了交易的权力从供应商逐渐转向购买方。由于交易权力的转换，再加上行业增长率的下降引起的激烈竞争，厂商和零售商之间的关系恶化了，甚至到了相互不信任的地步。同时还由于组织效率的低下以及绩效衡量系统的过时，使这种情况进一步恶化。

厂商为了保持既有的利润率，采用了促销战略，即报价很高，然后利用节日或为了满足季节送货目标而对高价进行打折，采购者可以通过大量低价购进，在厂商促销期结束后高价卖出的办法获利。这些业务带来了额外的库存、运输和其他成本，但获得的额外收益远远抵消了这些成本。

在20世纪80年代末，日杂百货行业又出现了一些新的零售形式，向传统的零售形式发出了挑战。这些新形式包括批发俱乐部、大型综合超市和折扣商店，他们成功的原因是因为强调每日低价、绝对低价进货及快速的存货流转。

与此同时，自有品牌商品大量涌现。由于日杂百货业的厂商把价格提得很高，以弥补给零售商的所有附加折扣，自有品牌商品对消费者越来越有吸引力。直接从制造商那里进货可大大提高零售商的收益，同时这些商品使用的是零售商的自有品牌，在别处买不到。目前美国零售业的自有品牌商品占商品总量的22%，某些公司的自有品牌商品的比重甚至超过30%。

随着消费者的食品支出比例的降低，零售商为维持市场份额而展开激烈的竞争，竞争的中心集中在增加商品的花色品种上。这种做法进一步降低了存货的周转率和售价，对利润造成了更大压力。为获得更大的竞争优势，大的零售商要求厂商提供其他的好处，如减免费用、返款、减价和特别的促销资金等，结果厂商只好提高他们的价格来弥补附加折扣的成本。

另外，从消费者的角度来看，过度竞争往往会使企业在竞争时忽视消费者的需求。通常消费者要求的是商品的高质量、新鲜度、服务和合理价格基础上的多种选择。然而，许多企业往往不是通过提高商品质量、服务和在合理价格基础上的多种选择来满足消费者，而是通过大量的诱导型广告和广泛的促销活动来吸引消费者转换品牌，同时通过提供大量非实质性变化的商品供消费者选择。这样消费者不能得到他们需要的商品和服务，他们得到的往往是高价、令人眼花缭乱和不甚满意的商品。对于这种状态，客观上要求企业从消费者的需求出发，提供能满足消费者需求的商品和服务。

在上述背景下，美国食品市场营销协会联合包括可口可乐、宝洁、Safe Way Store 在内的16家企业与流通咨询企业 Kurt Salmon Associate 公司一起组成研究小组，对食品业的供应链进行调查。报告中系统地提出了 ECR 的概念和体系。经过美国食品市场营销协会的大力宣传，ECR 概念被零售商和制造商所接纳并被广泛用于实践。

二、ECR 的含义和特征

（一）ECR 的含义

ECR 是一个生产厂家、批发商和零售商等供应链组成各方相互协调和合作，更好、更快并以更低的成本满足消费者需要为目的的供应链管理系统。

ECR 的优点在于供应链各方为了提高消费满意这个共同的目标进行合作，分享信息和诀窍。ECR 是一种把以前处于分离状态的供应链联系在一起来满足消费者需要的工具。

（二）ECR 的特征

1. 管理意识的创新

传统的产销双方的交易关系是一种此消彼长的对立型关系，即交易各方以对自己有利的买卖条件进行交易。简单地说，是一种输赢型关系。ECR 要求产销双方的交易关系是一种合作伙伴关系，即交易各方通过相互协调合作，实现以更低的成本向消费者提供更高价值服务的目标，在此基础上追求双方的利益。简单地说，是一种双赢型（Win-Win）关系。

2. 供应链整体协调

传统流通活动缺乏效率的主要原因在于厂家、批发商和零售商之间存在企业间联系的非效率性和企业内采购、生产、销售和物流等部门或职能之间联系的非效率性。传统的组织是以部门或职能为中心进行经营活动，以各个部门或职能的效益最大化为目标。这样虽然能够提高各个部门或职能的效率，但容易引起部门或职能间的摩擦。同样，传统的业务流程中各个企业以各自企业的效益最大化为目标，这样虽然能够提高各个企业的经营效率，但容易引起企业间的利益摩擦。ECR 要求对各部门、各职能以及各企业之间的隔阂，进行跨部门、跨职能和跨企业的管理和协调，使商品流和信息流在企业内和供应链内顺畅地流动。

3. 涉及范围广

既然 ECR 要求对供应链整体进行管理和协调，ECR 所涉及的范围必然包括零售业、批发业和制造业等相关的多个行业。为了最大限度地发挥 ECR 所具有的作用，必须对关联的行业进行分析研究，对组成供应链的各类企业进行管理和协调。

三、ECR 的应用原则

应用 ECR 时必须遵守 5 个基本原则：

（1）以较少的成本，不断致力于向食品杂货供应链顾客提供更优的产品、更高的质量、更好的分类、更好的库存服务以及更多的便利服务。

（2）ECR 必须由相关的商业带头人启动。该商业带头人应决心通过代表共同利益的商业联盟取代旧式的贸易关系而达到获利的目的。

（3）必须利用准确、适时的信息支持有效的市场、生产及后勤决策。这些信息将以 EDI 的方式在贸易伙伴间自由流动，它将影响以计算机信息为基础的系统信息的有效利用。

（4）产品必须伴随其不断增值的过程，从生产至包装，直至流动至最终顾客的购物篮中，以确保顾客能随时获得所需产品。

（5）必须建立共同的成果评价体系。该体系注重整个系统的有效性（即通过降低成本与库存以及更好的资产利用，实现更优价值），清晰地标识出潜在的回报（即增加的总值和利润），促进对回报的公平分享。

总之，ECR是供应链各方推进真诚合作来实现消费者满意和实现基于各方利益的整体效益最大化的过程。

四、ECR系统的构建

ECR作为一个供应链管理系统，需要把市场营销、物流管理、信息技术和组织革新技术有机结合起来作为一个整体使用，以实现ECR的目标。ECR系统的结构如图2-2所示。构筑ECR系统的具体目标是实现低成本的流通、基础关联设施建设、消除组织间的隔阂、协调合作满足消费者需要。组成ECR系统的技术要素主要有信息技术、物流技术、营销技术和组织革新技术，下面对这些要素进行说明。

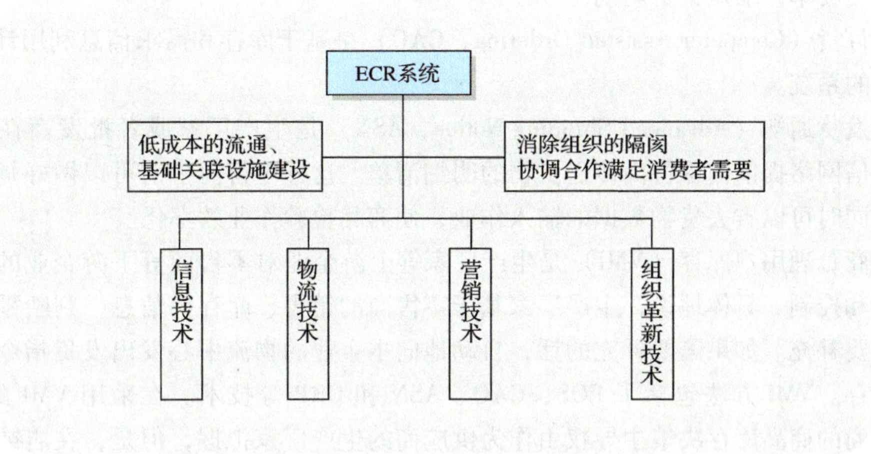

图2-2　ECR系统的构造图

1. 营销技术

在ECR系统中采用的营销技术主要是商品类别管理（Category Management，CM）和店铺货架空间管理（Space Management，SM）。

商品类别管理是以商品类别为管理单位，寻求整个商品类别全体收益最大化。具体来说，企业对经营的所有商品按类别进行分类，确定或评价每一个类别商品的功能、收益性、成长性等指标。在此基础上，结合考虑各类商品的库存水平和货架展示等因素，制订商品品种计划，对整个商品类别进行管理，以便在提高消费者服务水平的同时增加企业的销售额和收益水平。例如，企业把某类商品设定为吸引顾客的商品，把另一类商品设定为增加企业收益的商品，努力做到在满足顾客需要的同时兼顾企业的利益。商品类别管理的基础是对商品进行分类。分类的标准、各类商品功能和作用的设定依企业的使命和目标不同而不同。但是原则上，商品不应该以是否方便企业来进行分类，而应该以顾客的需要和顾客的购买方法来进行分类。

店铺空间管理是对店铺的空间安排、各类商品的展示比例、商品在货架上的布置等进行最优化管理。在ECR系统中，店铺空间管理和商品类别管理同时进行，相互作用。在综合店铺管理中，对于该店铺的所有类别的商品进行货架展示面积的分配，对于每个类别下的不同品种的商品进行货架展示面积分配和展示布置，以便提高单位营业面积的销售额和单位营业面积的收益率。

2. 物流技术

ECR系统要求及时配送（JIT）和顺畅流动。实现这一要求的方法有连续库存补充计划、自动订货、预先发货通知、供应商管理用户库存、交叉配送、店铺直送等。

连续库存补充计划（Continuous Replenishment Plan，CRP）利用及时准确的POS数据确定销售出去的商品数量，根据零售商或批发商的库存信息和预先规定的库存补充程序确定发货补充数量和发送时间。以小批量高频率方式进行连续配送，补充零售店铺的库存，提高库存周转率，缩短交货周期。

自动订货（Computer Assisted Ordering，CAO）是基于库存和需求信息利用计算机进行自动订货的系统。

预先发货通知（Advanced Shipping Notice，ASN）是生产厂家或者批发商在发货时利用电子通信网络提前向零售商传送货物的明细清单。这样零售商事前可以做好货物进货准备工作，同时可以省去货物数据的输入作业，使商品检验作业效率化。

供应商管理用户库存（VMI）是生产厂家等上游企业对零售商等下游企业的流通库存进行管理和控制。具体地说，生产厂家基于零售商的销售、库存等信息，判断零售商的库存是否需要补充。如果需要补充的话，自动地向本企业的物流中心发出发货指令，补充零售商的库存。VMI方法包括了POS、CAO、ASN和CRP等技术。在采用VMI的情况下，虽然零售商的商品库存决策主导权由作为供应商的生产厂家把握，但是，在店铺的空间安排、商品货架布置等店铺空间管理决策方面仍然由零售商主导。

交叉配送（Cross Docking，CD）是在零售商的流通中心，把来自各个供应商的货物按发送店铺迅速进行分拣装车，向各个店铺发货。在交叉配送的情况下，流通中心便是一个具有分拣装运功能的中转型中心，有利于交货周期的缩短、减少库存、提高库存周转率，从而能节约成本。

店铺直送（Direct Store Delivery，DSD）方式是指商品不经过流通配送中心，直接由生产厂家运送到店铺的运送方式。采用店铺直送方式可以保持商品的新鲜度，减少商品运输破损，缩短交货周期。

3. 信息技术

ECR系统应用的信息技术主要有：电子数据交换（EDI）和POS销售时点信息。

ECR系统的一个重要信息技术是EDI。信息技术最大的作用之一是实现事务作业的无纸化或电子化。利用EDI在供应链企业间传送交换订货发货清单、价格变化信息、付款通知单等文书单据。例如，厂家在发货的同时预先把产品清单发送给零售商，这样零售商在商品到货时，用扫描仪自动读取商品包装上的物流条形码获得进货的实际数据，并自动地与预先到达的商品清单进行比较。因此，使用 EDI 可以提高事务作业效率。另一方面，利用 EDI 也可以在供应链企业间传送交换销售时点数据、库存信息、新产品开发信息和市场预测信息等直接与经营有关的信息。例如，生产厂家可利用销售时点信息把握消费者的动向，安排好生产计划；零售商可利用新产品开发信息预先做好销售计划。因此使用 EDI 可以提高整个企业乃至整个供应链的效率。

ECR 系统的另一个重要信息技术是 POS。对零售商来说，通过对在店铺收银台自动读取的 POS 数据进行整理分析，可以掌握消费者的购买动向，找出畅销商品和滞销商品，做好商品类别管理。可以利用 POS 数据做好库存管理、订货管理等工作。对生产厂家来说，通过 EDI 利用及时准确的 POS 数据，可以把握消费者需要，制订生产计划，开发新产品，还可以把 POS 数据和 EOS 数据结合起来分析把握零售商的库存水平，进行供应商管理用户库存（VMI）的库存管理。

现在，许多零售企业把 POS 数据和顾客卡、点数卡等结合起来使用。通过顾客卡，可以知道某个顾客每次在什么时间、购买了什么商品、金额多少，到目前为止总共购买了哪些商品、总金额是多少。这样可以分析顾客的购买行为，发现顾客不同层次的需要，做好商品促销等方面的工作。

4. 组织革新技术

应用 ECR 系统不仅需要组成供应链的每一个成员紧密协调和合作，还需要每一个企业内部各个部门间紧密协调和合作，因此，成功地应用 ECR 需要对企业的组织体系进行革新。

在企业内部的组织革新方面，需要把采购、生产、物流、销售等按职能划分的组织形式改变为以商品流程为基本职能的横向组织形式。也就是把企业经营的所有商品按类别划分，对应于每一个商品类别设立一个管理团队，以这些管理团队为核心构成新的组织形式。在这种组织形式中，给每一个商品类别管理设定经营目标（如顾客满意度、收益水平、成长率等），同时在采购、品种选择、库存补充、价格设定、促销等方面赋予相应的权限。每个管理团队由一个负总责的商品类别管理人和 6 ~ 7 个负责各个职能领域的成员组成。由于商品类别管理团队规模小，内部容易交流，各职能间易于协调。

在组成供应链的企业间需要建立双赢型的合作伙伴关系。具体地讲，厂家和零售商都需要在各自企业内部建立以商品类别为管理单位的组织。这样双方相同商品类别的管理就可聚集在一起，讨论从材料采购、生产计划到销售状况、消费者动向的有关该商品类别的全盘管理问题。另外需要在企业间进行信息交换和信息分享。当然，这种合作伙伴关系的建立有赖于企业最高决策层的支持。

前面已经谈到 ECR 是供应链各方通过真诚合作来实现消费者满意和实现基于各方利益的整体效益最大化的过程。这就引申出一个问题，即由供应链全体协调合作所产生的利益如何在各个企业之间进行分配。为了解决这个问题，需要搞清楚什么活动带来多少效益，什么活动耗费多少成本。为此，需要把按部门和产品区分的成本计算方式改变为基于活动的成本计算方式（Activity Based Costing，ABC）。ABC 方法于 20 世纪 80 年代后期在美国开始使用。ABC 方法把成本按活动进行分摊，确定每个活动在各个产品上的分配，以此为基础计算出产品的成本。同时进行基于活动的管理（Activity Based Management，ABM），即改进活动内容，排除不需要的无效活动，从而减少成本。

五、ECR 的战略

ECR 概念的提出者认为 ECR 活动是过程，这个过程主要由贯穿供应链各方的 4 个核心过程组成，如图 2－3 所示。因此，ECR 的战略主要集中在 4 个领域：有效的店铺空间安排、有效的商品补充、有效的促销活动和有效的新商品开发与市场投入。

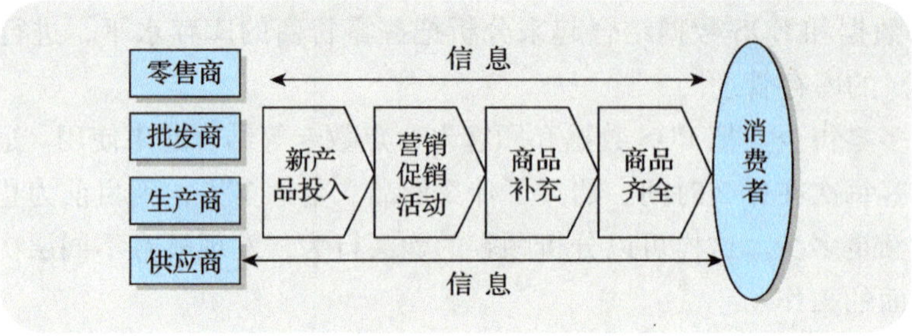

图 2－3　ECR 和供应链过程

品种管理是 ECR 的核心，通过向消费者传递价值来提高业绩。利用最新的信息技术并关注消费者的需求，品种管理能够使零售商和制造商针对某一品种优化其产品、定价、促销和渠道管理战略。

1. 有效的店内布局

实施这一战略，其目的是通过有效地利用店铺的空间和店内布局以便最大限度地提高商品的获利能力。利用计算机化的空间管理系统，零售商可以提高货架的利用率。有效的商品分类要求店铺储存消费者需要的商品，把商品范围限制在高销售率的商品上，从而提高所有商品的销售业绩。

企业应经常监测店内空间分配以确定产品的销售业绩。优秀的零售商至少每月检查一次商品的空间分配情况，甚至每周检查一次。这样能够使品种经理可以对新产品的导入、老产品的撤换、促销措施及季节性商品的摆放制定及时准确的决策。同时，通过分析各种商品的投资回报率，有助于企业了解商品的销售趋势，据此可以使企业对商品的空间分配进行适当的调整，从而保证商品的销售，实现事先确定的投资收益水平。

2. 有效的补货

该战略是通过努力降低系统的成本，从而降低商品的售价。其目的是将正确的产品在正确的时间和正确的地点以正确的数量和最有效的方式送给消费者。有效补货的构成要素主要包括：① POS 机扫描；② 店铺商品预测；③ 店铺的电子收货系统；④ 商品的价格和促销数据库；⑤ 动态的计算机辅助订货系统；⑥ 集成的采购订单管理；⑦ 厂商订单履行系统；⑧ 动态的配送系统；⑨ 仓库电子收货；⑩ 直接出货；⑪ 自动化的会计系统；⑫ 支付。

3. 有效的促销

该战略的主要内容是简化贸易关系，将经营重点从采购转移到销售。快速周转消费品行业现在把更多的时间和金钱用于对促销活动的影响进行评价。消费者则可以从这些新型的促销活动所带来的低价中获利。促销活动主要有三种：消费者广告、消费者促销、贸易促销。近年以来，食品行业促销费用的重点从广告促销转到贸易促销，而消费者促销基本上没有很大变化。

4. 有效的新产品导入

不管哪一个行业，新产品导入都是一项重要的创造价值的业务。它们能够为消费者带来新的兴趣、快乐，为企业创造新的业务机会。

有效的产品导入包括让消费者和零售商尽早接触到这种产品。首要的战略就是零售商和厂商应为了双方的共同利益而密切合作。这个业务包括把新产品放在一些店铺内进行试销，然后再按照消费者的类型分析试销的结果。根据这个信息决定怎样处理这种新产品，处理办法包括：淘汰该产品、改进该产品、改进营销技术、采用不同的分销战略。

第三节 企业资源计划（ERP）

一、企业资源计划概述

（一）ERP 产生的背景

企业资源计划（Enterprise Resource Planning，ERP）是在 MRP Ⅱ 的基础上，通过反馈的物流和反馈的信息流、资金流，把客户需要和企业内部的生产经营活动以及供应商的资源整合在一起，体现完全按用户需要进行经营管理的一种全新的管理方法。

20 世纪 90 年代以来，随着信息技术尤其是计算机网络技术的迅猛发展，统一的世界市场正在形成，MRP Ⅱ 管理系统经过扩充与进一步完善而发展为 ERP。美国加特纳咨询公司（Garter Group Inc.）最早提出了 ERP 的概念。与 MRP Ⅱ 相比，ERP 更加面向全球市场，功能更为强大，所管理的企业资源更多，支持混合式生产方式、管理覆盖面更宽。ERP 是站在全球市场环境下，从企业全局角度对经营与生产进行计划管理的方式；是制造企业的综合的集成经营系统。

在 MRP Ⅱ 得到广泛应用之后，出现了供应链管理的思想，以此为核心，1990 年加特纳公司在分析和预测的基础上首先提出了 ERP 的概念并得到广泛认同。

（二）ERP 的含义

ERP 是指建立在资讯技术基础上，以系统化的管理思想，为企业决策层及员工提供决策运行手段的管理平台。

ERP 是先进的现代企业管理模式，主要实施对象是企业，目的是将企业的各个方面的资源（包括人、财、物、产、供、销等因素）合理配置，以使之充分发挥效能，使企业在激烈的市场竞争中全方位地发挥能量，从而取得最佳经济效益。

（三）ERP 的管理思想

ERP 的管理思想就是实现对整个供应链的有效管理，其主要体现在以下几个方面：

1. 体现对整个供应链资源进行管理

在知识经济时代仅靠自己企业的资源不可能有效地参与市场竞争，也就是说，现代企业竞争不是单一企业与单一企业间的竞争，而是一个企业供应链与另一个企业供应链之间的竞争。ERP 系统实现了对整个企业供应链的管理，适应了企业在知识经济时代市场竞争的需要。如图 2－4 所示：

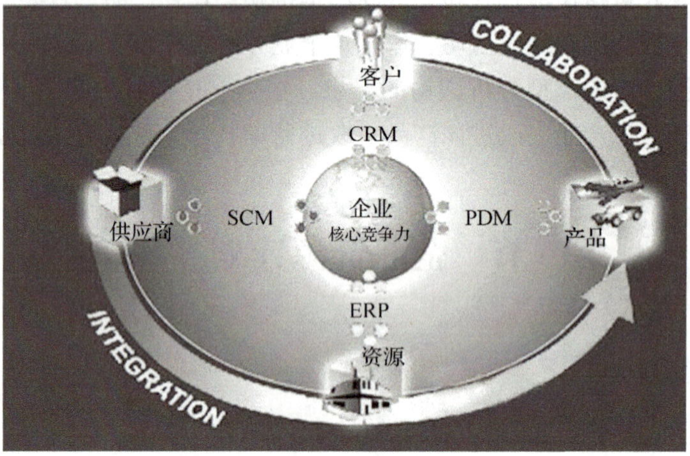

图 2－4　ERP 管理思想

2. 体现精益生产、同步工程和敏捷制造

ERP 系统支持混合型生产方式的管理，其管理思想表现在两个方面：其一是精益生产（Lean Production，LP）的思想；其二是敏捷制造（Agile Manufacturing，AM）的思想。当市场发生变化，企业遇有特定的市场和产品需求时，企业的基本合作伙伴不一定能满足新产品开发生产的要求，这时，企业会组织一个由特定的供应商和销售渠道组成的短期或一次性供应链，形成“虚拟工厂”，把供应和协作单位看成企业的一个组成部分，运用“同步工程”，组织生产，用最短的时间将新产品打入市场，时刻保持产品的高质量、多样化和灵活性，这即是敏捷制造的核心思想。

3. 体现事先计划与事中控制

ERP 系统中的计划体系主要包括：主生产计划、物料需求计划、能力计划、采购计划、销售执行计划、利润计划、财务预算和人力资源计划等，而且这些计划功能与价值控制功能已完全集成到整个供应链系统中。

另外，ERP 系统通过定义事务处理（Transaction）相关的会计核算科目与核算方式，从而实现了根据财务资金现状，可以追溯资金的来龙去脉，并进一步追溯所发生的相关业务活动，改变了资金信息滞后于物料信息的状况，便于实现事中控制和实时做出决策。

计划、事务处理、控制与决策功能都在整个供应链的业务处理流程中实现，要求在每个流程业务处理过程中最大限度地发挥每个人的工作潜能与责任心，流程与流程之间则强调人与人之间的合作精神，以便在有机组织中充分发挥每个人的主观能动性与潜能。

总之，借助信息技术的飞速发展与应用，ERP 系统得以将很多先进的管理思想转变成现实中可实施应用的计算机管理系统。

二、企业资源计划系统的实施

ERP 是将企业所有资源进行整合集成管理，简单地说是将企业的三大流：物流、资金流、信息流进行全面一体化管理的管理信息系统。如图 2－5 所示。

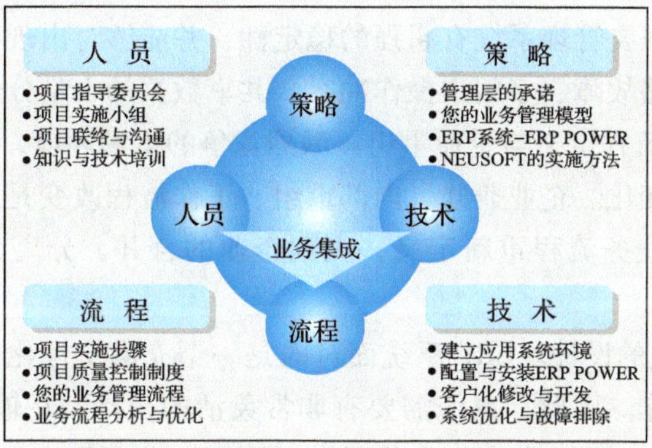

图 2－5　企业资源计划功能图

在企业中，一般的管理主要包括三方面的内容：生产控制（计划、制造）、物流管理（分销、采购、库存管理）和财务管理（会计核算、财务管理）。这三大系统本身就是集成体，它们互相之间有相应的接口，能够很好地整合在一起来对企业进行管理。另外，随着企业对人力资源管理重视和加强，已经有越来越多的 ERP 将人力资源管理纳入系统，成为一个重要的组成部分。

1. 企业资源计划系统功能

（1）多平台运行。同一套程序编码可以在多种硬件平台和操作系统上运行，以便企业可以根据业务需要和投资能力选择最佳平台，并且帮助企业顺利实现不同应用水平阶段的平滑过渡。

（2）与多种应用系统集成。例如，已经采用财务系统的用户，希望整个销售和生产管理系统也能与财务系统数据共享。企业间（特别是企业与供应商之间、企业与客户之间）

的数据交换将帮助企业有效提升整个供应链的竞争力。

（3）数据高度集成。进入系统的数据要能根据事先的设定以及管理工作的内在联系，经过转换、整合再传递到相关的功能模块中，达到数据高度共享和系统的高度集成。

（4）高度模块化。在设计和开发过程中要保证各子系统、子系统中的各项功能，甚至每一个应用程序的高度模块化。只有这样才可以实现对系统的自由剪裁和重新配置。对系统的剪裁不仅是对子系统的取舍，还包括对子系统内部各项功能的剪裁。

（5）支持分布式应用。系统是超大规模的，它将不再是集中在同一局域服务器上的系统，因此支持分布式应用和分布式数据库是未来管理系统的一个特征。

（6）真正面向电子商务应用。支持 Internet 上的信息获取及网上交易的实现。系统要能从企业的实际出发来设计电子商务工作模式。

（7）多语种支持及个性化用户界面。可以由用户来自行设定应用系统输出界面上使用的术语和界面格局，形成个性化的用户界面，不同行业的用户也可以面对的专业性更强的界面。

（8）高可靠性和安全性。大规模、分布式、广泛的连接，需要系统具有更高的可靠性和更强的安全性。还需要管理系统有超强的稳定性，并能够对出现的各种意外情况做出正确处理如远程通信线路故障、多用户操作冲突、共享数据的大量分发与传递。

（9）支持的工作流程定义与企业重组。激烈竞争的市场环境，需要企业不断地改变自己以适应外部环境的变化。企业兼并、内部重组、工作流程改变是经常发生的事情，系统应能够支持小到某项业务流程重新定义，大到企业的合并、分离、重组以及虚拟企业的重组。

（10）面向个性化的设计。ERP 系统面对的是一个充满个性化的世界，不能要求所有企业都按同一模式运作。因此，系统需要有非常灵活的设计，在输出界面（包括：文字、图像、声音、图形等）、运算公式、业务逻辑（限于一些可选业务逻辑）、业务关联等诸多方面都能留给用户足够的自由空间，允许用户通过设置建立符合自己需求的应用系统。

（11）支持智能化的信息处理和决策支持功能。电子商务所带来的巨大信息量是人力处理所不能完成的，管理系统中必须加入一定的智能化处理功能，才能协助人们有效地完成各项管理工作。

2. 选择 ERP 系统的步骤

ERP 系统的选择是一个非常烦琐的过程，除了需要将各种因素考虑周全以外，还要有一个科学的过程设计和良好的管控，才能保证决策的科学合理。

（1）确定需求。在企业流程优化的基础上，通过进一步的面谈确定企业管理系统中各业务子系统近期和长期的功能需求及其优先级，并形成功能需求结构树和功能需求表。

（2）确定软件评价的指标和权重。企业依据一定的关系要素制定出适合本企业的软件选择指标体系及其权重，作为评价软件的标准。

（3）向备选供货商征集项目建议书。各软件系统供货商会根据企业需求，就候选软件向企业提供项目建议书。企业的软件选型项目组根据各供货商的项目建议书，对候选软件对本企业需求的满足程度及实施建议进行评分。

（4）系统演示与评估。根据企业的要求，各家供货商会进行系统现场演示，并回答企业提出的各种问题。企业要针对各系统演示的功能对企业业务需求的满足程度、操作接口的友好性、演示的针对性和演示人员的服务态度、业务素质及对其解答问题的满意程度等方面给出评价意见。

（5）收集第三方资料。项目组通过多种方式，调查和研究候选系统及供货商的相关信息，对供货商本身的背景及其相关信息进行充分了解。这些手段包括：向供货商发放调查问卷；在相关媒体、因特网等资源上查阅第三方权威评测机构对各候选系统和供货商的评价报告等多种方式。

（6）整体评估和选择。对各候选系统及供货商的各方面表现进行评分，再根据企业确定的系统选择指标权重进行加权统计，得出各候选系统综合得分并据此做出系统选择建议。最后，由企业的最高领导和业务部门的主要负责人共同做出选择。

总之，系统选择对于企业而言，是一件非常重要而复杂的工作，必须高度重视、谨慎选择，必要的时候，要在专业的 IT 咨询服务机构的指导下进行。

3. ERP 系统实施的经济效益

据美国生产与库存控制学会统计，使用一个 ERP 系统，平均说来可以为企业带来如下经济效益：

（1）库存下降 30% ~50%。这是人们说得最多的效益，因为它可使一般企业用户的库存投资减少 40% ~50%，库存周转率提高约 50%。

（2）延期交货现象减少 80%。当库存减少且很稳定的时候，企业用户的服务水平提高了。使用 ERP 的企业的准时交货率平均提高 55%，误期率平均降低 35%，从而大大提高了企业信誉。

（3）采购提前期缩短 50%。采购人员有了及时准确的生产计划信息，能够集中精力进行价值分析、货源选择，研究谈判策略并了解生产问题，从而缩短了采购时间，节省了采购费用。

（4）停工待料现象减少 60%。由于零件需求的透明度提高，计划也做了改进，零件输送能够做到及时与准确，大大减少了生产线上的停工待料现象。

（5）制造成本降低 12%。由于库存费用的下降，劳力的节约，人员和采购费用节省，支出减少等一系列人、财、物的正向效应，必然会引起生产成本的降低。

（6）管理水平提高。管理人员减少 10%，生产能力提高 10% ~15%。

尽管 ERP 的实施带来很大的经济效益，但也会遇到重重阻碍。第一，人们担心 ERP 的实施会打破自己的饭碗，所以不愿接受。但实际上 ERP 系统在取消许多工作岗位的同时，又提供了许多的附带更多责任和价值的工作岗位，企业必须使全体员工清楚地认识到这一点。第二，ERP 系统费用庞大。除了一些显性成本，如软件成本，还有一些隐性成本，如培训费用，ERP 项目的咨询服务费用等。但是，ERP 作为一项投资，往往伴随着漫长的投资回报，只是在业绩提升方面的潜在利益不能在短期内实现而已。

本章小结

本章介绍了三种流行的供应链管理方法。快速反应（QR）方法是美国零售商、服装制造商以及纺织品供应商开发的整体业务概念，是指在供应链中，为了实现共同的目标，至少在两个环节之间进行的紧密合作。目的是减少原材料到销售点的时间和整个供应链上的库存，最大限度地提高供应链的运作效率，提高对顾客需求的反应。其思想和实施方法已成为一种影响广泛的供应链管理战略。

有效顾客响应（ECR）是日用百货行业的供应链营销战略，即由零售商、批发商与厂商等供应链节点企业相互协调和合作，更好、更快并以更低的成本为顾客提供更多的价值的一种供应链管理方法。ECR 的优点在于供应链各方为了提高消费满意这个共同的目标进行合作，分享信息和诀窍。ECR 是一种把以前处于分离状态的供应链联系在一起来满足消费者需要的工具。ECR 过程主要由贯穿供应链各方的 4 个核心过程组成，ECR 的战略主要集中在 4 个领域：有效的店铺空间安排、有效的商品补充、有效的促销活动和有效的新商品开发与市场导入。

企业资源计划（ERP）在 MRP Ⅱ 的基础上，通过反馈的物流、信息流和资金流，把客户需要和企业内部的生产经营活动以及供应商的资源整合在一起，体现完全按用户需要进行经营管理的一种全新的管理方法。企业资源计划是建立在资讯技术基础上，以系统化的管理思想，为企业决策层及员工提供决策运行手段的管理平台，是实施供应链管理早期，整合内部资源阶段的优秀工具。

复习思考题

1. 叙述 QR 的含义。实施 QR 战略对厂家和零售商有哪些好处？
2. 实施 QR 有哪 6 个步骤？
3. QR 战略再造的重点有哪些？
4. ECR 的含义、特征和应用原则各有哪些？
5. ECR 的构建技术和战略都有哪些？
6. 试比较 QR 和 ECR 的异同？

案例 1

Zara 的感悟：供应链的速度与响应能力比成本更重要

服装业翘楚 Zara 大约在 20 年前推出“快时尚”理念，随后开发出一个经常成为研究对象但很少被成功复制的高度集中化的设计、生产和销售体系。

这个帝国是建立在一个非常规的理念之上：速度与响应能力比成本更重要。Zara 以小批量、快速在门店发布新品而闻名。门店管理人员每周两次准时下单定购，新款服装也是每周两次按时发到门店。为了实现这一点，Zara 对生产过程的控制超过大多数零售商：其服装大约有一半在西班牙或邻近国家生产。对 Zara 来说，供应链就是它的竞争优势所在。

Zara 在全球的扩张可能最终考验其以伊比利亚半岛为基地的生态系统。西班牙一直是其最大的市场，但 2013 年，Zara 在中国的门店数（142 间）超过法国，使中国成为其第二大市场。但作为一家全球公司，Zara 并未本地化运营。“他们成功的秘诀就是集中化，”加州大学洛杉矶分校安德森管理学院副教授、在 Zara 担任商业顾问的费利佩·卡罗说：“他们能够以非常协调的方式做出决策。”Zara 在西班牙本部就能控制库存的能力是其商业模式的关键部分。“一旦他们决定实现本地化，设置两个中枢，西班牙和中国，那将会是完全不同的 Zara。”卡罗说。

本部外面就是该公司占地超过 46 万平方米的主配送中心。该公司每年为其分布在 86 个国家的 1770 间门店生产大约 4.5 亿件商品。据 Zara 透露，大约 1.5 亿件服装在这个中心接受检验并被分类。无论一件衬衫是在葡萄牙、摩洛哥、中国还是孟加拉国生产，都会先运到西班牙，然后才发往门店。配送中心以外是 11 个 Zara 下属的工厂。这些工厂所生产的每一件衬衫、针织衫和裙装都直接通过自动的地下轨道被送到配送中心。这个轨道有将近 200 公里长。周边的加利西亚地区则遍布 Zara 的分包商。

现年 77 岁的世界第三大富豪阿曼西奥·奥尔特加是真正的幕后老板，他经常跟设计师、买手、策划人员和营销人员在一起。有关哪些产品畅销、哪些产品销路不旺的信息从世界各地的门店经理那里源源不断地发过来。设计师依据这些信息迅速对服装进行调整，买手可以就某款外套下更多的订单（但也不能太多——独具一格的东西才好卖），策划人员则可以决定将哪些商品从门店中剔除。

Zara 在西班牙以及葡萄牙、摩洛哥和土耳其的工厂生产最新潮的服装。这些工厂生产的服装占 Zara 库存的一半左右。其基本款的 T 恤衫、针织衫等产品是根据传统时间表（大约提前六个月）从人力成本通常更低的亚洲工厂定购，然后运到西班牙。

Zara 的管理人员一直投资于高科技设备和额外产能，让旗下工厂能应对产量的突然增加或变化——很少有亚洲生产商能做到这一点。哈佛商学院对 Zara 进行的个案研究显示，在一季开始的时候，普通零售商已经至少为 80% 的即将销售的服装下了订单。但 Zara 只有 50% 的设计提前那么久。变化并不会打乱这个体系，它就是体系的一部分。

新品被连夜打包装上卡车，直接送往门店或发往机场。这些卡车和飞机依照已经确立的时间表运行，在 48 小时之内将服装运到大多数门店。

Zara 能够承担额外的人力和运输成本，原因是它无需像竞争对手一样大幅打折促销。它也不做广告。哈佛的案例研究显示，Zara 服装的平均售价为全价的 8.5 折，而行业平均水平为 6 折到 7 折。未售出的商品占其库存的比例不到 10%，行业平均水平为 17% 至

20%。哈佛研究论文的作者之一的卡斯拉·费尔多斯说："Zara 深知，如果他们无需推出那么大的折扣，就可以在其他方面花钱。他们能看到供应链的这种确定性和节奏带来的好处。"

案例 2

汽配行业 ERP 解决方案

法雷奥湖北有限公司（以下简称"法雷奥"）是欧洲第二大汽车零配件厂商法雷奥集团空调部在中国的合资子公司，该公司生产汽车空调系统、空调总成、蒸发器、冷凝器以及加热器芯、电机等产品，主要客户包括了一汽大众、武汉神龙、上汽奇瑞、南京依维柯等国内十多家知名的汽车生产厂商。

建厂伊始，法雷奥就将 ERP 的选型作为主要的议程。当时，企业面临多种选择。法雷奥集团在法国总部及全球主要生产企业大多选用了一家国际知名的大型 ERP 厂商的系统，虽然该系统性能良好，但价格高昂且实施周期较长，对于法雷奥这样中小型企业来说，使用这套系统无疑太复杂。

公司在兼顾实施和维护的考虑上，最终选择 GrapeCity 公司的 Intuitive ERP。Intuitive ERP 作为一套成熟的 ERP 系统，通过以计划为核心的生产管理解决方案，可以科学地帮助用户从库存、采购、计划、销售、制造、管理等方面实行科学有效的管理与协调。同时，公司的主要管理人员大多为法方人员，Intuitive ERP 灵活标准的中文与英文和法文切换，迎合了公司的使用习惯。

另外，GrapeCity 公司在上海建有自己的基地，提供包括微软 Windows 平台、Office 系统、数据库、开发工具到 ERP 应用培训和实施的全系列服务。并且该公司通过应用客户关系管理系统（Customer Relationship Management，CRM）为 ERP 用户提供持续的实施和支持服务。法雷奥最终选用了 Intuitive ERP 系统。

法雷奥在生产中采用以"拉动式生产"的方式，来决定具体的生产任务，能进行合理的生产成本控制。法雷奥将每个生产工具以结构化的方式，有序分布于生产车间内的相应位置，每个环节彼此承上启下，相互协作。然而，在实施 Intuitive ERP 之前，公司虽然有着良好的框架，但这些科学的工序大多依靠人工推算。随着工作量增大，生产种类增加，生产的精确度越发难以把握，因而对各环节的控制与质量的精确把关，成了企业的难题。

Intuitive ERP 将"拉动式生产"流程的规律贯彻于 ERP 系统的整个计划之中。依据最终需求量，通过科学运算，精确地下达各工序的生产订单。同时，准确计算出各工序间协作小车的节拍、运行周期和次数。从而更大范围地适应企业"柔性生产"的需求，计算出以何种生产工序组合生产出成本最优，效率最高的产品。

"拉动式生产"是法雷奥的一大特色。然而借助 Intuitive ERP 系统，从计划、库存、采购、销售、制造、管理整个环节上，他们获得的不仅是单项的成功，而是更为全面完整的提升。

法雷奥在迎合下游看板生产管理的同时，特别关注了对于上游供应商“中间库存”的管理，即帮助供应商一起管理“自己”的库存产品。这样不仅能协同上游供应商以按时生产、按时供给的方式，降低整体成本。同时，可以适应原材料更新和改变之后的风险，确保库存的精确性，更加紧密与上游厂商的合作。在 Intuitive ERP 的整体协调下，公司整体库存的准确度提升至了 90% 以上。

整个系统仅仅历时 6 个月，便将 Intuitive ERP 运用于整个生产中。在实施 ERP 后，企业的工作模式发生了根本性的变化，系统使企业的管理层从初级的统计输入汇总类的简单劳动解放出来，使他们可以集中精力和优势去经营他们的核心业务。

第三章 Chapter Three

供应链的构建与优化

学习目标

1. 描述并区分供应链的链状模型和网状模型。
2. 叙述供应链设计应遵循的基本原则。
3. 说明基于产品的供应链设计策略。
4. 说明产品生命周期对供应链设计策略的影响。
5. 说明基于产品的供应链设计应遵循的步骤。

第一节　供应链结构模型

一个供应链是由许多节点企业组成的，需要管理到什么程度，取决于许多因素。例如，产品的复杂程度，供应商的数量和原材料的可利用程度，以及管理本身的跨度问题。

一个企业处在一个什么样的供应链中，这个供应链是什么样的结构，这是管理首先要面对的问题，因为我们需要确定哪些企业是我们供应链的有机组成部分；我们需要确定哪些企业是我们供应链成功运作的关键因素，以便对资源进行合理的分配和管理。

为了有效指导供应链的构建，了解和掌握供应链的结构模型是必须的，下面着重从企业与企业之间的关系的角度介绍几种供应链的拓扑结构模型。

一、链状模型

根据前面供应链的定义，我们给出一个简单的供应链结构模型（如图 3 - 1 所示），称为模型 I。模型 I 是一个简单的静态模型，只反映了供应链的基本组成和轮廓，若将其进一步简化则就成了链状模型 Ⅱ（如图 3 - 2 所示）。在模型 I 中，产品的最初来源是自然界，如矿山、油田、橡胶园等，经过供应商、制造商和分销商三级传递，最终去向是用户。被用户消费掉的最终产品仍回到自然界，完成物质循环（如图 3 - 1、3 - 2 中的虚线）。

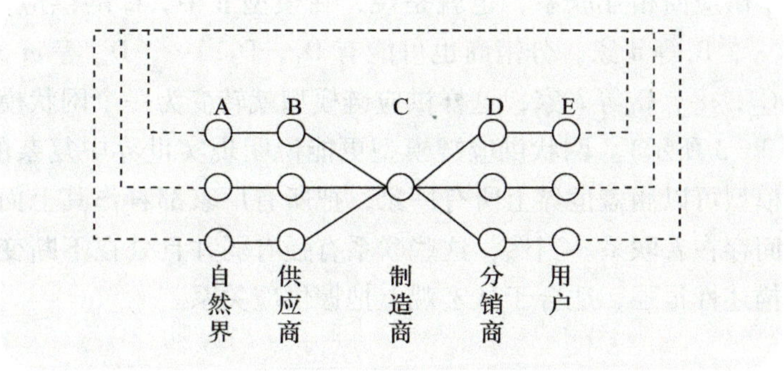

图 3-1　供应链的链状模型 I

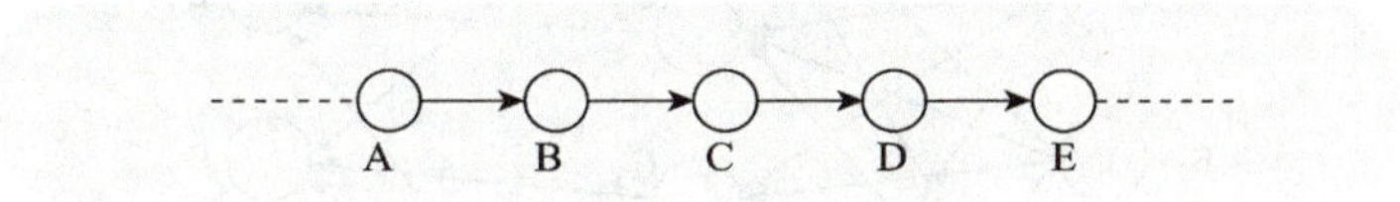

图 3-2　供应链的链状模型 Ⅱ

链状供应链是最简单的一种供应链结构，即每一个节点成员只与一个上游成员和一个下游成员相连接，这样连接而成的供应链是一个直线型的供应链，较常见的是在企业内部和动态企业联盟中。从供应链研究的便利角度，把自然界和用户放在模型中没有太大的作用，因此，在模型Ⅱ中，产品的最初来源（自然界）、最终去向（用户）以及产品的物质循环过程都被抽象掉了，并把模型 I 中的厂商都抽象成一个个的节点，并用字母或数字来表示。节点以一定的方式和顺序联结成一串，构成一条图论中的供应链。在模型Ⅱ中，若假定 C 为制造商，则 B 为供应商，D 为分销商；同样，若假定 B 为制造商，则 A 为供应商，C 为分销商。在模型Ⅱ中，只注重供应链中间过程的研究。

1. 供应链的方向

在供应链上除了有物流和信息流外，还存在着资金流。在正常情况下，物流的方向一般都是从供应商流向制造商，再流向分销商。在供应链的研究中，我们也按照物流的方向来定义供应链的方向，以确定供应商、制造商和分销商之间的顺序关系。模型Ⅱ中的箭头方向即表示供应链的物流方向。

2. 供应链的分级

在模型Ⅱ中，定义 C 为制造商时，可以相应地认为 B 为一级供应商，A 为二级供应商，而且还可递归地定义三级供应商、四级供应商……同样，可以认为 D 为一级分销商，E 为二级分销商，并递归地定义三级分销商，四级分销商……一般来说，一个企业应尽可能考虑多级供应商或分销商，这样有利于从整体上了解供应链的运行状态。

二、网状模型

现实中的产品供应关系是非常复杂的，由于供应商的供货能力等多方面的原因，一个厂家一般会与多个供应商相互联系，也就是说，在模型Ⅱ中，C 的供应商可能不止一家，而是有 B_1，B_2，…，B_n等 n 家，分销商也可能有 D_1，D_2，…，D_m 等 m 家。动态地考虑，C 也可能有 C_1，C_2，…，C_k等 k 家，这样供应链模型就转变为一个网状模型，即供应链的网状模型（如图 3－3 所示）。网状供应链模型更能说明现实世界中复杂的产品供应关系。在理论上，网状模型可以涵盖世界上所有厂家，把所有厂家都看作其上面的一个节点，并认为这些节点之间存在着联系。当然，这些联系有强有弱并且处在不断变化之中。网状模型对供应关系的描述性很强，适合于从宏观上把握供应关系。

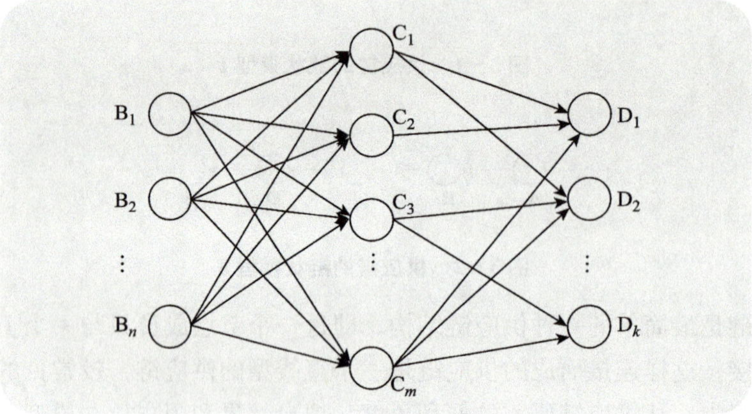

图 3－3　供应链的网状模型

1. 入点和出点

在网状模型中，物流做有向流动，从一个节点流向另一个节点。这些物流从某些节点补充流入，从某些节点分流流出。我们把这些物流进入的节点称为入点，把物流流出的节点称为出点。入点相当于矿山、油田、橡胶园等原始材料提供商，出点相当于用户。图 3－4中，A 节点为入点，F 节点为出点。有的厂家既为入点又为出点，为了简化网链的表示，将代表这个厂家的节点一分为二，变成两个节点：一个为入点，一个为出点，并用实线将其框起来，如图 3－5 所示，A_1为入点，A_2为出点。同样地，如有的厂家对于另一厂家既为供应商又为分销商，也可将这个厂家一分为二，甚至一分为三或更多，变成两个节点：一个节点表示供应商，一个节点表示分销商，也用实线将其框起来。如图 3－6 所示，B_1是 C 的供应商，B_2是 C 的分销商。

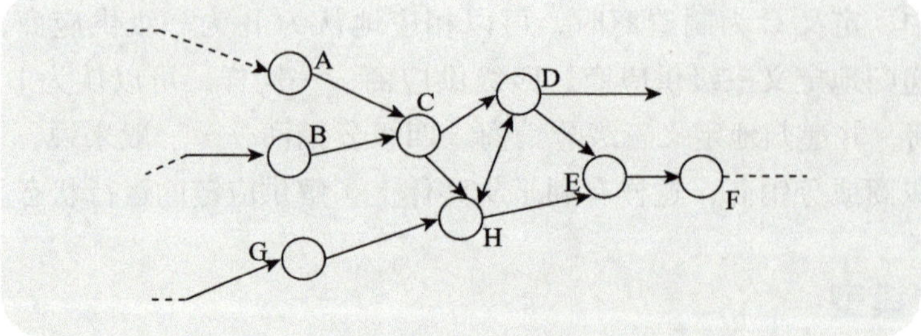

图 3－4　入点和出点

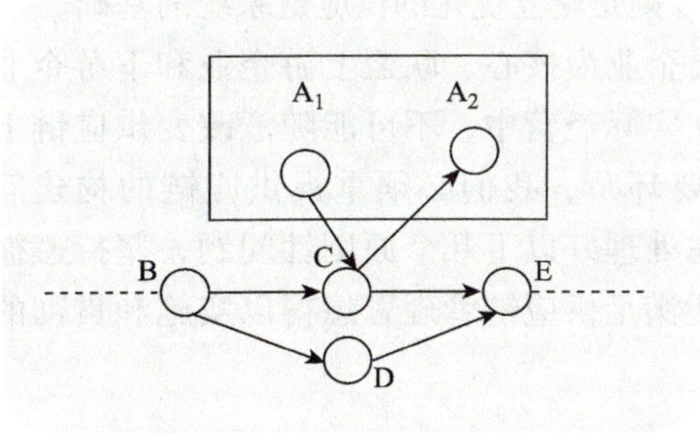

图 3-5　包含出点和入点的厂家

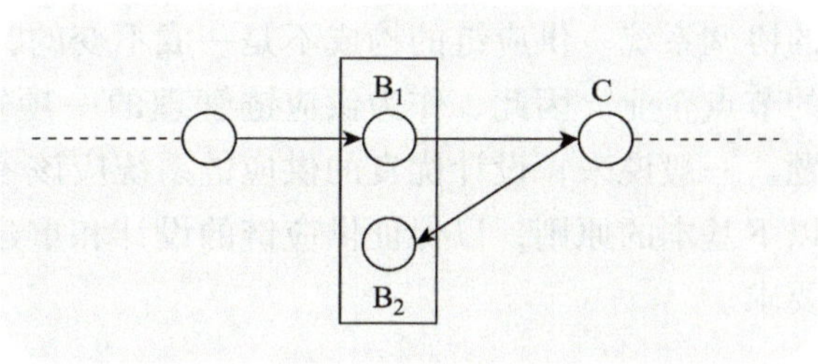

图 3-6　包含供应商和分销商的厂家

2. 子网

有些厂家规模非常大，如一些汽车制造企业，内部结构也非常复杂，与其他厂家相联系的只是其中一个部门，而且内部也存在着产品供应关系，用一个节点不能完整表示这些复杂关系，我们将表示这个厂家的节点分解成很多相互联系的小节点，这些小节点构成一个网，称之为子网（如图 3-7 所示）。在引入子网概念后，再看图 3-7 中 C 与 D 的联系，这时只需考虑 C_2 与 D 的联系，而不要考虑 C_3 与 D 的联系，这就简化了无谓的研究。子网模型很适合于描述企业集团的组织结构。

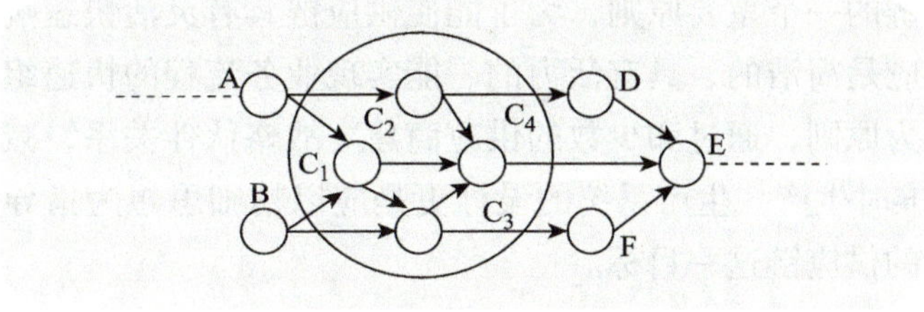

图 3-7　子网模型

3. 虚拟企业

与上述子网模型的描述相仿，有时我们反过来，将供应链网上为了完成共同目标、通力合作并实现各自利益的一些厂家形象地看成是一个厂家，这就是虚拟企业。虚拟企业是在经济交往中，一些独立企业为了共同的利益和目标在一定时间内结成的相互协作的利益共同体。虚拟企业组建和存在的目的就是为了获取相互协作而产生的效益，一旦这个目的已完成或利益不存在，虚拟企业即不复存在。

第二节　供应链的设计原则和关键要素

成功的供应链管理能够协调并整合供应链中所有的活动，最终成为无缝连接的一体化过程。要想提高供应链管理的运作绩效，除了要有一个高效的运行机制外，建立一个优化的供应链系统也是极为重要的一环，供应链的设计则是建立优化的供应链系统的基础。

供应链系统的设计，就是要建立以一个重要企业为核心、联盟上游企业和下游企业的协调系统。供应链的构成不是一成不变的，在实际经营中，不可能随意改变供应链上的节点企业。因此，作为供应链管理的一项重要环节，我们必须重视供应链的构建问题。一般说来，设计优良的供应链系统应该考虑处理好以下几个原则性问题，坚持遵循以下基本的原则，以保证供应链的设计和重建能满足供应链管理思想得以实施和贯彻的要求。

一、供应链的设计原则

1. 自上而下和自下而上相结合的设计原则

在系统建模设计中，存在两种设计方法，即自上而下和自下而上的方法。自上而下的方法是从全局走向局部的方法，自下而上的方法是从局部走向全局的方法；自上而下是系统分解的过程，而自下而上则是一种集成的过程。在设计一个供应链系统时，往往是先由主管高层做出战略规划与决策，规划与决策的依据来自市场需求和企业发展规划，然后由下层部门实施决策，因此供应链的设计是自上而下和自下而上的综合。

2. 简洁性原则

简洁性是供应链的一个重要原则，为了能使供应链具有灵活快速响应市场的能力，供应链的每个节点都应是简洁的、具有活力的、能实现业务流程的快速组合。比如供应商的选择就应以少而精为原则，通过和少数的供应商建立战略伙伴关系，减少采购成本，推动实施 JIT 采购法和准时生产。生产系统的设计更是应以精细思想为指导，努力实现从精细的制造模式到精细的供应链这一目标。

3. 集优原则

供应链的各个节点选择应遵循强强联合的原则，达到资源外用的目的，每个企业只集中精力于各自核心的业务过程，就像一个独立的制造单元，这些所谓单元化企业具有自我组织、自我优化、面向目标、动态运行和充满活力的特点，能够实现供应链业务的快速重组。

4. 协调性原则

供应链业绩好坏取决于供应链合作伙伴关系是否和谐，因此建立战略伙伴关系的合作企业关系模型是实现供应链最佳效能的保证。席酉民教授认为和谐是描述系统是否形成了充分发挥系统成员和子系统的能动性、创造性及系统与环境的总体协调性。只有和谐而协调的系统才能发挥最佳的效能。

5. 动态性（不确定性）原则

不确定性在供应链中随处可见，许多学者在研究供应链运作效率时都提到不确定性问题。由于不确定性的存在，导致需求信息的扭曲。因此要预见各种不确定因素对供应链运作的影响，减少信息传递过程中的信息延迟和失真。降低安全库存总是和服务水平的提高相矛盾。增加透明性，减少不必要的中间环节，提高预测的精度和时效性对降低不确定性的影响都是极为重要的。

6. 创新性原则

创新设计是系统设计的重要原则，没有创新性思维，就不可能有创新的管理模式，因此在供应链的设计过程中，创新性是很重要的一个原则。要产生一个创新的系统，就要敢于打破各种陈旧的思维框框，用新的角度、新的视野审视原有的管理模式和体系，进行大胆的创新设计。进行创新设计，要注意几点：① 创新必须在企业总体目标和战略的指导下进行，并与战略目标保持一致；② 要从市场需求的角度出发，综合运用企业的能力和优势；③ 发挥企业各类人员的创造性，集思广益，并与其他企业共同协作，发挥供应链整体优势；④ 建立科学的供应链和项目评价体系及组织管理系统，进行技术经济分析和可行性论证。

7. 战略性原则

供应链的建模应有战略性观点，通过战略的观点考虑减少不确定影响。从供应链的战略管理的角度考虑，我们认为供应链建模的战略性原则还体现在供应链发展的长远规划和预见性，供应链的系统结构发展应和企业的战略规划保持一致，并在企业战略指导下进行。

二、供应链设计的关键要素

供应链管理是一种集成的管理思想和方法体系，它有自己的思想、组织、方法和技术体系。供应链具有系统的一般特征，即整体性、相关性、结构性、动态性、目的性和环境适应性。所以，供应链设计时必须坚持系统观，从系统的角度进行设计和优化，并处理好以下几个关键要素。

1. 慎重考虑宏观环境因素

不论是供应链，还是供应链上的节点企业，作为社会组织的一员，必须与宏观环境相适应。一个设计精良的供应链在实际运行中可能无法按照预想的那样，甚至无法达到设想的要求，这是主观设想与实际效果的差距，原因并不一定是设计或构想的不完美，而是环境因素在起作用。构建和设计一个供应链，一方面要考虑供应链的运行环境（地区、政治、文化、经济等因素），同时还应考虑未来环境的变化对供应链的影响。因此，要用发展的、变化的眼光来设计供应链，无论是信息系统的构建还是物流通道设计都应具有较高的柔性，以提高供应链对环境的适应能力。

一般认为宏观环境因素有五类，即政治法律环境、经济环境、社会文化与自然环境以及技术环境。

（1）政治和法律环境，是指那些制约和影响企业的政治要素和法律系统，以及其运行状态。政治环境包括国家的政治制度、权力机构、颁布的方针政策、政治团体和政治形势等因素。法律环境包括国家制定的法律、法规、法令以及国家的执法机构等因素。政治和法律因素是保障企业生产经营活动的基本条件，也是一种强制和约束。

（2）经济环境，是指构成企业生存和发展的社会经济状况及国家的经济政策，包括社会经济结构、经济体制、发展状况、宏观经济政策等要素。通常衡量经济环境的指标有国内生产总值、就业水平、物价水平、消费支出分配规模、国际收支状况，以及利率、货币供应量、政府支出、汇率等国家货币和财政政策等。经济环境对企业生产经营的影响更为直接具体。因此，要善于运用各种指标，准确分析经济环境对各个企业的影响，从而制定出正确的设计策略。

（3）社会文化环境，是指企业所处的社会结构、社会风俗和习惯、信仰和价值观念、行为规范、生活方式、文化传统、人口规模与地理分布等因素的形成和变动。社会文化环境对企业的影响不是那么显而易见，但由于它直接影响人们的生活方式或消费习惯，在实际实施中又无时不在。因此在进行跨文化群体的供应链设计时，企业必须全面了解、认真分析各个节点企业所处的社会文化环境，防止由于社会文化环境差异较大而导致的合作失败。

（4）自然环境，是指企业所处的自然资源与生态环境，包括土地、森林、河流、海洋、生物、矿产、能源、水源、环境保护、生态平衡等方面的发展变化。这些因素关系到企业确定投资方向、产品改进与革新等重大经营决策问题。

（5）技术环境，是指企业所处的环境中的科技要素及与该要素直接相关的各种社会现象的集合，包括国家科技体制、科技政策、科技水平和科技发展趋势等。技术环境影响到企业能否及时调整战略决策，以获得新的竞争优势。

2. 统筹供应链设计与物流系统设计

物流系统是供应链的物流通道，是供应链管理的重要内容。物流系统设计是指原材料和外购件所经历的采购入厂—存储—投料—加工制造—装配—包装—运输—分销—零售等一系列物流过程的设计。物流系统设计也称通道设计（Channel Designing），是供应链系统设计中最主要的工作之一。设计一个结构合理的物流通道对于降低库存、减少成本、缩短提前期、实施 JIT 生产与供销、提高供应链的整体运作效率都是很重要的。但供应链设计却不等同于物流系统设计，集成化供应链设计是企业模型的设计，它从更广泛的思维空间——企业整体角度——去构建企业蓝图，是扩展的企业模型。它既包括物流系统，还包括信息的组织以及资金流和相应的服务体系建设。在供应链的设计（建设）中创新性的管理思维和观念极为重要，要把供应链的整体思维观融入供应链的构思和建设中，企业之间要有并行的设计才能实现并行的运作模式，这是供应链设计中最为重要的思想。它们两者是战术与战略的关系。

3. 以满足最终用户需求为目标

现代的市场竞争已转变为供应链与供应链之间的竞争，外部客户需求是供应链赖以生存的源动力。外部客户需求的不确定将会影响到整个供应链的运作，阻碍企业获取供应链的最佳效益。因此，如何获取准确、有效的面向供应链的外部客户需求信息并对其进行有效的管理，是提升供应链整体效用的关键因素。因此设计一个能够最有效率和最高效运作的供应链，必须事先确定潜在客户细分市场的购买动机。这种分析使设计者能够确定最能达到目标市场的零售市场细分。行业营销人员必须识别出潜在的用户，并确定这些客户如何做出采购决策。所以，在供应链设计时，决不能忽视“市场驱动、客户导向”。要从一开始就把客户的需求融入产品的研发、设计、制造中，这才能“号准市场的脉搏”，产品也才能更贴近客户的需求。

4. 兼顾先进制造模式

供应链设计既是从管理新思维的角度去改造企业，也是先进制造模式的客观要求和推动的结果。如果没有全球制造、虚拟制造这些先进的制造模式的出现，集成化供应链的管理思想很难得以实现。正是先进制造模式的资源配置沿着“劳动密集——设备密集——信息密集——知识密集”的方向发展，才使得企业的组织模式和管理模式发生相应的变化，从制造技术的技术集成演变为组织和信息等相关资源的集成。因此供应链的设计应该把握这种内在的联系，使供应链管理成为适应先进制造模式发展的先进管理思想。

5. 与企业再造工程有机结合

从企业的角度来看，供应链的设计是一个企业的改造问题。因为供应链管理引进的是一种新的思想，要按照这种思想重构企业的运作框架和战略系统，就要对原有的管理架构进行反思，必要时要进行一些革命性的变革。所以，供应链系统的建设也就是企业或者是企业群体进行业务流程的重构过程。要从管理思想革新的角度，以创新的观念武装企业（比如动态联盟与虚拟企业、精细生产）。这种基于系统进化的企业再造思想是符合人类演进式的思维逻辑的，尽管企业流程再造（BPR）教父哈默和钱贝一再强调其彻底的、剧变式的企业重构思想，但实践证明，实施 BPR 的企业最终还是走向改良道路，所谓无源之水、无本之木的企业再造是不存在的。因此在实施供应链的设计与重建时，需要的是新的观念、新的思维和新的手段，这是我们实施供应链管理所要明确的。

第三节　供应链的设计与优化

设计和运行一个有效的供应链对于每一个制造企业都是至关重要的，因为它可以提高企业对用户的服务水平，达到成本和服务之间的有效平衡；使企业具有更高的柔性，以提高对客户需求的反应能力和速度，开拓进入新的市场，提高企业竞争力；降低库存，提高企业的工作效率。但是也可能因为供应链设计不当而导致浪费和失败，因此，正确设计供应链是实施供应链管理的基础。

一、供应链的设计步骤

1. 分析市场竞争环境

分析市场竞争环境的目的在于找到针对哪些产品市场来设计供应链才有效，因此，必须知道现在的产品需求是什么，产品的类型和特征是什么。分析市场特征的过程要对企业、用户和竞争者进行调查，提出诸如“用户想要什么”“他们在市场中的分量有多大”之类的问题，以确认用户的需求和因卖主、用户、竞争者产生的压力。这一步骤的输出是每一产品按重要性排列的市场特征。同时对于市场的不确定性要有分析和评价。

2. 总结、分析企业现状

主要分析企业供需管理的现状（如果企业已经有供应链管理，则分析供应链的现状），这一个步骤的目的不在于评价供应链设计策略的重要性和合适性，而是着重于研究供应链开发的方向，分析、寻找、总结企业存在的问题及影响供应链设计的阻力等因素。

3. 提出供应链设计项目

针对存在的问题，分析其必要性。

4. 确立供应链设计的目标

主要目标在于获得高用户服务水平和低库存投资、低单位成本两个目标之间的平衡（这两个目标往往有冲突），同时还应包括以下目标：

（1）进入新市场。

（2）开发新产品。

（3）开发新分销渠道。

（4）改善售后服务水平。

（5）提高用户满意程度。

（6）降低成本。

（7）通过降低库存提高工作效率等。

5. 分析供应链的组成，提出组成供应链的基本框架

供应链中的成员组成分析主要包括制造工厂、设备、工艺和供应商、制造商、分销商、零售商及用户的选择及其定位，以及确定选择与评价的标准。

6. 分析和评价供应链设计的技术可能性

这不仅仅是某种策略或改善技术的推荐清单，而且也是开发和实现供应链管理的第一步，它在可行性分析的基础上，结合本企业的实际情况为开发供应链提出技术选择建议和支持。这也是一个决策的过程，如果认为方案可行，就可进行下一步的设计；如果不可行，就要重新进行设计。

7. 设计供应链

主要解决以下问题：

（1）供应链的成员组成（供应商、设备、工厂、分销中心的选择与定位、计划与控制）。

（2）原材料的来源问题（包括供应商、流量、价格、运输等问题）。

（3）生产设计（需求预测、生产什么产品、生产能力、供应给哪些分销中心、价格、生产计划、生产作业计划和跟踪控制、库存管理等问题）。

(4) 分销任务与能力设计（产品服务于哪些市场、运输、价格等问题）。

(5) 信息管理系统设计。

(6) 物流管理系统设计等。

在供应链设计中，要广泛地应用到许多工具和技术，包括：归纳法、集体解决问题、流程图、模拟和设计软件等。

8. 检验供应链

供应链设计完成以后，应通过一定的方法、技术进行测试检验或试运行，如不行，则重新进行设计。

9. 实施运作供应链

供应链实施运作过程中需要核心企业的协调、控制和信息系统的支持，使整个供应链成为一个有机整体，包括从工业设计到批量生产、物流规划等全方位的供应链的控制、协调。

供应链设计步骤流程如图 3－8 所示。

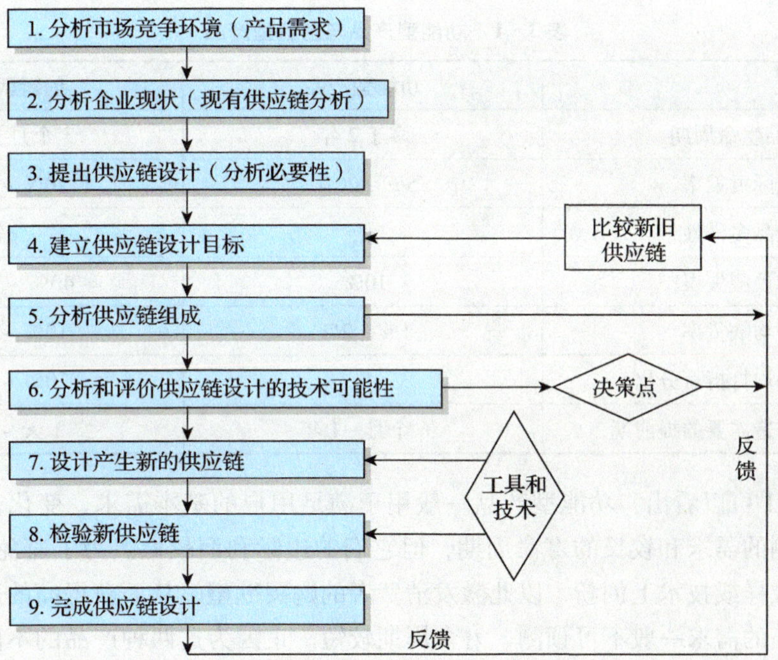

图 3－8　供应链设计步骤流程

二、基于产品的供应链设计

供应链的主要功能之一就是有效地提供产品，不同的产品对供应链的需求有所不同。企业对自身产品的分析和判断是供应链设计与完善的前提。不同的产品也需要有不同的供应链策略及其相匹配的供应链。在为企业设计供应链之前，需要考虑企业产品的需求差别。也就是说供应链的设计首先要明白用户对企业产品的需求是什么？产品寿命周期、需求预测、产品多样性、提前期和服务的市场标准等都是影响供应链设计的重要因素。所谓的基于产品的供应链设计策略（PBSCD）就是设计出与产品特性一致的供应链。

（一）产品的类型与功能特征

一般来说，产品可分为两大类：功能型产品（functional product）与创新型产品（innovative product）。

功能型产品是指满足基本功能需要的产品，有较为稳定且可预测的市场需求，生命周期较长，不经常更新换代，竞争激烈，边际利润较低，如一般的日用品。

创新型产品则指增加了特殊功能或技术、外观上具有创新性的产品，这类产品往往具有较高的边际利润，需求可能无法准确预测，生命周期短，在市场上易被竞争者模仿，从而竞争优势降低，导致边际利润下滑，如时尚品、名贵轿车等。两者的差别见表 3－1。

表 3－1　功能型产品与创新型产品

	功能型产品	创新型产品
产品生命周期	多于 2 年	3 个月～1 年
边际贡献率	5%～20%	20%～60%
产品多样性	低	高
平均预测失误率	10%	40%～100%
平均缺货率	1%～2%	10%～40%
季末平均打折百分比	0	10%～25%
按订单制造需要的提前期	6 个月～1 年	1 天～2 周

由表 3－1 可以看出，功能型产品一般用于满足用户的基本需求，变化很少，具有稳定的、可预测的需求和较长的寿命周期，但它们的边际利润较低。为了避免低边际利润，许多企业在式样或技术上创新，以此激发消费者的购买欲望，从而获得高的边际利润，这种创新型产品的需求一般不可预测，寿命周期较短。正因为这两种产品的不同，才需要由不同类型的供应链去满足不同的管理需要。

（二）基于产品的供应链设计策略

对于功能型产品，边际贡献率、平均缺货率都较低，即使缺货，边际利润损失也不大。因此，为改善市场反应能力而投入巨资是得不偿失的。生产这类产品的企业，主要目标在于尽量减少成本。企业通常只需制定一个合理的最终产品的产出计划，并借助相应的管理信息系统协调客户订单、生产及采购，使得链上的库存最小化，提高生产效率，缩短提前期，从而增强竞争力。如宝洁公司的许多产品属于功能型产品，公司采取了供应商管理存货和天天低价的策略，使库存维持在较低水平，降低了成本，公司和顾客都从中受益。

对于创新型产品，由于边际贡献率、平均缺货率较高，一旦无法及时供货，边际利润损失较大。所以，对此类产品就需要有高度灵活的供应链，对多变的市场做出迅速的反应，投资改善供应链的市场反应能力也就成为必要之举。例如，欧美、日本等不少发达国家把创新型产品放在本土生产，虽然有可能增加劳动力成本，但通过对市场的快速反应而获得的利润足以抵消这种不利影响。

在明确了产品类型和供应链的类型之后，可利用图 3 – 9 的供应链类型与产品类型匹配矩阵为企业选择理想的供应链提供依据。

	功能型产品	创新型产品
有效性供应链	匹配	不匹配
反应性供应链	不匹配	匹配

图 3 – 9　供应链类型与产品类型匹配矩阵

利用该矩阵，企业就可以判断其供应链类型与其产品类型是否很好地匹配。矩阵的 4 个方格代表了 4 种可能的产品与供应链的组合。匹配的组合应是：功能型产品对应有效性供应链，创新型产品对应反应性供应链，即图中左上方与右下方内的组合。

与功能型产品匹配的有效性供应链的核心是消除一切形式的浪费，以成本节约为基本诉求点。由于功能型产品差别程度小，在需求相对稳定的条件下，为维持或增加最终用户的购买数量，价格竞争是最有效的手段。而为了确保价格竞争的优势，需要压缩供应链的总成本，故而，成本成为有效性供应链管理的核心。供应链总成本的节约，需要所有节点企业的共同努力：供应商合理组织原材料或零部件的生产供应，通过供应链的信息共享提高供应效率；制造商致力于精益生产，包括合理设计产品，加快新产品开发速度，利用模块化设计避免重复设计、开发，合理设计工艺装备，组织平衡生产，缩短设备等待时间，提高能源和原材料的利用率，减少浪费；经销商应充分利用卖场，合理进行销售分工，有效开展产品促销；物流服务提供商应合理组织运输仓储装卸搬运等物流活动，避免库存积压造成的浪费。

与创新型产品匹配的反应性供应链的核心是提高产品的可获得性，以尽快满足复杂多变的需求，充分利用每一个市场机会，抢占市场空当。创新型产品要求供应链必须具备更大的柔性，例如，选择供应商时，注重其交货速度与灵活性，而不是过分注重价格；对库存管理与生产能力的决策也不是偏重成本的控制，而是侧重在供应链上灵活配置安全库存和可用的生产能力；整个供应链在最终客户需求订单的拉动下，以提前期为供应链管理的核心，通过提高供应、生产、销售、物流的柔性和速度，实现对个性化、多样化需求的快速反应。

（三）供应链战略路线的选择

由于创新型产品可观的边际利润，尽管竞争日益激烈，越来越多的企业还是不断从生产功能型产品转向生产创新型产品，但其供应链并未发生改变。如一些个人计算机厂商，在提供新产品时，由于采用原来的有效性供应链，过于注重成本，追求库存最小化和较低的采购价格，忽视供货速度和灵活性，担心增加成本而不愿缩短提前期，从而造成交货速度太慢，不能及时响应日益变化的市场需求，缺货损失甚为可观，更糟的是被竞争对手抢先占领了市场，造成无可估量的损失。

如何改进这种状况呢？从匹配矩阵来看，一种方法是向左平移，将创新型产品变为功能型产品，让产品适应供应链；另一种方法是向下垂直移动，实现从有效性供应链向市场反应性供应链的转变，让供应链适应产品。而正确的移动方向，即战略路线选择取决于这种转变所产生的边际利润是否大于其所增加的成本。

1. 用有效性供应链提供功能型产品

对于用有效性供应链来提供功能型产品的情况，可采取如下措施：

（1）削减企业内部成本。

（2）不断加强企业与供应商、分销商之间的协作，从而有效降低整条链上的成本。

（3）降低销售价格，这是建立在有效控制成本的基础之上的。但一般不轻易采用，需要根据市场竞争情况而定。

2. 用反应性供应链提供创新型产品

由于创新型产品具有需求不确定的特征，因此在用反应性供应链来提供创新型产品时，应采用如下策略：

（1）通过不同产品拥有尽可能多的通用件，来增强某些模块的可预测性和可获得性，从而抵消需求的不确定性可能带来的损失。

（2）通过缩短提前期与增加供应链的柔性，企业就能按照订单生产，及时响应市场需求，在尽可能短的时间内提供顾客所需的个性化的产品。

（3）当需求的不确定性已被尽可能地降低或避免后，可以用安全库存或充足的生产能力来规避其剩余的不确定性，这样当市场需求旺盛时，企业就能尽快地提供创新型产品，从而减少缺货损失。

总之，要为企业寻找理想的供应链之前，必须先确定企业产品的类型和企业供应链的类型，并使两者合理匹配，从而实现企业产品和供应链的有效组合。

三、产品生命周期的供应链策略

企业经营活动包括新产品开发、市场营销以及生产、配送、服务等供应链活动。这些活动均需要有相应的战略支持，如新产品开发战略、市场营销战略、供应链战略和竞争战略，这些战略必须相互匹配，企业才可能获得成功。产品从走向市场到最后退出市场，一般都要经历产品生命周期的几个典型阶段，即引入、成长、成熟、衰退四个阶段。在产品生命周期的不同阶段，产品有其明显区别于其他阶段的特征，对供应链的要求有所不同，战略匹配的内容也具有不同的特点，需要对战略进行不断的调整，以保证产品在生命周期的不同阶段，能够有不同的战略与之匹配，见表3－2。

表3－2 产品生命周期各阶段的供应链策略

产品生命周期	特点	供应链策略
引入期	• 无法准确预测需求量 • 大量的促销活动 • 零售商可能在提供销售补贴的情况下才同意储备新产品 • 订货频率不稳定且批量小 • 产品未被市场认同而夭折的比例较高	• 供应商参与新产品的设计开发 • 在产品投放市场前制定完善的供应链支持计划 • 原材料、零部件的小批量采购 • 高频率、小批量的发货 • 保证高度的产品可得性和物流灵活性 • 避免缺货发生 • 避免生产环节和供应链末端的大量储存 • 安全追踪系统，及时消除安全隐患或追回问题产品 • 供应链各环节信息共享
成长期	• 市场需求稳定增长 • 营销渠道简单、明确 • 竞争性产品开始进入市场	• 批量生产，较大批量发货，较多存货，以降低供应链成本 • 做出战略性的顾客服务承诺以进一步吸引顾客 • 确定主要顾客并提供高水平服务 • 通过供应链各方的协作增强竞争力 • 服务与成本的合理化
成熟期	• 竞争加剧 • 销售增长放缓 • 一旦缺货，将被竞争性产品所代替 • 市场需求相对稳定，市场预测较为准确	• 建立配送中心 • 建立网络式销售通路 • 利用第三方物流公司降低供应链成本并为顾客增加价值 • 通过延期制造、消费点制造来改善服务 • 减少成品库存
衰退期	• 市场需求急剧下降 • 价格下降	• 对是否提供配送支持及支持力度进行评价 • 对供应链进行调整以适应市场的变化，如供应商、分销商、零售商等数量的调整及关系的调整等

四、供应链的重构与优化

面对供应链管理这一新生事物，企业的决策者不仅要深刻理解其本身的实质内涵，而且还要研究实施供应链管理的正确运作模式，这样才能把供应链管理的潜在效益发挥出来，企业才能真正获得收益。整个供应链才有可能获得较大的竞争力。

从企业的角度看，供应链的设计重构和优化不是盲目打破一切，而是一个企业的改造问题。需要分析企业现行管理模式存在的问题，找出当前的管理模式与业务流程存在哪些问题，这样才能做到有的放矢，并借助信息技术和电子商务，将供应链上业务伙伴的业务流程相互集成，从而有效地管理从原材料采购、产品制造、分销，到交付给最终用户的全过程。在提高客户满意度的同时，降低成本、提高企业的效益。

供应链的设计重构和优化要从管理思想革新的角度，以创新的观点武装企业（比如动态联盟与虚拟企业，精细生产），这种基于系统进化的企业再造思想是符合人类演进式的思维逻辑的。因此，在实施供应链的设计与优化时，需要的是新的观点、新的思维和新的手段。通过供应链的重构获得更加精益、敏捷、柔性的企业竞争优势。本书结合马士华教授的研究，提出供应链的重构优化流程模型，如图 3－10 所示。

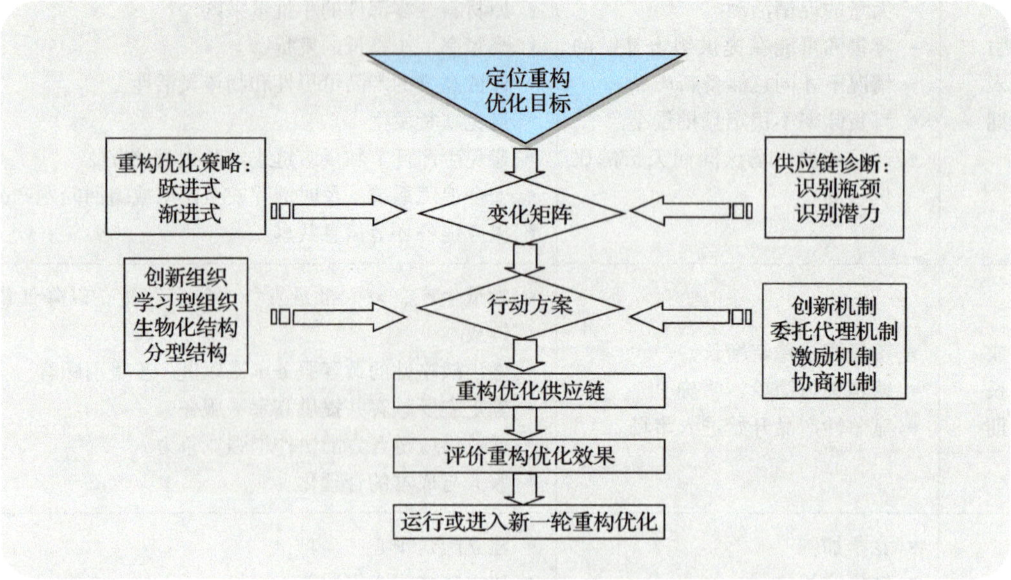

图 3－10　供应链的重构优化流程模型

本章小结

供应链的结构模型可分为链状模型和网状模型，链状模型可看作结构最简单的网状模型。如何设计供应链、如何选择合适的节点企业，是供应链管理的基础。第二节介绍了在供应链的设计中应遵循的基本原则和关键要素。供应链的设计首先要明白用户对企业产品的需求是什么？产品寿命周期、需求预测、产品多样性、提前期和服务的市场标准等都是影响供应链设计的重要因素。所谓设计出与产品特性一致的供应链，也就是基于产品的供应链设计策略（PBSCD）。产品的类型与功能特征不同以及产品的生命周期不同都影响供应链设计策略的选择。第三节对基于产品不同特征的供应链设计策略和步骤做了简要介绍，并对供应链的重构与优化做了介绍。

复习思考题

1. 画图说明什么是供应链的链状模型和网状模型。
2. 简述供应链设计原则。
3. 功能型产品与创新型产品有什么区别？分别与什么类型的供应链相匹配？
4. 简述基于产品的供应链的设计步骤。

案例

惠普公司的供应链

惠普公司生产的台式喷墨打印机系列在全球打印机市场享有盛誉。该公司的供应商、制造商、配送中心、代理商和用户一起构成了原来的供应链（如图3－11所示）。该公司有5个位于不同地点的分支机构负责打印机的生产、装配和运输。在以往的生产和管理方式下，各成品厂装配好通用打印机之后直接进行客户化包装，为了保证顾客订单98%的及时满足率，各成品配送中心需要保证大量的安全库存（一般需要7周的库存量）。产品将分别销往美国、欧洲和亚洲。

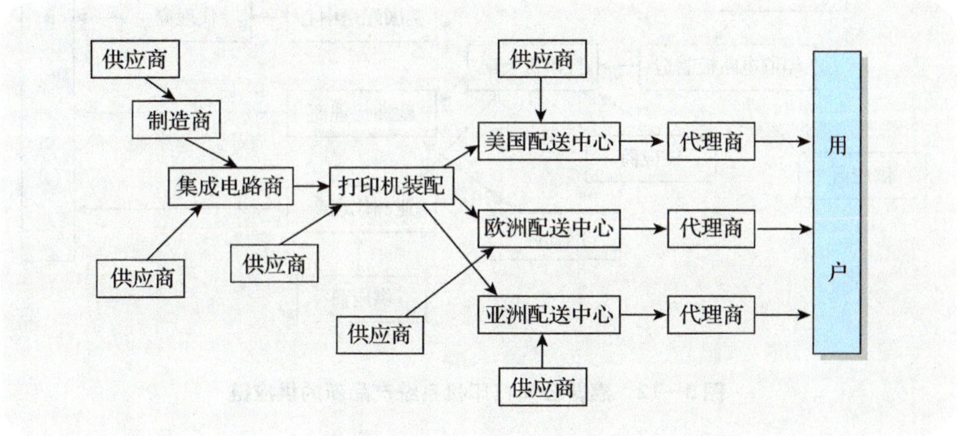

图3－11 惠普公司打印机系统产品原来的供应链

1. 存在的问题

惠普打印机的生产、研究开发节点分布于16个国家，销售服务部门节点分布于110个国家，而其总产品超过22 000类。欧洲和亚洲地区对于台式打印机电源供应（电压110伏和220伏的区别，以及插件的不同）、语言（操作手册）等有不同的要求。以前这些都由温哥华的公司完成，北美、欧洲和亚太地区是它的三个分销中心。分销商们都希望尽可能降低库存，同时尽可能快地满足客户的需求。这导致惠普公司感到在保证供货及时性方面的压力很大，从而不得不采用备货生产（Make－To－Stock）的模式以保证对分销商供货准时的高可靠性，因而分销中心成为有大量安全库存的库存点。

零部件、原材料的交货质量、内部业务流程、需求等因素导致不能及时补充分销中心的库存，需求的不确定性导致库存堆积或者分销中心的重复订货。

将产品海运到欧洲和亚太分销中心需要大约一个月的时间，这么长的提前期导致分销中心没有足够的时间去对快速变化的市场需求做出反应，而且欧洲和亚太地区就只能以大量的安全库存来保证对用户需求的满足，占用了大量的流动资金；若某一地区产品缺货，为了应急，可能会将原来为其他地区准备的产品拆开重新包装，造成更大浪费。但是提高产品需求预测的准确性也是一个主要难点。

企业管理者希望在不牺牲顾客服务水平前提下改善这一状况。

2. 解决方案

供应商、制造商（温哥华）、分销中心、代理商和消费者组成惠普台式打印机供应链的各个环节，供应链是一个由采购原材料、把他们转化为中间产品和最终产品、最后交到用户手中的过程所组成的网络。重新设计的供应链如图 3－12 所示。

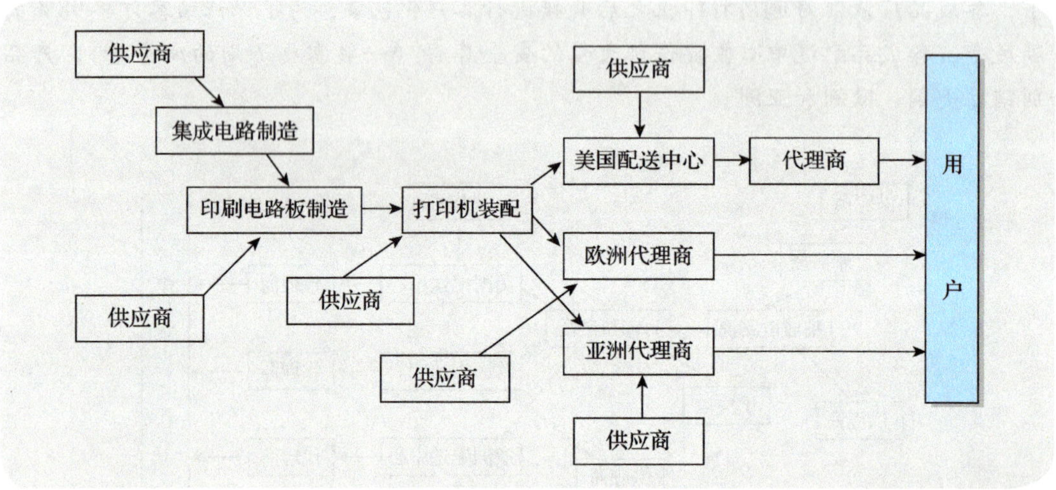

图 3－12　惠普公司打印机系统产品新的供应链

在这个新的供应链中，主要的生产制造过程由在温哥华的惠普公司完成，包括印刷电路板的组装与测试（Printed Circuit Board Assembly and Test，PCBAT）和总机装配（Final Assembly and Test，FAT）。PCBAT 过程中，电子组件（诸如 ASICs、ROM 和粗印刷电路板）组装成打印头驱动电路板，并进行测试；FAT 过程中，电动机、电缆、塑料底盘和外壳、齿轮、印刷电路板总装成打印机，并进行测试。其中的各种零部件、原材料由惠普的子公司或分布在世界各地的供应商供应。在温哥华生产通用打印机，通用打印机运输到欧洲和亚洲后，再由当地分销中心或代理商加上与地区需求一致的变压器、电源插头和用当地语言写成的说明书，完成整机包装后由当地经销商送到消费者手中。这样改变了以前由温哥华的总机装配厂生产不同型号的产品，保持大量的库存以满足不同需求的情况。为了达到 98% 的订货服务目标，原来需要 7 周的成品库存量现在只需要 5 周的库存量，一年大约可以节约3 000万美元，电路板组装与总装厂之间也基本实现无库存生产。同时，打印机总装厂对分销中心实施JIT供应，以使分销中心保持目标库存量（预测销售量+安全库存量）。通过供应链管理，惠普公司实现了降低打印机库存量的目标。通过改进供应商管理，减少了因原材料供应而导致的生产不确定性和停工等待时间。

3. 效果

安全库存周期减少为5周，从而减少了库存总投资的18%，仅这一项改进便可以每年节省3 000万美元的存储费用。由于通用打印机的价格低于同类客户化产品，从而又进一步节省了运输、关税等项费用。除了降低成本，客户化延迟使得产品在企业内的生命周期缩短，从而对需求预测不准确性或是外界的需求变化都具有很好的适应性，一旦发现决策错误，可以在不影响顾客利益的情况下以较小的损失较快地加以纠正。

讨论题

1. 对比惠普公司的新旧供应链方案有什么不同？
2. 美国本土的惠普公司能否应用新供应链方案？为什么？

第四章 Chapter Four

供应链合作伙伴的选择与评价

学习目标

1. 了解供应链战略联盟的作用和分类。
2. 理解供应链战略联盟中需要考虑或注意的因素。
3. 解释供应链合作关系的实质和意义。
4. 说明供应链合作关系和传统供应商关系的区别。
5. 区分不同的供应链合作关系类型。
6. 解释并运用选择供应链合作伙伴的常用方法。
7. 掌握供应链合作伙伴的评价方法。

第一节　供应链战略联盟

一、供应链战略联盟概述

供应链战略联盟是指在同一条供应链中企业之间形成的合作伙伴，它们的资源、能力和核心竞争力都能结合在一起使用，从而获得企业在设计、制造、产品或服务提供上的共同利益。因此，供应链战略联盟的形成是以供应链战略伙伴关系（Supply Chain Strategic Partnership）为基础，每个成员企业都在各自的优势领域为联盟贡献自己的核心能力，相互联合起来实现优势互补、风险共担和利益共享。这里需要注意的是供应链战略联盟和供应链是两个不同的概念，供应链战略联盟是一种企业之间的关系状态，而供应链则是供应链上的节点企业为规定各自的行为所采取的一种组织形式。

供应链战略联盟体现了一种基于企业核心竞争力的战略资源整合思想。在全球化的时代，独当一面不再是实力的象征。一方面，每个企业都不能忽视战略联盟，否则就有在竞争中被淘汰的危险。另一方面，那些积极主动地寻求合作伙伴的企业可以更好地拓宽业务范围，扩大客户群，发现新的合作渠道，从其他公司的优势中获益，以及充分利用合作伙伴的品牌。这样一来，价值链中的每个环节都分别由效率最高的合作伙伴来完成，就可以实现各个环节对价值链增值的最大贡献。相应的，价值链上各节点企业也实现了最大限度的增值，从而达到“共赢”的协同效应。

二、供应链战略联盟的作用

供应链联盟作为一种新型的企业合作模式，打破了现存价值链的结构。供应链战略联盟的形成，可以有效降低供应链总成本、降低供应链上的库存水平、增强信息共享水平、改善相互之间的交流、保持战略伙伴相互之间操作的一贯性、提升企业的核心竞争力、产生更大的竞争优势，对于改善和提高供应链节点企业的财务状况、质量、产量、交货、用户满意度及业绩有很重要的作用。具体包括以下内容。

1. 实现快速有效地响应市场

无论是供应链，还是战略联盟，各种合作组织的存在，其最终目的都是应对快速变化的市场环境，实现快速有效地响应市场，这是供应链战略联盟作用最主要的体现。供应链上的节点企业通过建立战略联盟，企业之间的合作关系大大加强，形成了更加统一的整体。所谓商机稍纵即逝，对于企业而言，一旦发现新的市场机遇，它所面临的最大挑战是能否迅速设计出一套解决顾客个性化要求的方案。但这点往往不是单个企业的能力所能完成的。在这种情况下，企业找到具有与本企业能力互补的企业，与之组成联盟，方为上策。这样可以充分利用现有的外部资源，实现快捷、低成本地获取所需的资源和能力。各企业并行协调工作，能大大缩短产品开发周期，可以快速及时地响应市场需求。而且，为顾客提供的“个性化解决方案”，也是针对需求变化的有效反应。

2. 实现优势互补

由于资源的稀缺性，每个企业所拥有的资源和能力都是有限的，而且要想获取企业以外的资源，所花费的代价是很高昂的。因此，企业不能一味地去猎取各种资源。要解决资源问题，一个明智的做法就是建立战略联盟，以通过外购的方式将其他企业的优势资源为我所用。联盟伙伴间互通有无，既实现了内外资源的优势互补，又实现了资源的合理整合和利用。这种优势互补突出表现在企业的核心能力方面，供应链企业间建立一种合作竞争的战略伙伴关系，最大限度地培育和发挥各自核心能力，通过优势互补获得集体竞争优势，提高整条供应链的竞争力。

3. 促进企业之间的相互学习

一般情况下，企业是从外部模仿竞争对手的资源，但许多有价值的资源往往是非交易的，又难以为外部识别和轻易模仿的，通过联盟可以从资源拥有方学习获得。联盟增加了成员企业间的边界渗透力，将模仿由外部转移到内部，使模仿变得更加容易，成本也较低。此外，联盟成员企业通过信息共享及其他的交流方式互相学习、相互促进，也会进一步强化各自的核心能力。在每个企业拥有自己的核心竞争优势的同时，尽可能地掌握更多的信息和技术。

4. 促进企业达到规模经济

所谓规模经济（Economics of Scale）是指随着企业生产和经营规模的扩大而使单位成本不断下降。传统上实现规模经济的方式主要是依靠单体企业规模的自我扩大或借助并购。但是，由于企业规模扩大有其自身的边界，传统模式下在企业规模过大而内外受阻的双重约束下，没法达到应有的效果，并出现规模不经济，组建供应链联盟为企业实现规模经济开辟了新的道路。企业之间通过缔结联盟，可在更大范围内实现专业化分工，有效地降低各类成本，无须扩大企业自身的规模而实现规模经济，从而在行业内占据较强的竞争地位。

5. 有效分散经营风险

复杂多变的外部环境对企业的研究开发提出了新的要求，如缩短时间、降低成本。因此，任何一个企业想独立承担一种新产品或新技术的研究开发，必定要付出很大的代价，面临巨额的研究开发投入、错失市场机会、运营失败等各种风险。在这种情况下，企业可以通过寻求合作，建立联盟来分散经营风险。虽然由于市场不确定性而导致的总体市场风险依然存在，但市场风险在各个供应链联盟伙伴之间得到了重新分配，使各个企业承担的风险降到最低，这在一定程度上可以分散企业的经营风险。

三、供应链战略联盟的分类

1. 按照联合的职能分类

按照联合的职能可以把供应链战略联盟分为资源补缺型、市场营销型和联合研制型三种。

（1）资源补缺型供应链战略联盟。指以上下游活动结成的供应链战略联盟。具体有两种形式：一种是拥有独特技术的企业，为了扩展海外市场或利用对方已经建立的销售网络而建立的联盟。这种联盟具有资源互补、规模经济、风险共担和范围经济等优势，但是往往忽略自身核心能力的提高；另一种是企业与用户的联合型供应链战略联盟。通过这种方式，企业可以将生产与消费、供给与需求直接联系起来。

（2）市场营销型供应链战略联盟。这类战略联盟多见于汽车、食品和服务领域，重点是互相利用彼此供应链中的下游环节，目的在于提高市场营销的效率和市场控制的能力。其优势是可以有效地抢占市场，较好地适应多样化的市场需求。不足之处在于，这类联盟是以降低环境的不确定性为目的，而不是致力于提高联盟各成员的核心能力，因此不能带来持久的竞争力。

（3）联合研制型供应链战略联盟。在这种联盟中，为了研究开发某种新产品，联盟各方根据自己的优势，分别提供诸如资金、技术、设备、人才等要素，充分利用联盟的综合优势，联合开发新产品，从而提高技术研究成功的可能性，加快开发速度，并在研制成功后，实现技术共享的目的。联合型战略联盟中的成员多为风险型企业，多见于生物工程、微电子和新材料等高新和高端产业。具体又可以分为知识联盟和产品联盟。知识联盟的中心目标是学习和创造知识，提高核心能力。产品联盟则以产品生产为中心，合作的目的在于填补产品空白、降低资金的投入风险和项目的开发风险，实现产品生产的技术经济要求。

2. 按照所有权分类

按照所有权可以将供应链战略联盟分为对等占有型和契约型两种。

（1）对等占有型供应链战略联盟。该战略联盟是指合资生产和经营的项目分属联盟成员，双方母公司各拥有50%的股权，保持相对独立性。为巩固良好的合作关系，战略联盟的各成员相互持有对方少量的股票。与全面合资、合作或兼并不同的是，这种方式不涉及设备和人员等要素的合并，目的在于与这些公司建立良好的合作关系。

（2）契约型供应链战略联盟（又称为虚拟公司）。该战略联盟是由一些独立企业在自愿的基础上，为了实现某一特定目标而突破企业界限，在广阔范围内联合有工艺技术、产品设计、生产制造、经营销售等方面优势的诸多企业形成的松散联合体。它是依靠信息技术而结成的企业间临时网络，是一种机动灵活的新型企业组合方式。常见的形式包括技术交流协议、合作研究开发协议、生产营销协议和产业调整协议。

契约型供应链战略联盟不论采用何种形式，都必须根据企业的战略目标，依照企业利润产生的源头，规划符合企业内在发展规律的联盟机构。联盟机构必须独立且强有力。这里需要注意的是为了保护企业自身的权益，供应链联盟必须步步为营，以免重要资源的损失。合作是有限度的，企业不应该做出过度的战略性妥协。战略联盟是一个不断讨价还价的过程，合作各方真正关心的内容可能超出法律协议的范围。成功的企业要经常告诫各个层次的员工哪些技能和技术不能向合作伙伴透露，并监视合作伙伴需要什么和得到了什么。

四、供应链战略联盟中需要考虑或注意的因素

随着全球经济一体化的不断演进，企业的发展越来越离不开联盟，联盟是发展企业核心竞争力的有效途径，但并非所有的联盟组织都能朝向增进企业核心竞争力的方向发展。供应链战略联盟有成功的机会，也有失败的风险，对于处于经济开放条件下的企业来说，为了获得持续的竞争优势和保持在市场中的有利地位，必须把握建立供应链联盟应该注意的问题及影响联盟成功的关键因素，构建新的创造和发展的基础，使供应链联盟朝良性方向发展。

1. 慎重选择合作伙伴

由于战略联盟中成员企业之间关系相对松散，市场和行政双重机制同时起作用，战略联盟的成败取决于企业之间真诚的合作，所以要选择有真正合作诚意的伙伴。相同、相近的价值观，尽可能地消除信息不对称所产生的影响，战略资源具有互补性，产品线完整性等几个方面是选择合作伙伴要首先考虑的问题。同时，还要考虑合作伙伴的产品和市场立足点应能够对公司自己的产品和顾客形成有益的补充。供应链联盟的最终目的是通过不同企业优势互补及资源整合达到“1+1>2”的效果，这就要求合作伙伴最好具备某种竞争优势，而且这种优势应当能在一段时间内保持稳定，并具有较强的发展潜力。此外，确定协商一致的目标是保证战略联盟持续成功的重要条件之一，但事实上联盟伙伴之间的战略目标差距是存在的，这就要求联盟伙伴进行协调，寻求缩短目标距离的途径和利益契合点，并在此基础上建立相对紧密的战略合作伙伴关系，把供应链联盟作为促进和优化供应链竞争实力的长期谋划。

2. 合适的联盟方式和机构

供应链联盟的方式有很多，包括供应和购买协定、市场或销售协定、提供技术服务协

定、管理合同等，无论采取何种形式，都必须根据企业的战略目标，依照企业利润产生的源头，规划符合企业内在发展规律的联盟机构。且联盟机构必须独立且强有力。

3. 企业间的沟通与协作

战略联盟可以给企业带来竞争优势，实现企业战略目标，但却非常难以管理。在建立和运营过程中有很多复杂问题和困难。因此，实施战略联盟并提高成功可能性必须要有一种联盟合作思维方式及合作意识，即要使所有与战略联盟形成及运作有关的人员都清楚地理解和意识到联盟能给企业带来的利益和风险，并且加强联盟成员之间的沟通与协作，在整体战略及企业文化方面达成共识。在供应链联盟中，不同文化产生的摩擦和纠纷是不可避免的，尤其是在国际联盟中，以各民族传统文化为根基的企业文化难免会有碰撞和冲突，如果企业管理者不能及时进行信息沟通，解决跨文化融合的难点问题，供应链联盟就难以取得长期稳定的发展，企业核心竞争力就难以扩展。因此，联盟伙伴之间应当具备对文化差异的充分理解态度和灵活协调能力，彼此相互信任、忠诚守信，从而为联盟的长久生存和成员企业的共同发展打下坚实基础。

4. 完善的信息沟通网络

信息在联盟体内迅速传递和处理是供应链联盟成功的重要前提，也是企业核心竞争力的重要构成之一。联盟企业必须通过积极有效的沟通，尽可能保持本企业发展目标与联盟目标的高度一致，使供应链联盟能够对瞬息万变的市场环境做出快速有效的响应，充分把握市场机会，完成供应链联盟的任务。

总之，在建立战略联盟过程中，一定要达到以下共识，即合作是以不同形式开展的竞争，也就是合作中的竞争和竞争中的合作；尽管参与合作的各方竞争目标不同，但战略目标却可能是相同的，应该相互允许在共同从事的业务中共同发展；融洽并不是合作成功的最重要标志，偶尔的冲突是合作中存在互惠互利、优势互补的最好证明；合作是有限度的，企业不应该做出过度战略性妥协；向合作伙伴学习是最重要的任务。

五、供应链战略联盟发展的障碍及对策

在供应链战略联盟发展的过程中，有如下一些阻碍和影响它顺利发展的因素。

1. 竞争地位的失衡破坏联盟双方的平等交流与协作

企业联盟得以维持的一个重要条件，就是联盟各方竞争地位的平衡。然而随着联盟双方技术、资源、能力的交换与更新，可能导致一方的竞争地位上升，而另一方的竞争优势衰退，双方竞争地位的平衡格局逐渐被打破，强大的一方往往视盟友为累赘，从而造成彼此间沟通与合作的困难，使供应链联盟面临分裂的危险。而竞争地位的高低取决于企业战略资源的状况。研究表明，企业之间战略资源的差距越大，联盟越不稳定。因此，为了避免由于竞争地位差距太大而造成的联盟失败，在建立供应链联盟之时，企业就要对彼此的战略资源和竞争地位进行衡量，在此基础上，确定联盟对象；在联盟建立之后，联盟各方也要密切关注对方的发展状况和趋势，加强自身在战略资源上的建设，尽量与联盟体内的

企业在战略资源建设的方向、水平和速度上保持一致。

2. 组织管理难度加大，使联盟的发展受到严重束缚

大量的联盟实践证明，联盟的失败往往与管理问题有关。联盟内部存在市场与行政的双重机制，因此相对于单一企业来说，其管理工作难度更大。由于联盟各方的利益与冲突不能以行政命令来解决，客观上要求合作各方既要保持相对的独立性，又必须建立并运行一个科学的管理系统来维持组织的正常运作，并发挥联盟的功效。因此，建立合理的联盟组织机构，对联盟的生存和发展起着至关重要的作用。联盟各方应本着平等互利的原则，根据需要，派代表组成联盟体的组织机构，包括董事会、管理委员会、经理、会计、出纳及其他机构和领导人员。企业战略联盟的组织结构应呈现刚柔相济、以柔为主的特点，从而保持稳定性与灵活性之间的对立统一。使联盟既具有规模经济优势，又兼有中小型企业灵活应变的特色。

3. 组织文化和战略目标缺乏融通点，导致联盟名存实亡

每个企业都有各自的企业文化，若企业之间在组织文化上存在矛盾与分歧，就会使双方在战略上缺乏兼容性。尤其是在跨国战略联盟中，做好文化的管理与整合，增强员工之间的心理磨合，因地制宜地调整经营战略，适应不同的社会经济文化的特点，都显得尤为重要。因此，需要创造新的战略联盟文化。

4. 内部缺乏相互信任，致使联盟难以发展

供应链联盟体内部的信息共享，既是联盟各方的权力也是它们的义务。在供应链联盟各方参与合作的过程中，担心由于联盟而将企业机密暴露给对方，导致自身在未来市场竞争中失去优势，因而为了保守各自的商业机密，会采取一些保护和防范措施。同时却希望对方能毫无保留地进行合作，以使自己在联盟中获得最大的效益。这就造成企业最终从自身利益出发，有保留地进行合作，导致盟友间的信任与亲密程度降低，使联盟的效果受到极大的影响。因此，在既有竞争又有合作关系的供应链战略联盟内部，各成员企业要想灵活地适应环境，就必须在相互依赖与各自的独立之间找到平衡。彼此的依赖要求成员企业相互信任、彼此忠诚、信守承诺，从而为供应链联盟的长久生存和成员企业的共同发展建立坚实的基础。

企业之间的竞争从某种程度上已经转化成供应链之间的竞争。供应链联盟的构建、维护和发展是企业和供应链增强竞争力的根本途径。

第二节 供应链战略合作伙伴关系

一、供应链合作关系的含义

供应链合作关系，也就是供应商、制造商与经销商之间的关系，或者称为卖方或供应商与买方关系。供应链合作关系可以定义为供应商与制造商之间、制造商与销售商之间在一定时期内的共享信息、共担风险、共同获利的协作关系。

在新的竞争环境下，供应链合作伙伴关系强调了成员间直接的、长期的合作，强调共

有的计划和共同解决问题的努力，强调相互之间的信任与合作。而要打造这种伙伴关系，就要求每一个成员在获益的同时必须对业务联盟有所贡献，为他人和供应链提高生产力。目前，差异化的竞争优势不再只是针对产品、销售技巧或内部效率，逐渐地也来自于能否提高与其他企业共同创造恒久地提高生产力关系的能力。这也就是伙伴关系一词特具的、与传统的企业合作关系模式截然不同的内容。

这样一种战略合作关系在集成化供应链管理环境下，形成于供应链中为了特定的目标和利益的企业之间。形成的原因通常是为了降低供应链总成本、降低总的库存水平、加强信息共享、改善相互之间的交流、保持战略伙伴相互之间运作的一贯性、产生更大的竞争优势，以实现供应链节点企业的财务状况、质量、产量、交货期、用户满意度和业绩的改善和提高。显然，战略合作关系强调彼此的合作和信任。

成功的供应链伙伴关系应该包括以下的三因素。

（1）贡献（impact），伙伴间能够创造具体有效的成果，也是最根本的因素。

首先，从历史进程看，一旦企业间超越传统的交易关系结构时，就能明显而具体地提高生产力，这是传统的买卖关系所望尘莫及的。成功的伙伴关系可以提高生产力和附加价值，改善获利能力，因而贡献可以说是每一个成功伙伴关系“存在的理由”。贡献可能来自供应商与客户间创新能力的整合，专业服务公司就是将其咨询能力与客户结合而创造新价值；而在零售业，贡献则来自于系统（如信息、资源、业务流程等）的整合，因而贡献可以依产业不同而呈现出不同的形式。

其次，贡献来自从未使用过的巨大的生产力宝库，借助重新思考、彼此合作的形态、重新设计组织界限，就能赋予自己和合作伙伴更佳的生产力，从而打开这个取之不竭的宝库，这在传统的买卖关系中是完全不可能的。例如，在传统的买卖关系中，供应商不时被竞争者所取代，这种关系是充满变化且不堪一击，相反，伙伴关系提供了一种真正持久的竞争优势。

总之，与传统买卖关系不同，伙伴关系纯粹是适应贡献最大化而诞生和存在的。例如，作为买卖关系，日东公司通过销售气门给惠而浦公司，对惠而浦提供了某种程度的贡献；然而作为设计伙伴，它让惠而浦新产品上市的时间比原先的设计流程缩短了数月之久，为之提供了更高层次的贡献，更加被惠而浦所重视。所以简单地说，伙伴关系是实现贡献最大化的利器。

（2）亲密（intimacy），业务伙伴关系间的紧密程度。在以买卖为基础的环境下，想要改变供应商与客户间的贡献基本上是行不通的。贡献需要一个培育伙伴关系生生不息的环境，激励它们彼此进行变革，以维系长期的深层次的合作方式。成功的伙伴关系超越了交易关系而达到相当高的紧密程度，这种紧密的结合在以往的买卖模式中是难以建立的。因此，亲密超越了交易关系，亲密是极致的表现，是第二大因素。

当合作双方都愿意就提高生产力的目标来重新思考与改变现有关系时，就开发了一种新的生产力之源。伙伴关系归功于彼此间的高度信任，甚至可以超越对自己公司内部同仁的信赖。一些伙伴团队树立了积极的可达成的目标，并一致合力支持该目标，因此能够获得辉煌的成功；而有些企业则是因为能与伙伴共享价值理念，所以才能建立长久有益的关系。例如 IBM 供应商的人员可以佩戴 IBM 的员工徽章并常驻 IBM 办公，而且可以参阅除专利权以外的所有工程设计资料；IBM 主要供应商的销售人员也会参与它内部机构的采购与产品设计会议，希望借此影响 IBM 的需求，同时也敦促自己提高符合这些需求的能力。又如，家乐福可以对雀巢公开自己的商业机密——每天的销售数据，使双方的供需关系更加清晰和紧密。正如 NEC 公司的高斯先生所说："如果没有亲密关系的存在，就无法为伙伴企业带来贡献。身为伙伴，我不再是个局外人，而是内部关系人；在达到这层亲密性之前，我无法有所贡献。"可见，亲密使得伙伴关系的高度贡献成为可能。

（3）远景（vision），是供应链伙伴关系的导航系统，它显示出伙伴关系所要达到的目标和为实现这些目标提供的导向。伙伴关系对于供应商与客户双方都有着强烈且深远的影响，因此绝对需要有一个清晰的指引方向，并对所追求的目标有明确的远景。在非常亲密的伙伴关系中，远景可以彻底转变伙伴双方的组织，引导出一个在普通环境下绝对无法达成的潜在机会。当 Intel 公司的设计能力与应用材料公司的制造技术相结合时，就开发出了震撼全球的芯片。远景通过合作直接促使组织改进效率，并增进双方利益。远景是诱人的目标，它可以激励伙伴双方寻求互相合作，并展现了合作的成效会远大于独立完成的结果。因此，远景对伙伴关系所要达到的目标与如何达到该目标提供了一个导向。

在成功的伙伴关系中，总有一个远景引导和帮助他们为合作的贡献设定期望值和衡量评估成效，更能不断激励伙伴们创造更大的贡献，让价值发挥到极致。远景是一种对于伙伴获得成就的共享理念，也是维系所有成功伙伴关系的基石。在远景中明确描述出潜在的价值，借此为伙伴关系提供指引方向，也为这个过程中的规避风险和节省费用提供合理化的引导。远景必然会出现在成功的伙伴关系中，它是维系伙伴关系和实现共享信念的关键，在伙伴关系被确认后，就必须创造与维系一个共同的远景，它作为伙伴关系的目标和合作发展的指导，在创造与管理伙伴关系的艰巨过程中提供导向与激励，对伙伴关系进行评估，并促使其不断改进，共同朝着目标前进。

通过伙伴关系达到共赢的例子很多，例如，新西兰的一个番茄酱生产商为了开发出果实大而籽少的番茄，参与了对番茄种植研究的管理，并与为它供货的番茄栽培方确定了伙伴关系，为合同栽培方提供了种苗以确保将来可产出更好的果实。由于这些合同栽培方多是一些个体的和小型的番茄种植者，为了提高他们的生产力，番茄酱生产商又进一步与一些设备供应商、化肥和其他农业化学品供应商进行谈判并签订合同去帮助那些种植方。种植方受到了鼓舞，踊跃地使用合同折扣价去购买农业机械和农化产品。结果在使用了优质的种苗、农业机械和农化产品的情况下，番茄结出了硕果，同时几方都得到了意想不到的收益。

二、供应链战略合作伙伴关系的产生

从传统的企业关系过渡到创新的合作企业关系模式，经历了从以生产物流相结合为特征的物流关系，到以战略协作为特征的合作伙伴关系这样的过程（如图 4 - 1 所示）。在传统的观念中，供应管理就是物流管理，企业关系主要是"买-卖"关系。基于这种企业关系，企业的管理理念是以生产为中心的，供销处于次要的、附属的地位。企业间很少沟通与合作，更谈不上企业间的战略联盟与协作。

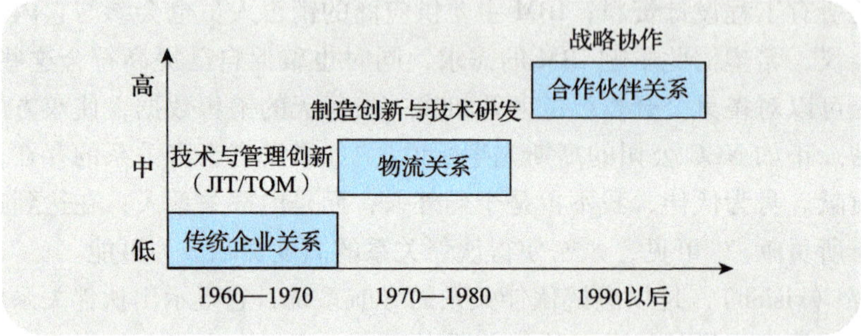

图 4－1　企业关系演变过程

从传统的以生产为中心的企业关系模式向物流关系模式转化，JIT 和 TQM 等管理思想起着催化剂的作用。为了达到生产的均衡化和物流同步化，必须加强部门间、企业间的合作与沟通。但是，基于简单物流关系的企业合作关系，可以认为是一种处于作业层和技术层的合作。在信息共享（透明性）、服务支持（协作性）、并行工程（同步性）、群体决策（集智性）、柔性与敏捷性等方面都不能很好地适应越来越剧烈的市场竞争的需要，企业需要更高层次的合作与集成，于是产生了基于战略伙伴关系的企业模型（如图 4－2 所示）。

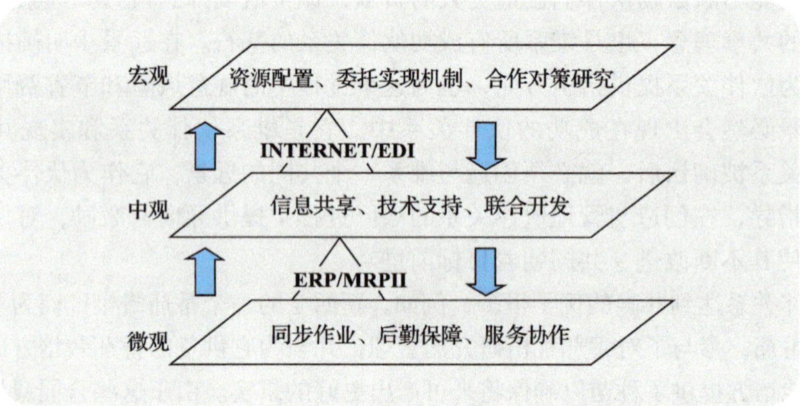

图 4－2　战略协作伙伴关系的企业集成模式

具有战略合作伙伴关系的企业体现了企业内外资源集成与优化利用的思想。基于这种企业运作环境的产品制造和销售过程，从产品的研究开发到投放市场，周期大大地缩短了，而且顾客导向化程度更高，模块化、简单化产品、标准化组件的生产模式使企业在多变的市场中柔性和敏捷性显著增强，虚拟制造与动态联盟加强了业务外包这种策略的利用。企业集成即从原来的中低层次的内部业务流程重组（BPR）上升到企业间的协作，这是一种最高级别的企业集成模式。在这种企业关系中，市场竞争的策略最明显的变化就是基于时间的竞争和价值链的价值让渡系统管理，或基于价值的供应链管理。

三、基于战略合作伙伴关系的企业集成模式

由图 4－2 可见，在基于战略合作伙伴关系的企业集成模式下，企业在宏观、中观和

微观上都实现相互作用的集成。宏观层面上主要是实现企业之间的资源优化配置、企业合作以及委托实现，而在中观层面上主要在一定的信息技术的支持和联合开发的基础上实现信息的共享，微观层面上则是实现同步化、集成化的生产计划与控制，并实现后勤保障和服务协作等业务职能的相互支持与配合。

四、战略伙伴关系企业中的质量保证体系

战略伙伴关系企业中的质量概念应是来自于顾客的理解，质量工作源于顾客需求，终结于顾客的满意。制造商必须将顾客的心声贯穿于整个设计、加工和配送的过程中，企业不仅要关心产品质量，而且要关心广告、服务、原材料供应、销售、售后服务等活动的质量。我们把这种基于供应链全流程并行工程的质量思想称为“过程质量”，通过实施供应链各节点企业的全面质量管理，达到零缺陷输出，实现基于“双零”（零库存、零缺陷）的精细供应链管理目的。“双零”是人们追求的理想目标，它给企业提出了一个不断改进和努力的方向。企业过程质量模型如图 4 - 3 所示。

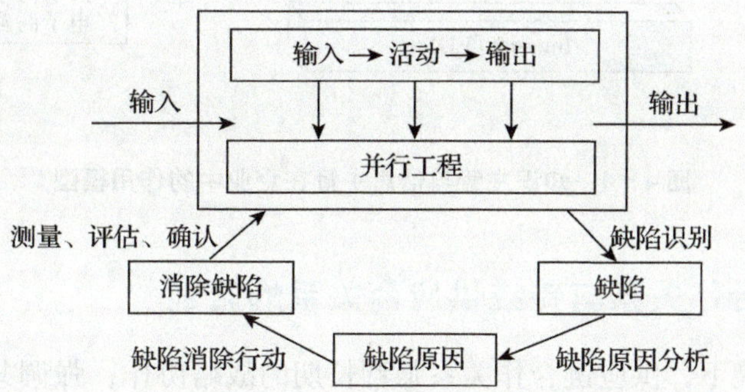

图 4 - 3　企业过程质量模型

要获得顾客满意的产品质量，人们普遍认为质量功能开发（QFD）思想是实现供应链质量保证的有效方法。作为一种面向全面质量管理的理想模式，QFD 能将顾客实际需求反映到企业制造全过程中，通过产品质量功能的配置满足用户的需求，从而使用户满意。在这个过程中，质量控制的标准直接来自用户，因而能消除产品多余的、不必要的功能质量，尽可能消除浪费，满足精细制造的目的，形成用户质量要求→工程质量要求→零件特性质量要求→工艺操作质量要求的索引作用。基于这一认识，人们提出了企业生产模式由精细制造向精细供应链转变的思想。

五、战略伙伴关系企业模型中的技术扩散与服务协作关系

集成化的供应链，其竞争优势并不是缘于企业有形资产的联合和增强，而是缘于企业成为价值链的一部分，实现了知识的优化重组，达到强-强联合，也就是“用最小的组织实现了最大的权能”。通过信息的共享，企业把精力用于企业最具创新能力的活动，运用

集体的智慧提高应变能力和创新能力。作为21世纪知识经济时代的供应链管理，信息技术的作用越来越大。供应链过程中的知识或技术的扩散，和传统意义的信息流是不同的。企业也并不是拥有了合适的软件系统和充分的信息就能够使其竞争能力显著增强，而是需要研究如何合理利用知识链（或技术链），确定各项具体技术在知识链中的每一个环节中所起的作用，注重那些能显著提高企业创新能力的知识与信息的合理运用和扩散作用。为此，必须重视知识主管（CKO）和信息主管（CIO）在企业中的作用，如图4-4所示。

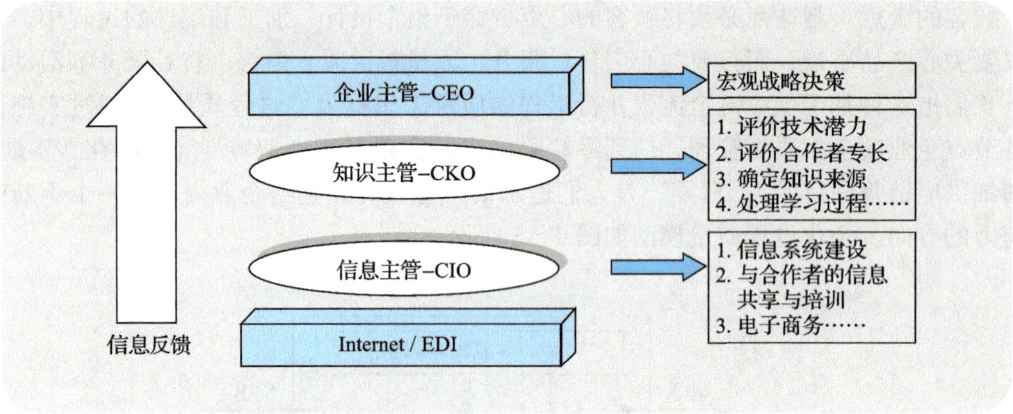

图4-4　知识主管与信息主管在企业中的作用模型

六、供应链合作关系与传统供应商关系的区别

在新的竞争环境下，供应链合作关系强调长期的战略协作，强调共同努力实现共有的计划和解决共同问题，强调的是相互之间的信任与合作。这与传统的关系模式有着很大的区别（见表4-1）。

表4-1　供应链合作关系与传统供应商关系的比较

	传统供应商关系	供应链合作关系
相互交换的主体	物料	物料、服务
供应商选择标准	单一强调价格	多标准并行考虑（包括交货的质量和交货期等）
稳定性	变化频繁	长期、稳定、紧密合作
合同性质	单一	长期合同具开放性
供应批量	小	大
供应商数量	多	少（少而精，长期紧密合作）
供应商规模	小	大
信息交流	信息专有	信息共享（电子化连接、共享各种信息）
质量控制	输入检查控制	质量保证（供应商对产品质量负全部责任）
选择范围	当地投标评估	在国内外广泛评估可增值的供应商

七、供应链合作关系的意义

我们从供应链合作关系在缩短供应链总周期时间中的地位可以看出它对于供应链管理企业的重要意义（如图 4－5 所示）。

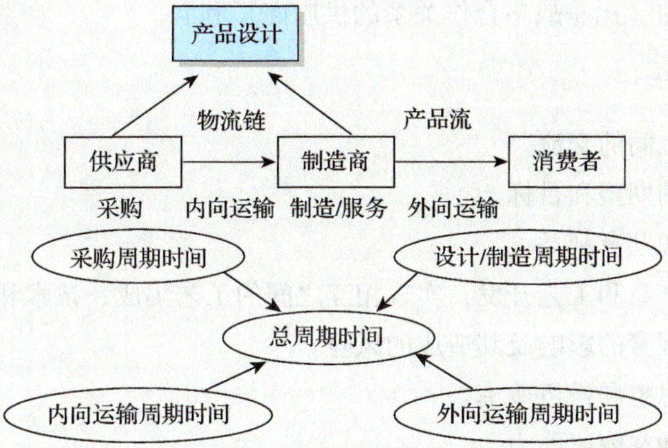

图 4－5　供应链总周期时间

速度是企业赢得竞争的关键所在，供应链中制造商要求供应商加快生产运作速度，通过缩短供应链总周期时间，达到降低成本和提高效益的目的。从图 4－5 中可以看出，要缩短总周期，主要依靠缩短采购时间、内向运输时间、外向运输时间和设计/制造时间，显然加强供应链合作关系，强化协作的意义重大。

通过建立供应商与制造商之间的战略合作关系，可以达到以下目标。

（一）对于制造商/买方

（1）降低成本（降低合同成本）。

（2）实现数量折扣、稳定而有竞争力的价格。

（3）提高产品质量和降低库存水平。

（4）改善时间管理。

（5）交货提前期的缩短和可靠性的提高。

（6）提高面向工艺的企业规划。

（7）更好的产品设计和对产品变化更快的反应速度。

（8）强化数据信息的获取和管理控制。

（二）对于供应商/卖方

（1）保证有稳定的市场需求。

(2) 对用户需求更好地了解/理解。

(3) 提高运作质量。

(4) 提高零部件生产质量。

(5) 降低生产成本。

(6) 提高对买方交货期改变的反应速度柔性。

(7) 获得更高的(比非战略合作关系的供应商)利润。

(三) 对于双方

(1) 改善相互之间的交流。

(2) 实现共同的期望和目标。

(3) 共担风险和共享利益。

(4) 共同参与产品和工艺开发,实现相互之间的工艺集成、技术和物理集成。

(5) 减少外在因素的影响及其造成的风险。

(6) 降低投机思想和投机概率。

(7) 增强矛盾冲突解决能力。

(8) 订单、生产、运输上实现规模效益以降低成本。

(9) 减少管理成本。

(10) 提高资产利用率。

虽然有这些利益的存在,但仍然存在许多潜在的风险会影响供应链战略合作关系的参与者。最重要的是,过分地依赖一个合作伙伴可能在合作伙伴不能满足其期望要求时造成惨重损失。同时,企业可能因为对战略合作关系的失控、过于自信、合作伙伴的过于专业化等原因降低竞争力。而且,企业可能过高估计供应链战略合作关系的利益而忽视了潜在的缺陷。所以企业必须对传统合作关系和战略合作关系策略做出正确对比,再做出最后的决策。

第三节　供应链合作关系的建立与形成

一、建立供应链合作关系

一个企业想从实施供应链战略合作关系获益之前,首先必须认识到这是一个复杂的过程,供应链合作关系的建立不仅是企业结构上的变化,而且在观念上也必须有相应的改变。所以,必须认真选择供应商,以确保真正实现供应链合作关系的利益。

建立供应链合作关系的步骤见表 4-2。

表 4－2　供应链合作关系建立步骤

1. 建立供应链战略合作关系的需求分析
2. 制定标准，选择供应商，选择合作伙伴
3. 正式建立合作关系
4. 实施和加强战略合作关系

建立战略合作关系的第一步必须明确战略关系对于企业的必要性，企业必须评估潜在的利益与风险。然后，确立选择供应商的标准和初步评估可选的合作伙伴。一旦供应商或合作伙伴选定后，必须让每一个合作伙伴都认识到相互参与、合作的重要性，真正建立合作关系。最后的步骤包括实施和加强合作关系，或者解除无益的合作关系。

二、建立供应链合作关系的制约因素

良好的供应链合作关系首先必须得到最高管理层的支持和帮助，并且企业之间要保持良好的沟通，建立相互信任的关系。

在战略分析阶段需要了解相互的企业结构和文化，解决社会、文化和态度之间的障碍，并适当地改变企业的结构和文化，同时在企业之间建立统一的运作模式或体制，解决业务流程和结构上存在的障碍。

在供应商评价和选择阶段，总成本和利润的分配、文化兼容性、财务稳定性、合作伙伴的能力和定位（自然地理位置分布）、管理的兼容性等将影响合作关系的建立。必须增加与主要供应商和用户的联系，增进相互之间的了解（对产品、工艺、组织、企业文化等），相互之间保持一定的一致性。

到了供应链战略合作关系建立的实质阶段，需要进行期望和需求分析，相互之间需要紧密合作，加强信息共享，相互进行技术交流和提供设计支持。在实施阶段，相互之间的信任最为重要，良好愿望、柔性、解决矛盾冲突的技能、业绩评价（评估）、有效的技术方法和资源支持等都很重要。

第四节　选择合适的供应链合作伙伴

合作伙伴的评价选择是供应链合作关系运行的基础。合作伙伴的业绩在今天对制造企业的影响越来越大，在交货、产品质量、提前期、库存水平、产品设计等方面都影响着制造商的成功与否。传统的供应关系已不再适应激烈的全球竞争和产品需求日新月异的环境，为了实现低成本、高质量、柔性生产、快速反应的目标，企业的业务重构就必须包括对供应商的评价选择、合作伙伴的评价。选择合作伙伴对于企业来说是多目标的，包含许多可见和不可见的多层次因素。

一、集成化供应链管理环境下合作关系的类型

在集成化供应链管理环境下，供应链合作关系的运作需要减少供应源的数量（短期成本最小化的需要，但是供应链合作关系并不意味着单一的供应源），相互的连接变得更专有（紧密合作的需要），并且制造商会在全球市场范围内寻找最杰出的合作伙伴。这样可以把合作伙伴分为两个层次：重要合作伙伴和次要合作伙伴。重要合作伙伴是少而精的、与制造商关系密切的合作伙伴，而次要合作伙伴是相对多的、与制造商关系不很密切的合作伙伴。供应链合作关系的变化调整主要影响重要伙伴，而对次要合作伙伴的影响较小。

根据合作伙伴在供应链中的增值作用和他的竞争实力，合作伙伴分类矩阵如图 4－6 所示。

纵轴代表的是合作伙伴在供应链中增值的作用，对于一个合作伙伴来说，如果他不能对增值做出贡献，他对供应链的其他企业就没有吸引力。横轴代表某个合作伙伴与其他合作伙伴之间的区别，主要是设计能力、特殊工艺能力、柔性、项目管理能力等方面的竞争力的区别。

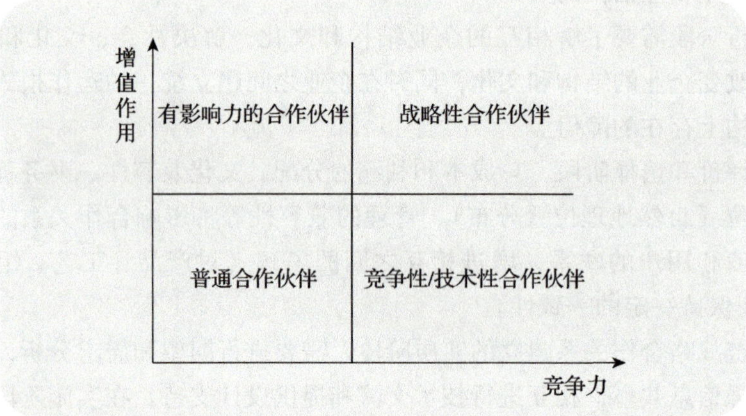

图 4－6　合作伙伴分类矩阵

在实际运作中，应根据核心企业不同的选择目标、不同的价值取向，选择不同类型的合作伙伴。对于长期合作需求而言，应选战略性合作伙伴；对于短期或某一短暂市场需求而言，只需选择普通合作伙伴满足需求则可，以保证成本最小化；对于中期需求而言，则要根据竞争力和增值作用对供应链的重要程度，相应地选择有影响力的或竞争性/技术性的合作伙伴。

二、合作伙伴选择的常用方法

选择合作伙伴，是对企业输入物资的适当品质、适当期限、适当数量、适当价格的总体进行选择的起点与归宿。选择合作伙伴的方法较多，一般要根据供应单位的多少、对供应单位的了解程度以及对物资需要的时间是否紧迫等要求来确定。目前国内外较常用的方

法综述如下。

1. 直观判断法

直观判断法主要是通过直观倾听和采纳有经验的采购人员意见，或者直接由采购人员凭经验作出判断。常用于选择非主要原材料的合作伙伴。

2. 招标法

由企业提出招标条件，各招标合作伙伴进行竞标，然后由企业决标，与提出最有利条件的合作伙伴签订合同或协议。这种方法主要在订购数量大，竞争激烈的情况下采用。

3. 协商选择法

由企业在众多供货对象中，选出几个供应条件较为有利的合作伙伴，同他们分别进行协商，再确定适当的合作伙伴。适于采购时间紧迫、投标单位少、竞争程度小，订购物资规格和技术条件复杂等情况。

4. 采购成本比较法

即对质量和交货期都能满足要求的合作伙伴，通过计算采购成本来进行比较分析，选择采购成本较低的合作伙伴。采购成本一般包括售价、采购费用、运输费用等各项支出的总和。

5. ABC 成本法

现在一种被称为“ABC”的新的成本计算方法正在不断地渗透物流界。ABC 是 Activity - Based Costing 的简称。通过计算合作伙伴的总成本来选择合作伙伴，总成本模型为

$$S_i^B = (p_i - p_{\min})q + \sum_j c_j^B D_{ij}^B$$

式中　S_i^B—— 第 i 个合作伙伴的成本值；

p_i—— 第 i 个合作伙伴的单位销售价格；

$p_{\min}$—— 合作伙伴中单位销售价格的最小值；

q—— 采购量；

c_j^B—— 因企业采购相关活动导致的成本因子 j 的单位成本；

D_{ij}^B—— 因合作伙伴 i 导致的在采购企业内部的成本因子 j 的单位成本。

这个成本模型用于分析企业因采购活动而产生的直接和间接的成本的大小。企业将选择 S_i^B 值最小的合作伙伴。

除了上面介绍的几种方法外，企业也可采用层次分析法、神经网络算法等方法来选择自己合适的合作伙伴。

三、合作伙伴综合评价

在全球经济一体化的趋势下，越来越多的企业在全球范围内，与供应商和销售商建立起伙伴关系，形成一种长期战略联盟的利益共同体，企业合作的积极作用与意义日渐凸

显，合作伙伴的选择如图 4－7 所示。

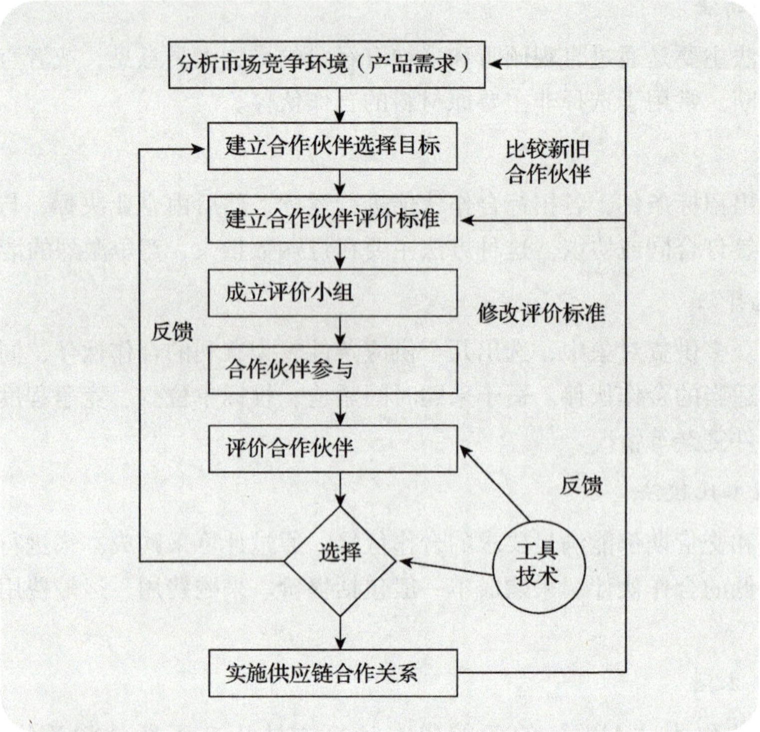

图 4－7　供应链合作伙伴选择的过程

（一）合作伙伴综合评价步骤

步骤 1：分析市场竞争环境确认建立供应链合作关系的必要性

市场需求是企业一切活动的驱动源。建立供应链长期合作关系，必须首先分析市场环境和竞争环境，确认是否有建立供应链合作关系的必要；如已建立供应链合作关系，则要研究市场环境和竞争环境的变化，确认供应链合作关系调整、变化的必要性。从而确认合作伙伴评价、选择的必要性。

步骤 2：确立合作伙伴选择目标

企业必须确定合作伙伴评价程序如何实施、信息流程如何运作、谁负责，而且必须建立实质性的目标。其中降低成本，提高核心竞争能力，是主要目标之一，合作伙伴评价和选择不仅仅只是一个简单的评价、选择过程，它本身也是企业自身和企业与企业之间的一次业务流程重构过程，这个过程的实施会带来一系列的利益。

步骤 3：制定合作伙伴评价标准

合作伙伴综合评价的指标体系要根据系统全面性、简明科学性、稳定可比性、灵活可操作性的原则来建立。不同行业、企业、产品需求、不同的竞争环境下，对合作伙伴评价应是不一样的。但不外乎都涉及合作伙伴的业绩、设备管理、人力资源开发、质量控制、成本控制、技术开发、用户满意度、交货协议等可能影响供应链合作关系的方方面面。

步骤4：成立评价小组

小组成员以来自采购、质量控制、生产管理、工程设计等与供应链合作关系密切的部门为主，组员必须有团队合作精神，具有一定的专业技能。同时，必须得到核心企业和合作伙伴企业最高领导层的支持，以控制和实施合作伙伴评价。

步骤5：合作伙伴参与

一旦决定进行合作伙伴评价，评价小组必须与初步选定的合作伙伴取得联系，以确认他们是否愿意与企业建立供应链合作关系，是否有获得更高业绩水平的愿望。企业应尽可能早地让合作伙伴参与到评价的设计过程中来。然而因为企业的力量和资源是有限的，企业只能与少数的、关键的合作伙伴保持紧密合作，所以参与的合作伙伴不能太多。

步骤6：评价合作伙伴

评价合作伙伴的一个主要工作是调查、收集有关合作伙伴的生产运作等全方面的信息。在收集合作伙伴信息的基础上，就可以利用一定的工具和技术方法进行合作伙伴的评价了（如前面提出的人工神经网络技术评价）。

在评价的过程中，有一个决策点，根据一定的技术方法选择合作伙伴，如果选择成功，则可开始实施供应链合作关系，如果没有合适的合作伙伴可选，则返回步骤2重新开始评价选择。

步骤7：实施供应链合作关系

在实施供应链合作关系的过程中，市场需求将不断变化，可以根据实际情况的需要及时修改合作伙伴评价标准，或重新开始合作伙伴评价选择。在重新选择合作伙伴的时候，应给予旧合作伙伴以足够的时间适应变化。

（二）综合评价指标体系的设置原则

（1）系统全面性原则。评价指标体系必须全面反映合作企业目前的综合水平，并包括企业发展前景的各方面指标。

（2）简明科学性原则。评价指标体系的大小也必须适宜，亦即指标体系的设置应有一定的科学性。如果指标体系过大，指标层次过多、指标过细，势必将评价者的注意力吸引到细小的问题上；而指标体系过小，指标层次过少、指标过粗，又不能充分反映供应商的差异和水平。

（3）稳定可比性原则。评价指标体系的设置还应考虑到易与国内其他指标体系相比。

（4）灵活可操作性原则。评价指标体系应具有足够的灵活性，以使企业能根据自己的特点以及实际情况，对指标灵活运用。

（三）综合评价指标体系结构

根据企业调查研究，影响合作伙伴选择的主要因素可以归纳为4类：企业业绩、业务结构与生产能力、质量系统和企业环境。我们可以框架性地构建3个层次的综合评价指标体系（如图4－8所示），对合作伙伴进行有效的评价、选择。将影响合作伙伴选择的4个主要因素建立在指标体系的第一层次，影响合作伙伴选择的具体因素建立在指标体系的第二层，与其相关的细分因素建立在第三层。

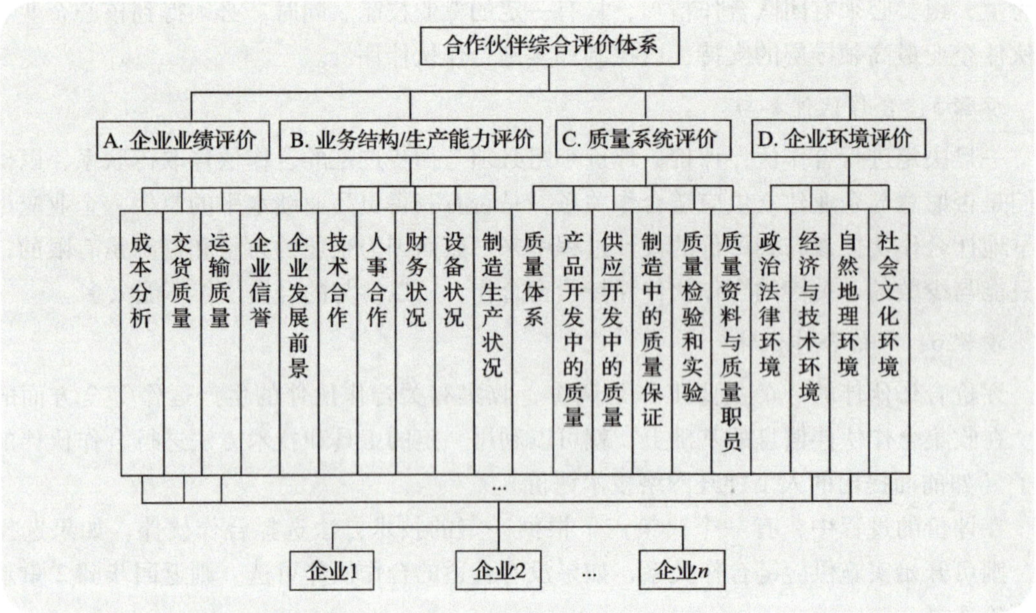

图4－8　合作伙伴综合评价指标体系结构图

第五节　客户关系管理

随着市场经济的不断发展。一些先进企业的重点正在经历着从以产品为中心向以客户为中心的转移。甚至有人提出了客户联盟的概念，也就是与客户建立共同获利的关系，达到双赢的结果，而不是千方百计地从客户身上谋取自身的利益。

在企业外部的供应链上，企业要与下游企业进行业务交往，在与其“广义”的客户，即供应链中的下游企业进行业务往来时，如何快速响应他们的需求及其变化？如何与他们实现业务往来间的紧密联系和协同运作？如何为客户提供优质的产品和满意的服务以留住原有客户并使其成为自己的忠诚客户甚至终生客户？这些都是关系到企业生存和发展，并常常使企业头疼的重大问题。因此，只有应用好客户关系管理，充分利用该信息系统的理念、模式和功能，才能实现供应链上企业对下游业务的高效和自如的运作。

一、客户关系的含义及类型

客户关系是指客户与企业之间互动的伦理、情感、利益方面的联系，通过持续性的交往、交易活动，寻求双方利益的共赢。这种联系可能是单纯的交易关系，也可能是通信联系，也可能是为客户提供一种特殊的接触机会，还可能是为双方利益而形成某种买卖合同或联盟关系。客户关系具有多样性、差异性、持续性、竞争性、双赢性的特征。了解和掌握它不仅仅可以为交易提供方便，节约交易成本，也可以为企业深入理解客户的需求和交流双方信息提供机会。

就其表现和发展形态看，客户关系可以分为以下几种类型。

1. 买卖关系

一些企业与其客户之间的关系维持在买卖关系水平，客户将企业作为一个普通的卖主，销售被认为仅仅是一次公平交易，交易目的简单。企业与客户之间只有低层次的人员接触，企业在客户企业中知名度低，双方较少进行交易以外的沟通，客户信息极为有限。客户只是购买企业按其自身标准所生产的产品，维护关系的成本与关系创造的价值均极低。无论是企业损失客户还是客户丧失这一供货渠道，对双方业务并无太大影响。

2. 优先供应关系

企业与客户的关系可以发展成为优先选择关系。处于此种关系水平的企业，销售团队与客户企业中的许多关键人物都有良好的关系，企业可以获得许多优先的甚至独占的机会，与客户之间信息的共享得到扩大，在同等条件下乃至竞争对手有一定优势的情况下，客户对企业仍有偏爱。

在此关系水平上，企业需要投入较多的资源维护客户关系，主要包括给予重点客户销售优惠政策、优先考虑其交付需求、建立团队、加强双方人员交流等。此阶段关系价值的创造主要局限于双方接触障碍的消除、交易成本的下降等“降成本”方面，企业对客户信息的利用主要表现在战术层面，企业通对客户让渡部分价值来达到交易长期化之目的，可以说是一种通过价值向客户倾斜来换取长期获取价值的模式，是一种“不平等”关系，客户由于优惠、关系友好而不愿意离开供应商，但其离开供应商并不影响其竞争能力，关系的核心是价值在供应商与客户之间的分配比例和分配方式。

3. 合作伙伴关系

当双方的关系存在于企业的最高管理者之间，企业与客户交易长期化，双方就产品与服务达成认知上的高度一致时，双方进入合作伙伴阶段。

在这个阶段，企业深刻地了解客户的需求并进行客户导向的投资，双方人员共同探讨行动计划，企业对竞争对手形成了很高的进入壁垒。客户将这一关系视为垂直整合的关系，客户企业里的成员承认两个企业间的特殊关系，他们认识到企业的产品和服务对他们的意义，有着很强的忠诚度。在此关系水平上，价值由双方共同创造、共同分享，企业对客户成功地区别于其竞争对手、赢得竞争优势发挥重要作用。双方对关系的背弃均要付出巨大代价。企业对客户信息的利用表现在战略层面，关系的核心由价值的分配转变为新价值的创造。

4. 战略联盟关系

战略联盟是指双方有着正式或非正式的联盟关系，双方的近期目标和愿景高度一致，双方可能有相互的股权关系或成立合资企业。两个企业通过共同安排争取更大的市场份额与利润，竞争对手进入这一领域存在极大的难度。现代企业的竞争不再是企业与企业之间的竞争，而是一个供应链体系与另一个供应链体系之间的竞争，供应商与客户之间的关系是“内部关系外部化”的体现。

这四类关系并无好坏优劣之分，并不是所有企业都需要与客户建立战略联盟。只有那些供应商与客户之间彼此具有重要意义且双方的谈判能力都不足以完全操控对方，互相需要，又具有较高转移成本的企业间，建立合作伙伴或战略联盟关系才是恰当的。而对大部分企业与客户之间的关系来说，优先供应商级的关系就足够了。因为关系的建立需要资源，如果资源的付出比企业的所得还多，那么维持这种关系就得不偿失了。

二、客户关系管理产生的背景

最早发展客户关系管理的国家是美国，在1980年初便有所谓的“接触管理”（Contact Management），即专门收集客户与公司联系的所有信息；1985年，巴巴拉·本德·杰克逊提出了关系营销的概念，使人们对市场营销理论的研究又迈上了一个新的台阶；到1990年则演变成包括电话服务中心支持资料分析的客户关怀（Customer Care）。1999年，Gartner Group公司提出了客户关系管理概念（Customer Relationship Management，CRM）。

企业管理理念的演变主要经历了五个阶段：产值中心论—销售额中心论—利润中心论—客户中心论—客户满意中心论。在企业管理理论的演变进化过程中，随着市场的中心逐渐从“以产品为中心”向“以客户为中心”转移，企业越来越重视客户的需求，努力提高客户满意度与忠诚度，试图同客户建立良好的持久的关系。

随着企业业务的不断发展与多样化，越来越多的企业要求实现服务的自动化和科学化。与此同时，计算机、通信技术、网络应用等技术的高度发展为客户关系管理提供了技术平台，使客户关系管理高效运作成为可能。由此可见，客户关系管理的出现是一种必然。

三、客户关系管理的含义

最早提出客户关系管理概念的Gartner Group公司认为：所谓的客户关系管理就是为企业提供全方位的管理视角；赋予企业更完善的客户交流能力，最大化客户的收益率。客户关系管理是企业活动面向长期的客户关系，以求提升企业成功的管理方式，其目的之一是要协助企业管理销售循环：新客户的招徕、保留旧客户、提供客户服务及进一步提升企业和客户的关系，并运用市场营销工具，提供创新式的个性化的客户商谈和服务。

我国学者对客户关系管理的定义不一而足。多数学者认为，客户关系管理是一种新经济背景下的管理理念，其核心是以客户满意度为目标的协同管理思想。它是指一种以客户为中心的管理思想和经营理念，旨在改善企业与客户之间关系的新型管理机制，实施于企业的市场、销售、服务与技术支持等与客户相关的领域，目标是通过提供更快速和周到的优质服务吸引和保持更多的客户，并通过对营销业务流程的全面管理来降低产品的销售成本；同时，它又是以多种信息技术为支持和手段的一套先进的管理软件和技术，它将最佳的商业实践与数据挖掘、数据仓库、一对一营销电子商务、销售自动化及其他的信息技术紧密结合在一起，为企业的销售、客户服务和决策支持提供了一个业务自动化的解决方案。实际上，它是一种以客户为导向的企业营销管理的系统工程。

CRM 是信息时代商务经营的重要工作，它有别于传统的客户服务管理与客户服务观念，重点在于其整合性：整合客户策略、销售策略与周详的服务流程管理；整合销售公关、销售与服务功能与落实客户关系服务；整合传统客户管理理论与信息科技。充分利用最新的信息技术与各式数字服务工具及通路，有效搜集客户需求，进而分析建立客户喜好倾向，利用信息科技于最适当时机，提供最适合的服务，以建立客户的认同感，进而产生终身购买价值，成为企业赖以提升竞争力与服务品质的利器。

四、客户关系管理的核心思想

客户是企业的一项重要资产，客户关怀是 CRM 的中心，客户关怀的目的是与所选客户建立长期和有效的业务关系，在与客户的每一个“接触点”上都更加接近客户、了解客户，最大限度地增加利润。

CRM 的核心是客户价值管理，它将客户价值分为既成价值、潜在价值和模型价值，通过一对一营销原则，满足不同价值客户的个性化需求，提高客户忠诚度和保有率，实现客户价值持续贡献，从而全面提升企业盈利能力。

CRM 的核心思想包含三层意思，一是重视客户的个性化特征，实现一对一营销。二是提高客户满意度，留住老客户，争取新客户。即 CRM 存在三个层次：①保持现有客户，实现现有客户重复购买；②开拓新市场；③吸引新客户。其中保持现有客户是首要的、最基本的任务。三是将客户关怀贯穿营销的全过程。

1. 重视客户的个性化特征，实现一对一的营销

在客户关系管理的理念中，企业需要根据客户的特殊需求相应地调整自己的经营行为。这种一对一的营销要求企业与每一个客户建立一种学习型关系。所谓学习型关系是指，企业每一次与客户的交往都使企业对该客户增长一份了解，客户不断地提出需求，企业就不断地按此需求改善产品和服务，从而使企业不断提高令该客户满意的能力。与客户建立学习型关系的时间越长，客户离开的成本就越大。与客户保持长期的学习型关系，企业不仅可以留住客户，而且还能够扩大赢利空间。

2. 提高客户满意度，留住老客户，争取新客户

客户的满意与客户的内心期望是相互关联的。客户满意就是指客户对所购买的产品或服务的评价超过了其心理预期并产生愉悦感。为客户提供满意的服务以留住客户是企业内部每一个员工的责任。这是一项系统性工程，需要企业各员工、各部门之间的相互协调和积极配合，而绝对不是在喊几句口号后把一切都推给某个部门或某些员工去完成，这样是难以取得预期效果的。

3. 将客户关怀贯穿营销的全过程

在最初的时候，企业向客户提供售后服务是作为对其特定产品的一种支持。原因在于这部分产品需要定期进行修理和维护。例如，家用电器、电脑产品、汽车等。这种售后服务基本上被客户认为是产品本身的一个组成部分。如果没有售后服务，客户根本就不会购买企业的产品。那些在售后服务方面做得好的公司其市场销售就处于上升的趋势。反之，那些不注重售后服务的公司其市场销售则处于不利的地位。

客户关怀贯穿了市场营销的所有环节。客户关怀包括如下的方面：客户服务（包括向客户提供产品信息和服务建议等），产品质量（应符合有关标准、适合客户使用、保证安全可靠），服务质量（指与企业接触的过程中客户的体验），售后服务（包括售后的查询和投诉，以及维护和修理）。

在所有营销变量中，客户关怀的注意力要放在交易的不同阶段，并营造出友好、激励、高效的氛围。对客户关怀意义最大的四个实际营销变量是：产品和服务（这是客户关怀的核心）、沟通方式、销售激励和公共关系。有些 CRM 软件的客户关怀模块还充分地将有关的营销变量纳入其中，使得客户关怀这个非常抽象的问题能够通过一系列相关的指标来测量，便于企业及时调整对客户的关怀策略，使得客户对企业产生更高的忠诚度。

五、客户关系管理在供应链中的地位和作用

在如今的买方市场下，企业在管理层面面临的转变显得日益突出和重要，就是职能上从产品管理向客户管理转变，从交易管理向关系管理转变。在客户是核心的今天，客户主导着企业的生产、销售活动，而不是产品主导这一切活动，客户是主要的市场驱动力。于是，客户的需求、购买行为、潜在的消费偏好等都是企业谋求竞争优势必须争夺的重要资源。而客户作为供应链上的重要的一环，在买方市场上，供应链的中心也要由生产者向消费者倾斜的。客户管理要成为供应链管理的重要内容。

供应链管理的成功不仅是生产管理的运作，同时也包括营销管理的运作。供应链管理在服务客户水平的确定上，不应只站在供给一方考虑，而应把握客户要求，从产品导向转变为市场导向。产品导向型的客户服务是根据供应方自身需要决定的，难以适应客户需求，容易造成服务设定的失败；而市场导向型的客户服务则是根据经营部门的信息和竞争企业的水平进行定制，因而能更加接近客户需求，并能对其及时控制。

20 世纪 90 年代以来，客户对于商品的比较不仅仅在质量方面，而更侧重于伴随商品购买所得到的服务。为了靠近客户，并最大限度地满足客户的需求，企业在日益激烈的竞争中，越来越重视客户服务，以提升自身竞争力，并保持长期竞争优势。当客户关系管理成为整个供应链管理的一方面，则可以更加重视顾客新的需求。

在企业外部下游供应链上，客户关系是最为重要的供应链成员关系，也是供应链管理的焦点。特别是由于当前的供应链由市场驱动的“拉动式供应链”模式，有效的客户关系管理会对整个供应链起到强有力的导向作用，它能导致下游供应链上成员间更好地沟通和信息传递，为企业内部供应链和上游外部供应链带来更准确地需求预测和更大的市场需求，并

减少需求变动，使整个供应链的成员能对供应链有快速的响应。如果供应链上的每一个企业都能很好地应用 CRM 管理好下游业务，则会使整个供应链能具有更流畅的业务沟通和协调，以更低的供应链总库存量、更短的提前期、更高的产出率、更快的响应能力和更可靠、更准确的交货和服务能力，更快速地推出新产品和满足客户的需求。

本章小结

供应链战略联盟是指在同一条供应链中企业之间形成的合作伙伴，它们的资源、能力和核心竞争力都能结合在一起使用，从而获得企业在设计、制造、产品或服务提供上的共同利益。供应链联盟作为一种新型的企业合作模式，能够实现快速有效地响应市场；能够促使企业实现优势互补；促进企业之间的相互学习；促进企业达到规模经济；有效分散经营风险。

按照联合的职能可以把供应链战略联盟分为资源补缺型、市场营销型和联合研制型三种。按照所有权可以将供应链战略联盟分为对等占有型和契约型两种。

供应链合作关系指供应商与制造商之间、制造商与销售商之间在一定时期内的共享信息、共担风险、共同获利的协作关系。这样一种战略合作关系的目的是为了降低供应链总成本、降低总的库存水平、加强信息共享、改善相互之间的交流、保持战略伙伴相互之间运作的一贯性、产生更强大的竞争优势，以实现供应链节点企业的财务状况、质量、产量、交货期、用户满意度和业绩的改善和提高，这种战略合作关系强调彼此的合作和信任，最终达到节点企业双赢或多赢的目的。

传统的供应商关系是一种基于价格、质量等竞争对立因素的交易关系。在新的竞争环境下，供应链合作关系强调长期的战略协作，强调共同努力实现共有的计划和解决共同问题，强调的是相互之间的信任与合作。这两种关系模式有着本质的区别。建立供应链合作关系的步骤包括：①建立供应链战略合作关系的需求分析；②制定标准，选择合作伙伴；③正式建立合作关系；④实施和加强战略合作关系。

传统的供应关系已不再适应激烈的全球竞争和产品需求日新月异的环境，为了实现低成本、高质量、柔性生产、快速反应的目标，企业的业务重构就必须包括对供应商的评价选择。合作伙伴的评价、选择对于企业来说是多目标的，包含许多可见和不可见的多层次因素。合作伙伴的评价选择是供应链合作关系运行的基础。合作伙伴选择的方法包括直观判断法、招标法、协商选择法、采购成本比较法、ABC 成本法等。层次分析法和神经网络算法也是可用来选择合作伙伴的方法。合作伙伴的评价步骤分为：分析市场竞争环境；确定合作伙伴选择目标；制定合作伙伴评价标准；成立评价小组；合作伙伴的参与；评价合作伙伴；实施供应链合作关系。在合作伙伴的综合评价中，构建科学合理的评价指标体系是其关键性工作之一。

客户关系从买卖关系发展到优先供应关系，再发展到合作伙伴关系，再发展到战略联盟关系。企业管理理念的演变也经历了产值中心论—销售额中心论—利润中心论—客户中心论—客户满意中心论五个阶段。在企业管理理论的演变进化过程中，随着市场的中心逐渐从“以产品为中心”向“以客户为中心”转移，企业越来越重视客户的需求，努力提高客户满意度与忠诚度，试图同客户建立良好的持久的关系。客户关系管理的核心思想包含三层意思：一是重视客户的个性化特征，实现一对一营销；二是提高客户满意度，留住老客户，争取新客户；三是将客户关怀贯穿营销的全过程。

从供应链管理的内容我们可以知道，客户是供应链管理的焦点，特别是由于当前的供应链是由市场驱动的“拉动式供应链”模式，有效的客户关系管理会对整个供应链起到强有力的导向作用，它能导致下游供应链上成员间更好地沟通和信息传递，为企业内部供应链和上游外部供应链带来更准确地需求预测和更大的市场需求，并减少需求变异，使整个供应链的成员能对供应链有快速的响应。

复习思考题

1. 供应链战略联盟的作用是什么？供应链战略联盟如何分类？
2. 什么是供应链合作关系？为什么要建立供应链合作关系？
3. 供应链合作关系与传统供应商关系的区别主要体现在哪些方面？
4. 如何选择合适的供应链合作伙伴？
5. 合作伙伴的综合评价可分哪几步进行？
6. 客户关系可以分为哪几种类型？

案例

本田美国公司

日本本田公司为开拓美国市场，将本田美国公司设在俄亥俄州，并采用零部件供应本地化的原则。本田美国公司生产汽车的零部件本地化达90%，只有少数零部件来自于日本总部。本田美国公司的大多数供应商与它的总装厂距离不超过150km，能很好地保持JIT供货，总装厂库存的平均周转周期不到3h。1982年，27个美国供应商为本田美国公司提供价值1，400万美元的零部件；而到了1990年，有175个美国供应商为它提供超过22亿美元的零部件。

本田公司与供应商之间建立的是一种长期相互信赖的合作关系，这种关系确立的基础则是业绩标准。只要供应商达到本田公司的业绩标准就可以成为它的终生供应商。本田公司也采用各种激励措施并提供支持帮助，使供应商成为世界一流的供应商。

具体措施：

（1）40名工程师在采购部门协助供应商解决进厂原材料的产品质量问题。

（2）120名工程师在质量控制部门协助供应商提高产品生产率和质量保证水平。

（3）2名管理人员协助供应商改善员工管理。

（4）在塑造技术、焊接、模铸等领域为供应商提供技术支持。

（5）对供应商的特定难题，成立特殊工作小组帮助解决。

（6）定期检查供应商运作情况，包括财务和商业计划等。

（7）直接与供应商上层沟通，并外派高层领导人到供应商所在地工作，以加强相互间了解及沟通，确保供应商的高质量。

本田美国公司 1986 年开始选择 Donnelly 公司为它生产车内玻璃，当时该公司的核心能力就是生产车内玻璃。随着合作的加深，相互间关系越来越密切，企业文化和价值观逐步相互认同。本田公司开始建议并帮助 Donnelly 公司生产外玻璃（这并不是 Donnelly 的强项），在本田公司的帮助下，Donnelly 公司建立了一个新厂生产本田的外玻璃。他们之间的订单第一年是 500 万美元，到 1997 年达到 6 000 万美元。

第五章 Chapter Five

核心竞争力与物流外包

学习目标

1. 掌握新世纪企业面临的市场竞争特点。
2. 了解并掌握企业核心竞争力的分析方法。
3. 理解基于供应链管理的业务外包的概念和作用。
4. 掌握基于供应链管理的物流业务外包的主要形式。
5. 掌握供应链模式下物流业务外包的优势分析。

第一节 核心竞争力

在知识经济时代，企业核心能力成为商业竞争优势之源。构建合理的企业核心竞争力，成为企业发展的基石。形成、强化、持续发展核心竞争力，应该是任何一个企业孜孜以求的。而要实现这一点，就必须握紧拳头，集中有限的火力，专攻一点，不断创新，使自己的企业在这一方面始终走在前列，带着这一领域持续向前发展，提高该领域的进入门槛，有效阻挡竞争对手的进入。

国外许多成功企业，在经营过程中早已把企业核心竞争力作为战略决策的前提。英特尔的芯片、微软的操作系统、戴尔的直销模式等，无不是通过对核心竞争力的持续强化而始终走在最前列，并带动相关产业的发展。

企业没有核心业务，就不会有核心竞争能力；没有核心竞争能力，就根本谈不上做多元化的选择。在这个战略逻辑前提下，西方成功的企业集团发展的过程是：集中发展核心产品—形成核心竞争力—发展相关多元化经营—发展不相关多元化经营。而就赢利和管理情况而言，也是按这种梯度由弱到强的。

一、21 世纪初期企业面临的竞争

企业要想发展，必须敢于竞争。在不同的时间、地点和条件下，企业面临的竞争压力不同。

任何时代都会在其经历的每一个瞬间，在其影响的任何可及范围之内，深深地打上自

己的鲜明烙印。深受社会发展影响的企业现阶段，即21世纪初期呈现了以下的竞争态势。

（一）企业竞争由基于“4P”推动的方式，转向基于“4C”拉动的方式

企业竞争的中心是顾客需求，竞争的内容是企业为消费者服务的水平，竞争的裁判是消费者。

传统企业竞争的共同特征是基于4P推动的方式，现代企业竞争则是基于4C拉动的方式，是真正顾客需求驱动的竞争。现在，市场调研、需求预测、目标市场、产品定位等正在成为企业竞争的有效方式，许许多多的企业都建立了目标消费者的数据库，对目标消费者的爱好、特征和购买行为、使用行为曲线等，许多企业开始真正走进了顾客的心，建立起了以顾客为中心的核心竞争力。

（二）企业参与竞争的关键是为消费者创造价值

消费者是理性的，他们根据效用最大化来选择商品。所以，企业参与竞争的关键是为消费者创造价值，竞争本质便是价值之争。从这一角度来看，识别消费者需求，为消费者提供比竞争对手更多的价值便是赢得竞争的关键。不仅如此，现代营销理论认为，企业应为消费者创造多样化价值，既包括消费者货币价值的节约，又包括消费者时间、精力、体力成本的节省。从这个角度来看，企业不仅要为消费者提供物美价廉的商品，还要在产品安装、购买便利、售后服务等多方面为顾客提供感觉得到的价值。

企业若只追求利益，却不为顾客创造价值，就如人患了近视症，看不清竞争的本质。正是因为如此，善于竞争的企业总是不停留于竞争的表面，而是致力于为消费者提供更多的服务，为顾客创造更多的价值。

（三）企业竞争的产业边界模糊了，由同一行业的横向竞争，转向不同的行业共同参与的纵向竞争

在现代企业竞争中，企业、供应商与经销商在满足顾客需求上的利益被认为是一致的，因而，它们具有共同的使命，必须共同致力于更好地满足顾客的需求。因此，它们的关系就变了，由过去的交易商，简单的交易关系，转变成了现在的利益相关者，战略协同关系。

由于共同利益的驱使，企业就不必再孤军奋战了，企业竞争事实上超越了自身的有形边界，成了不同企业联盟的竞争，企业面对的是和自己相似的联盟竞争者，大家都在以网络的方式竞争。企业竞争的产业边界模糊了，在这种竞争中，谁的整体成本低，谁为顾客创造了更多的价值，谁就能获得竞争优势，赢得竞争。在现代企业竞争中，企业是在内部化与外部化的整合的矛盾统一中不断前进的。

（四）企业竞争在全球化的环境中进行

和传统的企业竞争相比，现代企业竞争一开始就是在全球化的环境中进行的。以推广全球化著称的“三驾马车”，即国际货币基金组织、世界银行和世界贸易组织在推行全球化时不遗余力，由它们创立的具有普遍意义的国际货币、确立金融和贸易关系的准则，使

得不同国家和地区企业之间的竞争变得更容易。在它们的推动下，几乎所有国家和地区都按照开放性的市场经济原则和游戏规则参与全球性经济活动，进出口贸易成为各国经济增长的重要支撑点，国与国之间相互依存的程度也越来越高。与此相应的是，民族、国家的地理边界进一步消失，市场的力量也空前地扩大，人、组织乃至国家的力量变得越来越小，甚至在一定条件下变得可有可无。

企业的产品标准、技术标准也全球化了，进而企业的各种内部管理标准也全球化了，一种世界共通性质的现代企业制度也就几乎在所有的国家建立起来。甚至整个社会的生产、消费、流通等经济生活领域中的各种标准、制度也全球化了。企业竞争的思维、战略随之全球化，越来越多的企业开始以全球化眼光来制定发展战略，而制定的战略也常常面向了全球。

总之，社会在发展，时代在变化，企业竞争也呈现新的特征。对于任何企业来说，只有顺应这种变化，适应时代的发展，权宜应变，才能在市场竞争中“克敌制胜”，基业长青。

二、企业核心竞争力的概念与特点

（一）企业核心竞争力的概念

1. 概念

核心竞争力理论是当代经济学和管理学相互交融的最新、最高成就之一。“核心竞争力”这一术语是由美国经济学家派拉哈勒德和哈默在《哈佛商业评论》上的文章《The Core Competence of The Corporation》中首次提出。他们指出：“核心竞争力是在一组织内部经过整合了的知识和技能，是企业在经营过程中形成的不易被竞争对手效仿的，能带来超额利润的独特的能力”。

核心竞争力是一组经过整合的知识和技能。对于不同的行业，核心竞争力的侧重点并不一样，但基本都包括了两个方面的含义：

首先，核心竞争力必然是一种知识和技能。对传统制造企业而言，核心竞争力更体现在成本控制、质量管理、采供销管理上，是一组技能的体现，比如格力能成为世界空调业领袖，自然有自己的核心竞争力，但绝不是技术这么简单，而是一种整合资源、成本控制和市场开发能力的集合。

其次，核心竞争力要依靠企业家的整合能力。国内企业的竞争优势往往是单一的，比如说格兰仕的价格优势，在微波炉这个产品的价格控制这方面，他的确有自己的核心专长和能力，但是如果他要多元化发展，那就必须要把在单一产品的能力拓展为企业的一种核心能力，这种能力是要超脱微波炉这个产品的。成本控制能力与价格战能力完全是两种层面的能力表现，成本控制是企业需要整合采购、生产、研发、营销、流程等各个方面的能力，而价格战，不过是单一的营销推广技能。

核心竞争力是动态的，不同行业的核心能力并不一样，不存在“一招鲜、吃遍天”的核心竞争力，随着市场的变化，企业的核心竞争力可能也会调整。核心技术、独特的销售模式、成本控制等可以使企业保持几年的领先时间，但都很难让企业永远立于不败之地，唯一不变的就是变化本身。正如柳传志说的那样，联想的竞争力不是渠道管理能力，而是一种不断超越和挑战自己的精神和勇气，而这更多地表现为一种企业文化。企业要综合分析行业特点和市场特征，为企业找寻核心竞争力，并在此基础上进行战略定位和战略规划。确切地说，战略定位比战略规划更重要，“做对的事情”（Do the right thing）比“把事情做对”（Do the thing right）更关键；把一点做好，比面面俱到更容易培养企业核心竞争力。

2. 组成要素

核心竞争力既寓于企业的生产经营活动之中，又是企业持续发展的动力源、生命力。核心竞争力不仅表现为关键技术、关键设备或企业的运行机制，更为重要的是它们之间的有机融合，是各种能力的进一步提升。

企业核心竞争力的组成要素包括：企业经济实力，国际化水平，政府干预度，投融资能力，基础设施，企业管理，技术创新能力，人力资源。所以任何片面强调某要素为企业核心竞争力的认识都是不全面的。

一个企业，要想真正营造自己的核心竞争力，唯一的办法就是综合分析、正确判断企业的各方面条件，寻找自己的长处，从生产管理、质量、规模、销售模式、渠道、售后服务、品牌认知、价格、人才等各方面入手，做好其中一项或多项工作，并扬优成势，才能最终形成自己的核心竞争力。

（二）企业核心竞争力的特点

企业核心竞争力可以说是企业最有利的武器，如果没有核心竞争力，一个企业就没有竞争力，一般的企业的核心竞争力是无法复制的，是一个企业的灵魂。北京大学光华管理学院张维迎教授认为：企业核心竞争力具有“偷不去，买不来，拆不开，带不走，溜不掉”的特点。

偷不去，是指别人模仿你很困难，如你拥有的自主知识产权——品牌、文化。

买不来，是指这些资源不能从市场上获得。通常，人们认为人才是企业的核心竞争力，但这是以人才不能流动为前提的。

拆不开，是指企业的资源、能力有互补性，分开就不值钱，合起来才值钱。比如鞋子，左鞋和右鞋具有互补性，别人拿走一只是没有用的，所以你看好一只鞋子就行了。

带不走，是指资源的组织性。个人的技术、才能是可以带走的，因此，拥有身价高的人才也不意味着有核心竞争力。整合企业所有资源形成的竞争力，才是企业的核心竞争力。

溜不掉，是指提高企业的持久竞争力。今天拆不开、偷不走的资源，明天就可能被拆开、偷走，所以，企业家真正的工作不是管理，而是不断创造新的竞争力。

现在我们把它归纳为具有以下特点：

（1）价值性。企业核心竞争力是否具有价值，是企业组织应该首先考虑的一个重要因素。越是能创造价值的能力和资源，越是具有价值。同时，它应该能为消费者带来实惠和实际使用价值。对产品与服务的分析中，这种资源和能力也可以看作“顾客认知使用价值”的组成要素。

（2）领先性。企业的竞争力与同一产业竞争对手的竞争力相比具有较大的领先性，领先性体现在3个方面：①独特性；②不易模仿性；③满足顾客需求的超前性。

（3）整合性。企业的核心竞争力是知识、技能、管理能力的有机整合，单独的任何一项都不能成为核心竞争力，企业作为一个有活力的低成本、高效率的具有很强市场敏感力的组织系统要具有整合这些关键性要素的能力。

（4）扩散性。企业核心竞争能力能够为企业带来多方面的竞争优势。企业核心竞争力就如同一个“技能源”，通过其发散作用，将能量不断地扩展到最终产品上，可以通过一定的方式向外衍生出一系列的产品或服务。

（5）持久性。企业生存和发展的持久性源于企业核心竞争力的持久性。企业必须拥有其他企业不易获得、仿效、复制的核心竞争力，并能够长期占用，在不断变化和发展的环境中长期发挥作用，使企业竞争优势相对不变或者进一步提高，才会带来企业的长期生存和发展。

三、企业核心竞争力的分析鉴别与打造

（一）分析

企业核心竞争力是竞争力中一组最为核心和关键的因素，而竞争力又由资源和能力构成。企业竞争力一般体现在：决策、组织、员工、流程、文化、渠道、品牌、价格、伙伴、信息、营销、技术、创新等方面。因此，对于企业核心竞争力的研究，越来越注重对公司资源和能力的分析。

企业核心竞争力辨识可以首先从企业的资源和能力入手，从中发现企业的竞争力，然后再确定哪些竞争力能够构成核心竞争力。

具体操作可分为三个步骤：

（1）资源和能力分析。建立企业核心竞争力分析指标体系，测度企业内外部资源和技术能力及支撑能力指标的表现。

（2）竞争力分析。比较该企业与同行业其他企业的表现，找出相对于其他企业的优势资源和能力，从中界定出该企业的竞争力组合。

（3）核心竞争力分析。对竞争力组合因素，逐一检验是否符合核心竞争力的特征，即是否符合企业的发展和竞争战略，与企业的目标和长远规划相一致？是否具有价值，能够提高企业经营管理效率，降低成本，对最终产品中的顾客利益有突出贡献？是否具有独特性，独具特色和个性，有助于企业进行差异化经营？是否难于模仿，难以被其他企业学习？是否不可替代，难以被竞争对手所替代？是否能提供进入市场的潜能，衍生出一系列的产品和服务满足市场需求，有利于扩大经营范围？

将不符合特征的因素予以剔除，最后得到的一组资源和能力就是企业的核心竞争力。

另外，核心竞争力还需要在复杂多变的环境中得到保护和管理，提升企业的持续竞争优势。当然，通过以上程序也可以发现企业需要建立的核心竞争力，明确努力的方向。需要注意的是行业不同、企业背景不同、企业文化不同、外部环境不同，企业核心竞争力也会不同。零售企业的核心竞争力与制造企业就有所不同，即使是制造业，复杂产品系统企业的核心竞争力与大规模批量生产企业也不同。

（二）打造企业核心竞争力的途径

企业可以通过以下途径来打造企业核心竞争力。

（1）认识企业战略管理的重要性，并提升企业战略管理的能力。在经济全球化、知识经济和可持续发展的大背景下，战略管理思想的发展更加注重全面分析影响战略管理的各种因素，注重信息技术对战略管理的巨大影响，注重研究对象的细化，注重“为未来而竞争”。新的战略管理的特征：①在竞争性挑战方面：既能改造流程，又能重组发展战略；既能改革组织结构，又能产业转型；既能竞争市场份额，又能把握未来商机。②在发现未来方面：既能以学习为战略，又能以摈弃为战略；既能以定位为战略，又能以预见为战略；既能设计战略计划，又能规划战略架构。③在动员起来面向未来方面：既能以配合为战略，又能以拓展为战略；既能以资源分配为战略，又能以资源积累和利用为战略。

（2）培养知识结构合理的人才队伍，培育学习型组织。通过建立相当规模、相对稳定、具有多学科知识、多方面实践能力和创新能力的技术与管理有机融合的合理人才队伍，可以最大限度地开发所有人员的智力资源，调动他们的工作主动性和创造精神，同时企业及其员工必须具备适应动态变化的学习能力，形成和培育学习型组织，为企业提升核心竞争力夯实持续的人才和知识基础。

（3）加强企业组织管理和技术创新的能力。加强企业组织管理的能力，建立及时、高效、优秀的管理体系；通过强化技术创新能力，提升技术创新、技术嫁接和自主创新等能力，形成企业自身的技术核心竞争优势。

（4）加大企业信息化建设力度，培育企业个性和先进的企业文化。要培养具有核心竞争力的企业，企业信息现代化的建设是必要的前提之一。企业信息化是一个不断发展的过程，要结合企业自身的现状，确定阶段性的目标，分步实施，渐进地推进管理信息化的过程。通过企业目标、企业理念、企业精神、企业价值取向、职工行为规范与守则等，来培育企业具有个性和先进的企业文化。因为企业文化建设是企业提高员工的忠诚度和向心力的重要手段，是打造企业核心竞争力的软实力。

（5）积极采用现代化的生产管理方法和优化各流程，提升产品的质量、降低成本，根据企业的不同发展阶段培养核心竞争力。在初始阶段，企业的核心竞争力必须能够保证企业的生存和获得一定的利润；在成长阶段，企业的任务是积累实力，一是要掌握核心技术，形成技术优势，二是要修炼内功，建立有凝聚力的企业文化；在已经成为一个大企业之后，核心竞争力的关键就是创新。

（6）再造企业市场营销网络，注重营销管理方法的创新，为客户创造价值。根据企业自身状况，分步骤的建立健全和完善国内的营销网络、建立国际市场营销网络、加强营销网络的组织管理等，再造企业市场营销网络；同时，注重企业营销方法的创新，比如：围绕顾客需求这一核心，以顾客可接受的成本，考虑到顾客购物的方便性，加强与顾客的沟通，向顾客提供定制化的产品和服务。因为企业若不能为客户创造价值，企业也就没有存在的价值。员工发展、股东回报都是空谈。因此，企业的所有努力，都必须着眼于客户价值的创造。企业在打造核心竞争力时，也必须以客户价值创造为导向。企业持续发展的关键是客户价值的持续创造力，而不是消灭竞争对手。如果企业总是以打败竞争对手作为自己的行动目标，企业就会浮躁，就会剑走偏锋，企业不仅不会形成核心竞争力，甚至连基本的生存能力都会失去。

（7）实施管理的系统性、数据化、标准化、信息化、网络化，提升和确保企业的执行力，确保管理及时性和有效性。

（8）正确把握商机，审慎对待多元化。信息爆炸的今天，企业不难发现商机，但商机并不一定都属于自己。只有当商机与自己的核心专长碰巧吻合时，那才属于自己。盲目、过度多元化可能会导致核心竞争力丧失。因为背离自己的核心专长，其结果只能是喧宾夺主，优势不再。

全球500强的大多数企业是走专业化道路发展起来，以一业为主并在一业称雄的行业领袖、行业巨人。即使极少数多元化企业如通用公司（GE），也是靠走专业化发迹的（一个灯泡厂做了几十年），如今也只在少数几个行业保持优势。

（9）取得行业技术标准话语权。随着标准时代的到来，发达国家纷纷从技术时代进入标准时代，从技术战略发展到标准战略，这也就是国际上跨国公司积极参与和设法控制国际技术标准制定权的原因。如果以企业的技术为基础，形成了国家或行业的技术标准，甚至国际标准，谁要进入这个行业，就必须应用这个技术标准。显然，这个具有本企业核心技术的标准，将使企业在该行业中处于不易超越的领先地位和巨大优势，并通过市场的拓展很快地收回技术研发成本，牢牢地掌控专业技术发展和标准制定的主导权。

企业时刻处在市场的第一线，既是市场的主体，又是创新的主体，也是标准化工作的主体。作为标准化活动主体的企业，一定要充分发挥自身的技术优势，积极推进标准化工作与科技创新活动的紧密结合，迅速将创新成果（专利）融入标准，实现研发与标准同步，然后逐步取得行业标准、国家标准甚至国际标准的话语权，努力实施标准化战略，不断提升企业的核心竞争力。

核心竞争力的提升是一个长期、动态的过程，不可能一蹴而就，也不可能一劳永逸，需要企业持续的学习和创新。

四、围绕核心企业构建供应链体系

由供应商、制造商、经销商和用户构成的系统，完成着物质从原材料、产品到商品的转化功能。早期的观点认为，供应链只是制造企业的一个内部过程，是指将采购的原材料和零部件通过生产和销售，将产品传递到用户的一个过程。供应链概念局限于企业内部操作，只注重企业自身的利益目标。

随着社会的迅速发展和市场竞争的日益激烈，制造企业逐渐注意到企业经营的外部环境、与本企业相关的供应者、销售商和用户的重要性，并开始与之建立起相互协作的战略伙伴关系。在这一过程中，总有一个企业充当发起者，成为供应链中的核心。该核心企业除了能创造特殊价值，长期控制比竞争对手更擅长的关键性业务工作外，还要协调好整个供应链中从供应商、制造商、分销商直到最终用户之间的关系，为了控制整个供应链的运行，核心企业必然成为整个供应链的信息承载中心、管理控制中心、物流中心。由此可见，供应链是围绕核心企业建立起来的。核心企业与供应商、制造商乃至一切向前的关系，以及核心企业与用户、用户与用户及一切向后的关系，形成了链网结构。链中的每一个节点都是独立的个体。

例如，大家所熟知的耐克、阿迪达斯等公司都是典型的核心企业。这些公司本身并无生产线，其产品全部来自于分布在世界各地的关系企业，尤其是中国等发展中国家。公司本身只专注于产品设计、品牌推广和市场的开拓，并以此来维系和推进供应链的生存和发展。通过这种合作方式，耐克、阿迪达斯等公司不但自身获得了巨大利益，也为那些缺乏产品设计和市场开拓能力的企业提供了生存和发展的机会。

一般来说，要成为核心企业，这些企业要么能为其他企业提供产品/服务，要么接受其他企业的产品/服务，或者成为供应商与用户之间的中介，以核心企业为中心建立的供应链组织结构有以下几种形式：

1. 核心企业作为用户企业的组织结构

作为这类核心企业，它本身应拥有强大的销售网络和产品设计等优势，销售、用户服务这些能力就由核心企业自己的销售网络来完成。供应链的管理重点应放在供应商的选择以及信息网络的设计、生产计划、生产作业计划、跟踪控制、库存管理、供应商与采购管理等方面。

2. 核心企业作为产品/服务供应者的结构

作为这类核心企业，它本身享有供应和生产的特权，或者具有在制造、供应方面不可替代的优势，比如能源、原材料生产企业。但其在分销、用户服务等方面则不具备竞争优势。因此在这一模型中，供应链管理主要集中在经销商、用户的选择、信息网络的设计、需求预测计划与管理、分销渠道管理、用户管理与服务等方面。

3. 核心企业同时作为产品和服务的供应者和用户

这类核心企业主要具有产品设计、管理等优势，但是，在原材料的供应、产品销售及各市场用户的服务方面，缺乏足够的力量。因此，它必须通过寻求合适的供应商、制造商、分销商和用户构建成整个供应链。供应链管理主要是协调好产、供、销的关系，如信息网络的设计、计划（控制、支持）管理、物流管理、信息管理等方面。

4. 核心企业作为供应商与用户之间的中介

这类核心企业往往具有良好的商誉和较大的经营规模，并且掌握着本行业大量的信息资源。它主要通过在众多中小经销企业和大的供应商之间建立联系，代表中小经销企业的利益取得同大的供应商平等的地位，从而建立起彼此合作的战略伙伴关系。供应链管理主要集中在中小经销企业与大的供应商之间的协调，信息交换和中小经销企业的控制等方面。

五、约束理论与供应链构建中的薄弱环节

（一）约束理论的原理

在认识核心企业重要作用的同时，需要提醒注意的是：物理学原理告诉我们，一条链子的强度，等于这条链子最薄弱环节的强度。这也意味着，最弱的环节往往也是最关键的，因为它有使整个链条脱节的巨大力量。在经济学中也有一个非常著名的木桶盛水原理。长短不一的木板箍成一个木桶，该木桶的容量不是取决于桶壁中最长的那根，而是恰恰取决于其中最短的那根，因为不论其他木板有多长，只要水面高过最短的木板，水就会自动溢出来的。所以，一条供应链是否强有力或有竞争优势，也要全面考虑。在此，生产管理中的约束理论（Theory of Constraints，TOC）提供了很好的借鉴。

相同的道理，也可以将企业或机构视为一条链条，每一个部门是这个链条中的一环。一个链条的强度是由它最薄弱的环节来决定的，如果我们想达到预期的目标，我们必须从最弱的一环，也就是从瓶颈（或约束）的一环下手，才可得到显著的改善。如果这个约束决定一个企业或组织达成目标的速率，我们必须从克服该约束着手，才能以更快速的步伐在短时间内显著地提高系统的产出。

所有人利用直觉就可以判断：现实中没有一个系统可以有无限的产出。回到前面所说的链的比喻，如果我们强化了一个最弱的一环，另外一个较弱的一环就会成为新的最弱的环。拿一家公司来说，它的约束会随着时间而飘移。例如，从制造到成品的分销，或是从生产到研发，或是营销业务可否接到更多的客户的订单，在这条供应链上的任何一环都可能成为下一个最弱的环，成为“卡脖子”的地方。有的约束是在工厂或公司内，称之为“内部约束”，有的约束是在市场或外在环境的，称之为“外部约束”。因此，我们要不断地探讨：下一个约束在哪里？我们该如何克服这个新的约束？

TOC 的基本思想在其管理原则上得到了具体体现，它是实施 TOC 的基石。该原则指出以下几个关键点。

1. 不是以追求设备的生产能力平衡为目标，而是追求物流的平衡

在设计一个新企业时，自然会追求生产过程各环节的生产能力的平衡，使得企业的生产能力得到充分利用。但是对于一个已投产的企业，特别是多品种生产的企业，如果单纯追求生产能力的平衡，那么即使企业的生产能力充分利用了，但是产品并非都能恰好符合当时市场的需求，必然有一部分要积压。

TOC 则主张在企业内部平衡物流，认为平衡生产能力实际是做不到的。因为市场每时每刻都在变化，而生产能力总是相对稳定的。所以必须接受市场波动及其引起的相关事件这个现实，并在这种前提下追求物流平衡。所谓物流平衡就是使各个工序都与瓶颈设备同步，以求生产周期最短、在制品最少。

2. 非瓶颈资源的利用程度不是由其本身潜能决定的，而是由系统中的瓶颈资源决定的

系统的产出是由所能经过瓶颈的量决定的，即瓶颈限制了产销量。而非瓶颈资源的充分利用不仅不能提高产销量，而且会使库存和运行费增加。

从图 5-1 所示的瓶颈与非瓶颈的四种基本关系中，我们可以看出，关系 a、b、c 中非瓶颈资源的利用程度是由瓶颈资源来决定的。

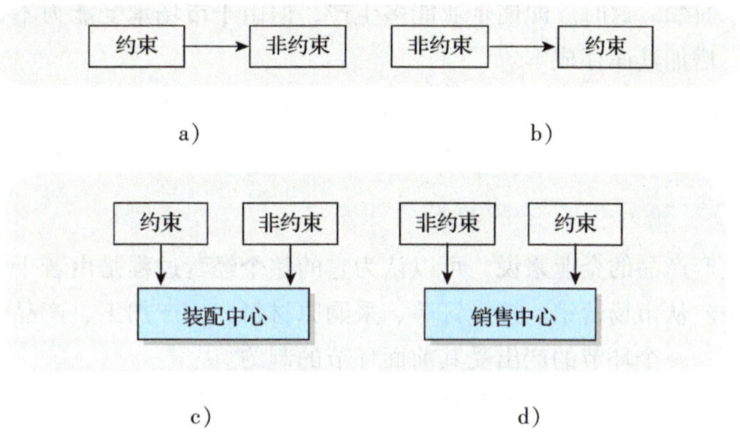

图 5-1　约束（瓶颈）资源与非约束（瓶颈）资源的关系

图 5-1a：非瓶颈资源为后续工序，只能加工由瓶颈传送过来的工件，其使用率自然受瓶颈的制约。

图 5-1b：虽然非瓶颈资源为前道工序，能够充分地使用，使用程度可达到 100%，但整个系统的产出是由后续工序，即瓶颈决定的，非瓶颈资源的充分使用只会造成在制品的连续增加，并不改变产出。

图 5-1c：由于非瓶颈与瓶颈资源的后续工序为装配，此时非瓶颈也能充分地使用，但受装配配套性的限制，由非瓶颈加工出来的工件，其中能够进行装配的，必然受到瓶颈产出的制约，多余部分也只能增加在制品的库存。

图 5-1d：非瓶颈资源的使用程度虽不受瓶颈的制约，但显然应由市场的需求来决定。

从以上分析可以看出，非瓶颈资源的使用率一般不应该达到 100%。

3. 瓶颈资源损失的时间无法弥补

一般来说，生产时间包括加工时间和调整准备时间。但在瓶颈资源与非瓶颈资源上的调整准备时间的意义是不同的。因为瓶颈控制了产出，在瓶颈上中断一个小时，是没有附加的生产能力来补充的。而如果在瓶颈资源上节省一个小时的调整准备时间，则将能增加一个小时的加工时间，相应地，整个系统也增加了一个小时的产出了。所以，对瓶颈应采取特别的保护措施，不因管理不善而中断或窝工，使其保持 100% 的“利用”，增加系统的产出。

4. 非瓶颈获得的一个小时节约是毫无意义的

因为在非瓶颈资源上的生产时间除了加工时间和调整准备时间之外，还有闲置时间，

节约一个小时的调整准备时间并不能增加产出，而只能增加一个小时的闲置时间。

5. 瓶颈控制了库存和产出

企业的产出和库存受到企业的生产能力和市场的需求量这两方面的制约，而它们都是由瓶颈控制的。如果瓶颈存在于企业内部，表明企业的生产能力不足，由于受到瓶颈能力的限制，相应的产出也受到限制；而如果企业所有资源都能维持高于市场需求的能力，则市场需求就成了瓶颈。这时，即使企业能多生产，但由于市场承受能力不足，只会造成企业产品的积压，增加其库存成本。

同时，由于瓶颈控制了产出，所以企业的非瓶颈应与瓶颈同步，它们的库存水平只要能维持瓶颈上的物流连续稳定即可，过多的库存只是浪费。这样，瓶颈也就相应地控制了库存。

（二）TOC 理论对供应链的启迪

对于一个生产产品的企业来说，可以认为它的整个经营过程是由若干个相互联系的环节所组成的链条。从市场营销、接受订单、采购原材料、生产加工、产品包装直到产品发运，一环扣一环，一个环节的产出受其前面环节的制约。

传统的管理模式习惯于把链条断开，对系统中的每个环节进行局部优化。这种做法认为：对任何一个环节的改进就是对整个链条的改进，系统的整体改进等于各个分环节的改进之和。这是对链条的管理水平以链条的“重量”来衡量，而不是以链条的“力量”来衡量。

应用这种管理模式的结果是：每个部门的管理人员都在同时抢夺系统的资源。他们都想使自己环节的重量最大化，因为他们相信这样就是使整个系统的有效性最大化的途径。至于实际结果如何呢？以一家出版公司的实例给出答案。

书籍出版的一个中间环节是印刷，印刷部门的改进小组向出版公司总经理提交了一份建议书，提议公司只要花 20 万元，就能采用一个新方法，使印刷部门的生产率提高 25%，而且立竿见影。总经理感觉不错，就在即将签字时，有人提问：“印刷部门的产出会去向哪里？下一个生产环节的在制品多不多？”总经理决定调查一下。结果发现，下一生产环节的在制品已经堆积起来了。也就是说，这家公司差一点花 20 万元，买来的将是延长下一个生产环节在制品的排队等待时间达 25% 以上这样一个结果，这 20 万元的花费其实没有给公司带来任何利润！

TOC 引导管理者去找出链条的最薄弱一环。假如发现生产制造是最薄弱的一环，那么，即使市场营销可以吸引足够多的顾客需求，公司的订单很充足，原材料可以准时到货，生产多少就可以包装多少，也能按时装运，可生产制造却跟不上。这时，通过改进包装环节也许能节约一些成本，但从长期来看，并不能使公司如期完成比现在更多的订单。对于采购、营销等环节也是同样。这就是：“如果你对什么都关注，那就是对什么都不关注”。只有对生产制造环节进行改造才能真正增加企业的利润。

这种思想可以归结为：对大多数环节所进行的大多数改进是对整个链条无益的；系统的整体改进不等于各个分环节的改进之和；企业的经营业绩应该以链条的“力量”（而不

是“重量”）来衡量，这就要通过加强那个最薄弱环节来实现。

这种管理模式的应用可以避免企业内部各部门进行“资源大战”。因为他们知道，一旦识别出最薄弱的一环（即企业的“约束”），那么企业的资源就应该用在改进这个约束上。

上述分析是以企业的内部供应链为例，其实，此类问题同样可延伸到包括供应商、制造商、分销商、零售商、顾客在内的扩展的供应链，以及其他相关参与者（如物流公司、信息系统提供商等）中，只不过链条的复杂性与协调衔接的难度更大，也更容易断裂。

第二节 委托代理与业务外包

美国学者鲁迈特对世界众多大型企业 20 多年的多元化经营业绩进行了调查，最后得出了一个重要结论：坚持把多元化经营活动严格限制在自己的中心技能或能力范围的企业，其利润和成长率都高于其他类型的企业。在主业没有形成核心竞争优势、根基未稳的情况下，盲目进行产业多元化和产品延伸，基本上都是败局收场。所以企业家要有所为有所不为，知进知退，使有限的资源聚集于核心业务，才能做强、做大、做久。遗憾的是，许多企业普遍表现出“惜退”的倾向，进入的决策易行，退出的决心难下。事实上，确定退（不做什么），往往比确定进（做什么）更重要、更需要智慧。

一、委托代理机制

供应链集成的最高层次是企业间的战略协作问题，当企业以动态联盟的形式加入供应链时，即展开了合作对策的过程，企业之间通过一种协商机制，谋求一种双赢的目标。自从 20 世纪 60 年代恰克研究多级库存以来，诸多学者集中精力致力于多级库存的优化问题的求解，但从供应链的战略高度去研究供应链的协调性问题的人较少。在营销学和产业组织理论研究中，人们较早注意到这个问题，并主要从价格协商与资源分配的角度进行研究。正如前面所指出的那样，集成化供应链管理和传统的基于物流的单一企业的供应链管理是不同的，它更强调企业间的合作与协调机制，特别是动态联盟的供应链。在加盟某个供应链时，企业都会从各自的自身利益出发，展开合作对策研究，在委托与承包企业间形成一个合作协商机制和委托代理机制。

20 世纪 90 年代以来，随着全球制造、敏捷制造、虚拟制造等先进制造模式的出现，产生了以动态联盟为特征的新的企业组织形式，使原有的企业生产组织和资源配置方式发生了质的变化。最能反映这一变化的是供应链管理思想。集成化供应链是以资源外用为特征的集成企业网络（扩展企业模型），它改变了原来的“纵向一体化”模式，向横向一体化模式转变。市场的竞争不再是单一企业的竞争，而是联盟之间的竞争，即供应链之间的竞争。因此，原来那种单枪匹马的企业竞争策略已不适应世界经济的发展，企业需要学会如何与其他企业进行合作的策略与技巧；同时，在企业与其他企业进行竞争而加入某一供应链联盟的过程中，又需要竞争的优势与策略，这就是供应链结盟过程中的“合作—竞争”模式。这种竞争是核心能力的竞争。美国的派拉哈勒德（C. K. Prahalad）和哈默（Gray Hamel）认为“核心能力”是“一组先进技术的和谐组合”，这种技术不仅仅是科学技术，还包括生产与组织管理，如产品开发技术、制造技术、成本控制技术、营销技能和售后服务、市场反应能力等。因此供应链管理作为一种全新的管理思想，它强调企业如何凝造自己的核心能力去和其他企业建立战略合作伙伴关系，而每一个企业都集中精力去巩固和发展自己的核心能力和核心业务，利用自己的资源优势，通过技术程序的重新设计和业务流程的快速重组，做好本企业能创造特殊价值的、必须长期控制的、比竞争对手更擅长的关键业务，这就是供应链合作模式的最终目的——“双赢”。

供应链管理研究和实践表明：增加供应链节点企业间的联系与合作，提高信息共享程度，用覆盖整个供应链的决策系统代替缺乏柔性和集成度差的决策体系，使整个供应链各个环节都能清楚地观察物流、资金流、信息流和工作流，以更好地协调，降低供应链成本，降低各个环节的延迟时间，消除信息扭曲的放大效应，是实施供应链管理的关键。通过建立面向供应链的基于 Internet/Intranet 的 MRP Ⅱ（或 ERP）敏捷供应链系统，为企业供应链的运行提供基础保证。目前关于供应链管理（集成化、敏捷化供应链）的研究，基本上遵循一条既有侧重点又兼顾一般的研究思路：将集成供应链管理系统的内在机制视为由相互协作的智能代理模块组成的网络，每个代理模块实现供应链的一项或几项功能，每个代理模块又与其他代理模块协调运作。

然而，从战略伙伴关系的企业集成模式（如图 5－2 所示）看，这只能使供应链达到中观集成和微观集成，而宏观方面的资源配置、合作对策和委托实现机制，并没有得以体现。通过 MRPⅡ/ERP 实现中观集成（信息流集成），通过配销需求计划（DRP）或物流资源计划（LRP）实现微观集成（工作流集成），而要实现协商代理和合作对策，则需要建立面向高层决策的管理系统—— EIS/DSS（Executive Information System/Decision Support System，主管信息系统/决策支持系统）。

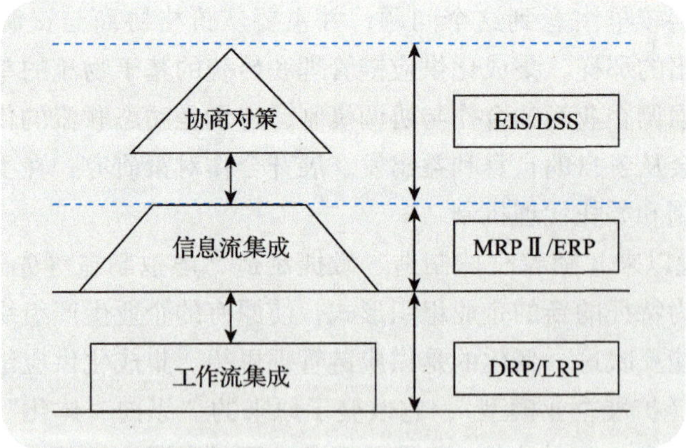

图 5－2　战略关系的企业集成模式

从经济学、营销学的角度看，进入20世纪90年代以来，企业经营策略由原来的敌对性竞争发展成为合作性竞争是全球竞争趋势。合作性博弈（Cooperative Game）是目前博弈论中的一个热点问题。以团队（Group Team）和自我管理团队（Self-Managing Team）为形式的新的企业管理对象，合作性（Cooperation）、竞争性（Competition）和独立性（Independence）已成为未来企业管理者面临的新课题。在这种管理模式下，建设性对话（Constructive Controversy）和群体协商（Group Negotiation）将发挥有力的作用。在供应链管理中，如何有效发挥群体协商机制的作用，目前有以下几个问题需要解决。

（1）企业联盟中信任问题。索勒理（Thoreli）以强调可靠性预期为标准，强调合作伙伴的可靠诚实、遵守承诺，认为信任与不信任的真正差别在于双方信心的飞跃：彼此相信对方关心自己的利益，在没有考虑彼此的影响之前谁也不会行动，这实际上强调了合作协商的重要意义。

（2）沟通。尽管通过Internet/Intranet供应链联盟成员获得了相互有用的信息资源，为信息交流提供了保证，但谁也不保证为个体利益而隐瞒私有信息的存在，信息不对称性问题是协商理论又一个棘手难题。

（3）交易成本问题。交易成本包括：①达成双方满意的协议的成本；②使协议适应预想不到的突发事件的成本；③实施协议条件的成本；④中止协议的成本。供应链管理的最终目的是要降低用户成本，如何在合作伙伴间合理分担交易费用（合作经营分成模式），降低用户成本是供应链合作对策中需要解决的问题。

若把供应链视作委托代理模式，即核心企业委托经过挑选的企业来完成一部分业务，自己则集中力量完成市场调查、产品设计、销售及服务和本企业的生产管理。但由于企业都是独立的利益主体，相互之间缺乏信任，导致供应链运行成本较高。在委托—代理（Principal-Agent）关系中，存在两种必须面对的代理问题：一个是信息非对称性带来的逆向选择（Adverse Selection）（对委托人而言）；另一个就是道德风险（Moral Hazard）（对代理人而言）。这些问题要通过建立代理人激励机制和企业间的信任机制加以解决，以减少其对供应链整体效益的影响。

二、业务外包

（一）概念

供应链管理注重的是企业核心竞争力，强调根据企业的自身特点，专门从事某一领域、某一专门业务，在某一点形成自己的核心竞争力，这必然要求企业将其他非核心竞争力业务外包给其他企业，即所谓的业务外包。

业务外包，也称资源外包、资源外置，它是指企业为了获得比单纯利用内部资源更多的竞争优势，将其非核心业务交由合作企业完成。业务外包是近年发展起来的一种新的经营策略，其实质是企业重新定位，重新配置企业的各种资源，将资源集中于最能反映企业相对优势的领域，塑造和发挥企业自己独特的、难以被其他企业模仿或替代的核心业务，构筑自己竞争优势，获得使企业持续发展的能力。

（二）业务外包的优缺点

1. 优点

（1）释放企业资源。可以把资源集中到更具增值性的核心业务中。

（2）分担风险。通过资源的外向配置，与外部合作伙伴分担风险，增加柔性。

（3）降低和控制成本。许多外包公司有着比自己更好的核心竞争力，利用他们的资源可以降低成本。

（4）节约资金资本。被外包的业务可能占用企业的设备、技术、和投资，外包以后可以节省在这方面的资金投入。

2. 缺点

（1）增加企业责任外移。业务外包一般可以减少企业对业务的监控，但是它同时可能增加企业责任外移的可能性。

（2）需要强化监控。业务外包一般可以减少企业对业务的监控，但它同时可能增加企业责任外移的可能性。企业必须不断监控外企业的行为并与之建立稳定长期的联系。

（3）企业内部人力资源受到冲击。外包会导致职工下岗，当地的政府和公众会对这产生一定的压力，特别是政府要求企业解决失业问题的政策偏差。

（4）不正确的外包企业带来的损失。没有选择好正确的外包企业会遇到不可预知的损失。

（三）业务外包的作用

业务外包推崇的理念是，如果在供应链上的某一环节不是世界上最好的，如果这又不是我们的核心竞争优势，如果这种活动不至于与客户分开，那么可以把它外包给世界上最好的专业公司去做。也就是说，首先确定企业的核心竞争力，并把企业内部的智能和资源集中在那些有核心竞争优势的活动上，然后将剩余的其他企业活动外包给最好的专业公司。供应链环境下的资源配置决策是一个增值的决策过程，如果企业能以更低的成本获得比自制更高价值的资源，那么企业应该选择业务外包。

业务外包的作用主要有以下几个方面：

1. 业务外包能够使企业专注核心业务

企业实施业务外包，可以将非核心业务转移出去，借助外部资源的优势来弥补和改善自己的弱势，从而把主要精力放在企业的核心业务上。根据自身特点，专门从事某一领域，某一专门业务，从而形成自己的核心竞争力。

2. 业务外包使企业降低直接成本

业务外包服务企业都是专注于某一领域的专业性企业。外包前，企业在该环节的成本势必高于业务外包服务企业，因此该项业务一旦外包出去，将降低直接成本。对于那些原来业务内部化成本较高的企业来说，业务外包能给它们带来更大的好处，因此，业务外包以后，企业之间的相对成本优势格局有可能发生改变。

3. 业务外包使企业提高资源利用率

实施业务外包，企业将集中资源到核心业务上，而外包专业公司拥有比本企业更有效、更经济地完成某项业务的技术和知识。许多外部资源配置服务提供者都拥有能比本企业更有效、更便宜地完成业务的技术和知识，因而他们可以实现规模效益，并且愿意通过这种方式获利。企业可以通过外向资源配置避免在设备、技术、研究开发上的大额投资。

4. 分散和降低业务风险

企业将一项业务外包出去，通常就是将业务风险进行转移和分散，业务外包承接方都要承担不同程度的业务失败风险。企业可以通过外向资源配置分散由政府、经济、市场、财务等因素产生的风险。企业本身的资源、能力是有限的，通过资源外向配置，与外部的合作伙伴分担风险，企业可以变得更有柔性，更能适应变化的外部环境。

（四）业务外包的模式

在供应链环境下，企业应该选择适合的业务外包模式，提升自身的核心竞争力。

1. 一体化供应管理模式

随着市场竞争的加剧和市场需求变化速度的加快，企业必须具备高度的柔性和精益性。一体化供应管理模式的发展是市场竞争加剧和市场变化速度加快的结果，是企业提高反应速度和降低成本的需要。

一体化供应管理是传统业务外包的发展，它是整个项目的运作与管理的全方位外包。实施一体化供应管理是一项复杂的系统工程。需要在人员、组织、技术和激励等方面制定相应的实施措施。例如一体化供应管理服务供应商选择的标准，建立合理的考核机制与利益分配机制，建立相应的一体化供应管理协调机构等。对企业自己来说，要实现从简单外包服务向真正意义上的一体化供应管理的转换；对服务供应商来说，要实现从传统的外包商向一体化服务供应商的转变，通过完善服务功能，成为真正意义上的一体化供应链管理服务供应商。

2. 战略合作伙伴模式

现阶段，企业与企业之间的竞争已转变成供应链与供应链之间的竞争，企业要想生存和发展，首先应定位和增强自身的核心竞争力，并且加入供应链竞争的行列。与上游供应商和下游的用户形成企业的合作伙伴，风险共担，信息、利益共享，最终实现双赢。因此，战略合作伙伴选择科学与否，直接关系到企业的生存和发展。

选择合作伙伴，应从系统工程的角度出发，综合考虑合作过程中将面临的问题，以及合作能否带来双赢的效果。

3. 跨文化管理模式

外包涉及不同企业之间的资源整合，常常面临由于文化差异带来的摩擦和冲突，在企业文化整合过程中，多种文化的整合一般通过以下三条途径完成，即同化、规范与融合。

（1）同化，是指通过沟通，使双方员工互相了解，建立共同的公司愿景，增强员工的主人翁意识和责任感，以及对公司品牌的自豪感，增进其对公司基本架构和营运情况的了解，帮助他们最大限度地融入公司的正常运作。

（2）规范，是要求企业制定清晰、完整、稳定的公司政策和规章制度，并要求所有的员工共同遵守，实施规范化管理。

（3）融合，就是要发挥人性化管理的优势，晓之以理，动之以情，对外派或派入的员工在工作、学习、生活等各方面加强人性化的关怀，帮助他们排除陌生感、孤独感。

在供应链管理环境下，企业与业务外包的各个合作伙伴必然会产生文化的冲撞、摩擦、融合，因此建立一种与业务外包战略相匹配的适应性文化将非常必要。适应性文化的一个明显特征是企业对变化的条件做出正确的反应时，对于所有的利益相关者——顾客、员工、股东、供应商都应表现出真诚的关怀，并且同时努力满足他们所有法定的利益。

（五）业务外包的主要类型

基于供应链的业务外包的类型有以下几种：

1. 研发外包

研发外包是利用外部资源弥补自己开发能力的不足。

2. 生产外包

生产外包是企业将自己的资源专注在新产品的开发、设计和销售上，企业不再拥有自己的生产厂房和设备，而将生产及生产过程的相关研究外包给其他的合同生产企业。

3. 物流外包

物流外包是企业将物流活动外包给专业的物流公司来完成。

4. 除核心业务外的完全业务外包

即非核心业务全部外包，本企业只从事具有竞争优势的核心业务。

5. 全球范围业务外包

在世界经济范围内竞争，企业在全球范围内寻求业务外包。

第三节　基于供应链管理的物流业务外包

一、物流外包的概念、功能

（一）物流外包的概念

所谓物流业务外包，即制造企业或销售等企业为集中资源、节省管理费用，增强核心竞争能力，将其物流业务以合同的方式委托给专业的物流公司（第三方物流，3PL）运作。

外包是一种长期的、战略的、相互渗透的、互利互惠的业务委托和合约执行方式。

物流外包作为一个提高物资流通速度、节省物流费用和减少在途资金积压的有效手段，确实能够给供需双方带来较多的收益，尽管供需双方均有信心和诚意，但在实践的过程中，物流外包又举步维艰，常常出现中断，甚至失败。阻碍物流外包发展的因素既有体制的制约、人为的失误，也有观念的陈旧和技术的缺陷，这些因素既存在于物流供应商方面，也存在于物流需求商方面。

物流外包是企业业务外包的一种主要形式，也是供应链管理环境下企业物流资源配置的一种新形式，完全不同于传统意义上的外委、外协，其目的是通过合理的资源配置，发展供应链，打造企业的核心竞争力。

（二）物流外包的功能

美国马里兰大学供应链管理中心 1997 年进行的物流外包调查表明，物流业务外包在当时的美国已相当普遍，最有效的物流外包功能概括见表 5－1。

表 5－1　最有效的物流外包功能表

构建竞争优势	改进客户服务	降低物流总成本
• 承运人选择和费率谈判 • 车队管理 • 装运计划 • 重点是：满足内部和外部需求的灵活性	• 装运计划与合并 • 订单处理和执行 • 车队管理 • 重点是：降低对外部客户的交货时间和提高交货准确性	• 车队管理 • 承运人选择和费率谈判 • 存储和操作 • 重点是：固定资产合理化，并通过降低费率来降低易变成本

二、物流外包的主要形式

随着第三方物流市场的变化与物流业的发展壮大，第三方物流既要考虑制造商运输和生产计划的安排，也要考虑如何降低成本来获取更多的利润，还要考虑与销售商构筑流通渠道，实施快捷、低成本一体化物流，与生产商、销售商联手建立供应链战略联盟。

由于第三方物流对企业经营思想、运作技术、经营组织和运作机制等方面的变革、创新具有更强烈的要求，供应企业、生产企业和销售企业注重物流服务、后勤保障的社会化、专业化，在设计自身的高性能、高效率、低成本的物流系统中，应考虑购买、使用第三方物流服务。在市场经济条件下，这样做往往是既经济又可靠的。大多数制造商、经销商已经认识到，使用第三方服务比使用自备设施、设备的自我后勤保障服务所支出的总费用相对较少，非交通部门货运汽车队大量转向营业性经营也是很好的间接例证。

物流外包的主要业务形式主要包括：物流业务部分外包，物流业务完全外包，物流系统接管，战略联盟，物流系统剥离，物流业务管理外包。

这是物流外包从低级向高级发展的过程，也是供应链成熟的过程。每个企业在开展物流外包时，须认真分析自身条件，选择适合自己的物流外包形式，不可一刀切。

三、物流外包优势分析

将物流外包给专业的第三方物流公司（3PL），可以有效降低物流成本，提高企业的核心竞争力。具体说来，将物流业务外包能够带来如下的优势。

1. 企业得到更加专业化的服务，从而降低营运成本，提高服务质量

当企业的核心业务迅猛发展时，需要企业的物流系统跟上核心业务发展的步伐，但这时企业原来的自理物流系统往往因为技术和信息系统的局限而相对滞后。与企业自理物流相比，3PL 可以集成小批量送货的要求来获得规模经济效应，在组织企业的物流活动方面更有经验、更专业化，从而降低企业的营运成本，改进服务，提高企业运作的灵活性。

对于委托企业而言，它不可能获得所需要的各方面人才。通过将物流外包给 3PL，委托企业不但可以引入资金、技术，同时也可以根据自己的需要引入“外脑”。物流方面的专家或是专门人才不一定属于该委托企业，却可以成为企业所使用的一部分有效的外部资源。特别是对于那些财力、物力有限的小企业而言，通过将物流外包，更容易获得企业所需要的智力资本。

2. 解决本企业资源有限的问题，更专注于核心业务的发展

企业的主要资源包括资金、技术、人力资本、生产设备、销售网络、配套设施等要素。资源的有限性往往是制约企业发展的主要“瓶颈”，特别是在当今时代，技术和需求的变化十分复杂，一个企业的资源配置不可能局限于本组织的范围之内。即使对于一个实力非常强大、有着多年经验积累的跨国企业集团来说，仅仅依靠自身的力量，也是不经济的。物流外包策略对于企业有限资源的合理利用非常重要，国内外的许多企业正是通过利用物流外包，突破原有的资源“瓶颈”，获得了难以想象的增长速度。

利用物流外包策略，委托公司可以集中资源，建立自己的核心能力，并使其不断提升，从而确保委托公司能够长期获得高额利润，并引导行业朝着有利于企业自身的方向发展。应该认识到，无论企业是处于扩张期还是收缩期，大多数企业可用于投资的资金总是有限的，通过 3PL 可以节约资金和资本投入，使公司资本集中在主要的、能产生高效益并取得主要竞争力的业务上。通过 3PL 不仅可以减少物流基础设施的新投资，而且可以腾出自有仓库与车队所占用的资金，并把资金用在更有效率的地方。

3. 可以提高企业的运作柔性

委托企业选择 3PL 的重要原因之一是提高柔性。企业可以更好地控制其经营活动，并在经营活动和物流活动中找到一种平衡，保持两者之间的连续性，提高其柔性，使实行物流外包的委托企业由于业务的精简而具有更大的应变空间。

由于大量的非特长业务都由合作伙伴来完成，物流外包企业可以精简机构，中层经理传统上的监督和协调功能被计算机网络所取代，金字塔状的总公司、子公司的组织结构，让位于更加灵活的对信息流有高度应变性的扁平式结构，这种组织结构将随着知识经济的发展而越来越具有生命力。

4. 可以减少监督成本，提高效率

委托公司可以利用物流外包策略缩小公司的规模，精简公司的组织，从而减轻由于规模膨胀而造成的组织反应迟钝、缺乏创新精神等问题。规模偏小的公司，管理事务比较简单，更易于公司专注于自己核心能力的培养。公司要想在激烈竞争的环境里成长，就必须尽量控制公司的规模，以确保公司的灵活反应能力，物流外包策略在这方面具有非常重要的意义。

5. 降低风险，同时也可以同合作伙伴分担风险

首先在迅速变化的市场和技术环境下，通过物流业务外包，委托公司可以与合作公司建立起战略联盟，利用其战略伙伴们的优势资源，缩短产品从开发、设计、生产到销售的时间，减轻由于技术和市场需求的变化造成的产品积压风险。其次，由于战略联盟的各方都发挥了各自的优势，这有利于提高新产品和服务的质量，提高新产品开拓市场的成功率。最后，采用物流外包策略的委托公司在与其战略伙伴共同开发新产品时，风险共担，从而降低了由于新产品开发失败给公司造成巨大损失的可能性。

在我国这样资金相对短缺、企业实力相对薄弱的环境里，物流业务外包的传统理由更加具有现实意义，即公司可以通过将物流外包获得 3PL 的创新能力和专业技能，以实现自身难以完成的新产品开发和市场开拓等问题。尤其是在我国已经加入世界贸易组织的情况下，将物流业务外包，减少物流费用支出，提高企业的竞争力已经迫在眉睫。

本章小结

21 世纪初期企业面临的竞争呈现了新的特征。对于任何企业来说，只有顺应这种变化，适应时代的发展，权宜应变，才能在市场竞争中“克敌制胜”，基业长青。核心竞争力理论是当代经济学和管理学相互交融的最新、最高成就之一。核心竞争力是在组织内部经过整合了的知识和技能，是企业在经营过程中形成的不易被竞争对手效仿的能带来超额利润的独特的能力。企业核心竞争力的组成要素包括：企业经济实力；国际化水平；政府干预度；投融资能力；基础设施；企业管理；技术创新能力；人力资源。所以任何片面强调某要素为企业核心竞争力的认识都是不全面的。企业核心竞争力具有价值性、领先性、整合性、扩散性和持久性等特点。核心竞争力的提升是一个长期、动态的过程，不可能一蹴而就，也不可能一劳永逸，需要企业持续的学习和创新。

随着社会的迅速发展和市场竞争的日益激烈，一些核心企业除了能创造特殊价值，长期控制比竞争对手更擅长的关键性业务工作外，还要协调好整个链中从供应商、制造商、分销商直到最终用户之间的关系，为了控制整个供应链的运行，核心企业必然成为整个供应链的信息承载中心、管理控制中心、物流中心。

一个供应链是否强有力或有竞争优势，生产管理中的约束理论（TOC）提供了很好的

借鉴。

企业家要有所为有所不为，知进知退，使有限的资源聚集于核心业务，才能做强、做大、做久。而且企业需要学会如何与其他企业进行合作的策略与技巧；同时，在企业与其他企业进行竞争而加入某一供应链联盟的过程中，又需要竞争的优势与策略，这就是供应链结盟过程中的“合作—竞争”模式。

供应链管理注重的是企业核心竞争力，强调根据企业的自身特点，专门从事某一领域、某一专门业务，在某一点形成自己的核心竞争力，这必然要求企业将其他非核心竞争力业务外包给其他企业，即所谓的业务外包。

物流外包的主要业务形式主要包括：物流业务部分外包，物流业务完全外包，物流系统接管，战略联盟，物流系统剥离，物流业务管理外包。

复习思考题

1. 21世纪初期企业面临的竞争呈现了哪些新的特征？
2. 什么是企业的核心竞争力？有哪些特点？
3. 约束理论的基本思想是什么？
4. 什么是业务外包？有何优缺点？
5. 将物流业务外包能够给企业带来哪些优势？

案例

为客户创造价值的戴尔电脑真的成功了

1984年，美国得克萨斯州大学的一名在寝室里卖组装PC机的学生谋划着要进入新兴的PC机市场。很多人认为这是一个很荒谬的想法。当时人们认为英特尔和微软已经占据了PC市场的所有份额，所有的产品都被视做批量化生产。而且，在这场竞争中的所有关键角色都建立了庞大的设施来生产每台电脑所需要的所有部件——从硬盘到内存甚至到应用软件。显然，一个新的市场进入者是无法进行竞争的。

迈克尔·戴尔这位年轻的大学生，决心要进入这个市场，并且彻底改变了这一行业。通过在网上直接将产品出售给用户，戴尔还使用电子商务来与客户沟通，以此来保持低费用开销和为客户量身定做电脑。戴尔电脑以“为客户创造价值”的理念作为驱动。戴尔本人也说：“寻找客户的利益……是第一位的。”

通过因特网的使用，戴尔的客户可以像戴尔的雇员一样访问产品、服务和产品编目信息。定制的网页让客户可以直接购买电脑以及获得他们所购买的戴尔电脑配置的技术信息。这样，客户可以在线订购、配置甚至获得技术上的建议，将一个商业产品转化为定制的产品。

对于那些需要更多个性化服务的客户，戴尔有1万多名技术人员可以上门服务，这些技术人员中仅有少量是戴尔的雇员。大部分只是像戴尔雇员一样穿着、谈吐，成为迎合客户的“虚拟雇员”，他们都是来自供应链的伙伴。根据戴尔的说法，这样可以让戴尔的雇员将更多精力用在给客户创造更多的价值上。

协调虚拟生产设施、降低库存和提高库存周转速度是戴尔最关心的方面，因为这样可以降低客户的开支。戴尔与它的关键供应商（如索尼）之间有制造协议。索尼的雇员基于联合计划和产品开发为戴尔服务。因为这种亲密的伙伴关系，以及它在电脑显示器上可靠的信誉，戴尔决定对索尼生产的显示器不再进行任何质量检测。因此，它们觉得没有必要维持一定的库存数量。这样，索尼能够为戴尔准时提供显示器。如果需要，戴尔可以指示UPS或者Airborne快递公司从索尼位于墨西哥的工厂运输1万台显示器、从戴尔位于得克萨斯的工厂运输相应的1万台电脑主机到目的地。UPS或者Airborne可以在快递的过程中将显示器与主机组合在一起，而无须戴尔再去建立费用高昂的配送中心来完成这样的事。

戴尔通过努力实现这些虚拟的整合，使戴尔比其他PC厂商能更快更有效率地满足客户要求。如果客户需要，戴尔可以在交付前为客户安装指定的软件，也可以将资产标签与企业徽标一起贴在电脑上，为用户提供资产电子注册。这样可以省却客户让他们的雇员在电脑上粘贴资产标签的时间和费用。戴尔也为大客户提供技术人员，这样，戴尔就由传统的供应商转为以客户为中心的虚拟IT部门。

物流杠杆是戴尔虚拟整合策略的核心部分。客户的利益通过这种富有竞争性的措施得以创造和维护，可是别人却无法模仿这种定制方式、物流结构、雇员结构和独一无二的供应链伙伴关系。这些措施能有效地降低费用，为客户提供更好的服务。在零售商与戴尔的竞争者结盟向戴尔的产品收取更高的服务和支持费用时，客户仍会对戴尔保持忠诚。

物流的杠杆作用使得戴尔能与核心供应商和关键客户建立长期的特殊关系。独特的产品供应和较低的费用让戴尔赢得了忠诚的客户，也让它自身得以持续发展。这样，戴尔使用物流杠杆降低了成本，更多地关注如何为客户创造价值。

如果让你的企业也走向成功，你需要经常有规律地和你的客户见面，并且你要能回答以下问题：

- 谁是你的客户？
- 客户的价值是什么？
- 我们正在做什么来满足客户的价值？
- 我们做了什么来告诉客户我们提供这些价值？
- 客户对我们所提供的便利和价值满意度如何？
- 我们是否把我们的资源放在客户不重视的地方了？

第六章 Chapter Six

供应链管理环境下的生产计划和控制

学习目标

1. 识别传统的生产计划与控制和供应链管理下生产计划与控制各自的特点及其差距。
2. 理解供应链环境下生产管理组织模式和集成生产计划与控制模型。
3. 理解供应链环境下生产系统的协调机制。

第一节 传统的生产计划和控制

前几章介绍了供应链管理及供应链的构建等问题，现在讨论另一个问题——传统的生产计划和控制与供应链管理思想和模式的差距。供应链管理思想对企业管理的最大影响是对传统生产计划与控制模式的挑战，因为企业的经营活动是以顾客需求为驱动的、以生产计划与控制活动为中心而展开的，只有通过建立面向供应链管理的生产计划与控制系统，企业才能真正从传统的管理模式转向供应链管理模式。讨论传统的生产计划和控制模式与供应链管理模式的差距，其目的就是要找出传统的生产计划和控制模式与供应链管理思想不相适应的地方，从而提出新的适应供应链管理的生产计划与控制模式，为供应链管理运行机制的建立提供保证。

在当今的买方市场环境下，企业的经营活动更多是以顾客需求驱动的，以生产计划与控制为中心展开的。而传统的企业生产计划是以某个企业的物料需求为中心展开的，缺乏和供应商的协调，企业的计划制定没有考虑供应商以及分销商的实际情况，而且不确定性对库存和服务水平影响较大，库存控制策略也难以发挥作用。从本书第三章的供应链模型中可以看出，供应链上任何一个企业的生产和库存决策都会影响供应链其他企业的决策，也就是说，一个企业的生产计划与库存优化控制不仅要考虑其企业内部的业务流程，更要从供应链的整体出发，进行全面的优化控制，跳出以某个企业物料需求为中心的生产管理界限，充分了解用户需求并与供应商在经营上协调一致，实现信息的共享与集成，以顾客化的需求驱动顾客化的生产计划，获得柔性、敏捷的市场响应能力。

一、与生产计划和控制相关的术语

企业生产计划是关于企业生产运作系统总体方面的计划。它所反映的是企业在计划期应达到的产品品种、质量、产量和产值等生产任务的计划和对产品生产进度的安排或相应的布置。它反映的是指导企业计划期生产活动的纲领性方案。

生产计划是指一方面为满足客户要求的三要素“交期、品质、成本”而计划；另一方面又使企业获得适当利益，而对生产的三要素“材料、人员、机器设备”的确切准备、分配及使用的计划。

生产计划工作是指生产计划的具体编制工作。它通过一系列的综合平衡，完成生产计划的确定。

生产控制的对象是生产过程，它是经济控制系统中微观层次的一个分支。

生产控制贯穿于生产系统运动的始终。生产系统凭借控制的动能，监督、制约和调整系统各环节的活动，使生产系统按计划运行，并能不断适应环境的变化，从而达到系统预定的目标。生产系统运行控制的活动内容十分广泛，涉及生产过程中各种生产要素、各个生产环节及各项专业管理。其内容主要有：对制造系统硬件的控制（设备维修）、生产进度控制、库存控制、质量控制、成本控制、数量控制等等。

二、传统生产计划和控制模式与供应链管理模式的差距

传统生产计划和控制模式与供应链管理模式的差距主要表现在如下几个方面。

1. 决策信息来源的差距（多源信息）

生产计划的制定要依据一定的决策信息，即基础数据。在传统的生产计划决策模式中，计划决策的信息来自两个方面，一方面是需求信息，另一方面是资源信息。需求信息又来自两个方面，一个是用户订单，另一个是需求预测。通过对这两方面信息的综合，得到制订生产计划所需要的需求信息。资源信息则是指生产计划决策的约束条件。实际上供应链管理环境下需求信息和企业资源的概念与传统概念是不同的。信息多源化是供应链管理环境下的主要特征，多源信息是供应链环境下生产计划的特点。另外，在供应链环境下资源信息不仅仅来自企业内部，还来自供应商、分销商和用户。约束条件多了，但资源的扩展使生产计划的优化空间也扩大了。

2. 决策模式的差距（决策群体性、分布性）

传统的生产计划决策模式是一种集中式决策，而供应链管理环境下的决策模式是分布式的、群体决策过程。基于多代理的供应链系统是立体的网络，各个节点企业具有相同的地位，有本地数据库和领域知识库。在形成供应链时，各节点企业拥有暂时性的监视权和决策权，每个节点企业的生产计划决策都受到其他企业生产计划决策的影响，需要一种协调机制和冲突解决机制。当一个企业的生产计划发生改变时，需要其他企业的计划也做出相应的改变，这样供应链才能获得同步的响应。

3. 信息反馈机制的差距（递阶、链式反馈与并行、网络反馈）

企业的计划能否得到很好的贯彻执行，需要有效的监督控制机制作为保证。要进行有效的监督控制必须建立一种信息反馈机制。传统的企业生产计划的信息反馈机制是一种链式反馈机制，也就是说，信息反馈是企业内部从一个部门到另一个部门的直线性的传递，由于层级组织结构的特点，信息的传递一般是从底层向高层信息处理中心（权力中心）反馈，形成和组织结构平行的层次性信息传递模式。

供应链管理环境下企业信息的传递模式和传统模式不同。以团队工作为特征的多代理组织模式使供应链具有网络化结构特征，因此供应链管理模式不是层级管理，也不是矩阵管理，而是网络化管理。生产计划信息的传递不是沿着企业内部的层级结构（权力结构），而是沿着供应链不同的节点方向（网络结构）传递。为了做到供应链的同步化运作，供应链企业之间信息的交互频率也比传统企业信息传递的频率大得多，因此应采用并行化信息传递模式。

4. 计划运行环境的差异（不确定性、动态性）

供应链管理的目的是使企业能够适应剧烈多变的市场环境需要。复杂多变的环境，增加了企业生产计划运行的不确定性和动态性因素。供应链管理环境下的生产计划是在不稳定的运行环境下进行的，因此要求生产计划与控制系统具有更高的柔性和敏捷性，比如提前期的柔性、生产批量的柔性等。传统的 MRP Ⅱ 就缺乏柔性，因为它以固定的环境约束变量应付不确定的市场环境，这显然是不行的。供应链管理环境下的生产计划涉及的多是订单化生产，这种生产模式动态性更强。因此生产计划与控制要更多地考虑不确定性和动态性因素，使生产计划具有更高的柔性和敏捷性，使企业能对市场变化做出快速反应。

第二节　供应链环境下的生产计划与控制

一、供应链环境下的生产计划的目的和要求

供应链是一个跨越多厂家、多部门的网络化组织，一个有效的供应链企业计划系统必须保证企业能快速响应市场需求。有效的供应链计划系统集成企业所有的计划和决策业务，包括需求预测、库存计划、资源配置、设备管理、渠道优化、生产作业计划、物料需求与采购计划等。供应链是由不同的企业组成的企业网络，有紧密型的联合体成员，有协作型的伙伴企业，有动态联盟型的战略伙伴。作为供应链的整体，以核心企业为龙头，把各个参与供应链的企业有效地组织起来，优化整个供应链的资源，以最低的成本和最快的速度生产最好的产品，最快地满足用户需求，以达到快速响应市场和用户需求的目的，这是供应链企业计划的最根本的目的和要求。

供应链企业计划工作需要考虑如下几个方面的问题：

（1）供应链企业计划的方法与工具。供应链企业计划的方法与工具主要有：MRPⅡ、JIT、DRP/LRP。

（2）供应链企业计划的优化方法。供应链企业计划的优化方法可以采用约束理论、线性规划、非线性及混合规划方法、随机库存理论与网络计划模型。

（3）供应链企业的计划类型。根据供应链企业计划对象和优化状态空间，有全局供应链计划和局部供应链计划。

（4）供应链企业计划层次性。根据供应链企业计划的决策空间，分为战略供应链计划、战术供应链计划和运作供应链计划三个层次。

二、同步化供应链企业计划

在当今顾客驱动的环境下，制造商必须具有面对不确定性事件不断修改计划的能力，要做到这一点，企业的制造加工过程、数据模型、信息系统和通信基础设施必须实现无缝连接且实时地运作，因而供应链同步化计划是企业最终实现敏捷供应链管理的必然选择。

供应链企业的同步化计划使计划的修改或执行中的问题能在整个供应链上获得共享与支持，物料和其他资源的管理是在有约束的实时的牵引方式下进行的，而不是无限能力的推动过程。

供应链企业同步计划可通过改进 MRP Ⅱ或在 ERP 中加入新的技术、充分利用开放系统的概念和集成工具来实现。同时，同步化计划能够支持供应链分布、异构环境下的“即插即用”要求。但要实现这一点，必须使供应链中的信息达到同步共享。建立在 EDI/Internet 之下的供应链信息集成平台，为供应链企业之间的信息交流提供了共享窗口和交流渠道，同时保证了供应链企业同步化计划的实现。

供应链企业的同步化计划的提出是为了应对供应链运行中的约束。供应链运行的约束有来自于采购的约束，有来自于生产的约束，也有来自于销售的约束，这些约束的不良后果会导致“组合约束爆炸”。因此要实现供应链企业的同步化计划，一方面要建立起不同的供应链企业间的有效通信标准，如 CORBA 规范、基于互联网的 TCP/IP 协议等，使信息交流和协作规范化、标准化等；另一方面要建立起协调机制和冲突管理服务。供应链系统各个代理之间既有同步的协作功能，也有独立的自主功能，当供应链的整体利益和各个代理的个体利益相冲突时，必须快速地协商解决，供应链的同步化才能得以实现。因此建立分布的协调机制对供应链同步化计划的实现是非常重要的。

要实现供应链的同步化计划，必须建立起代理之间透明的合作机制。供应链企业之间的合作方式主要有同时同地、同时异地、异时同地和异时异地等四种情形。因此供应链企业的合作模式表现为四种模式：同步模式、异步模式、分布式同步模式、分布式异步模式。基于多代理的供应链组织管理模式，由传统的层级控制组织模式向扁平化网络组织过渡，实现了网络化管理。

三、供应链管理下的生产计划

供应链管理环境下的生产计划与传统生产计划有显著不同，是因为在供应链管理下，与企业具有战略伙伴关系的企业的资源通过物流、信息流和资金流的紧密合作而成为企业制造资源的拓展。在制订生产计划的过程中，主要面临以下三方面的问题。

（一）柔性约束

柔性实际上是对承诺的一种完善。承诺是企业对合作伙伴的保证，只有在此基础上企业间才能具有基本的信任，合作伙伴也因此获得了相对准确的需求信息。然而，由于承诺的下达在时间上超前于承诺本身付诸实施的时间，因此，尽管承诺方一般来讲都尽力使承诺与未来的实际情况接近，误差却是难以避免。柔性的提出为承诺方缓解了这一矛盾，使承诺方有可能修正原有的承诺。可见，承诺与柔性是供应合同签订的关键要素。

对生产计划而言，柔性具有多重含义：

（1）显而易见，如果仅仅根据承诺的数量来制订计划是容易的。但是，柔性的存在使这一过程变得复杂了。柔性是双方共同制订的一个合同要素，对于需方而言，它代表着对未来变化的预期；而对供方而言，它是对自身所能承受的需求波动的估计。本质上供应合同使用有限的可预知的需求波动代替了可以预测但不可控制的需求波动。

（2）下游企业的柔性对企业的计划产量造成的影响在于：企业必须选择一个在已知的需求波动下最为合理的产量。企业的产量不可能覆盖整个需求的变化区域，否则会造成不可避免的库存费用。在库存费用与缺货费用之间取得一个均衡点是确定产量的一个标准。

（3）供应链是首尾相通的，企业在确定生产计划时还必须考虑上游企业的利益。在与上游企业的供应合同之中，上游企业表达的含义除了对自身所能承受的需求波动的估计外，还表达了对自身生产能力的权衡。可以认为，上游企业合同中反映的是相对于该下游企业的最优产量。之所以提出是相对于该下游企业，是因为上游企业可能同时为多家企业提供产品。因此，下游企业在制定生产计划时应该尽量使需求与合同的承诺量接近，帮助供应企业达到最优产量。

（二）生产进度

生产进度信息是企业检查生产计划执行状况的重要依据，也是滚动制定生产计划过程中用于修正原有计划和制定新计划的重要信息。在供应链管理环境下，生产进度计划属于可共享的信息。这一信息的作用在于：

（1）供应链上游企业通过了解下游企业的生产进度情况实现准时供应。企业的生产计划是在对未来需求做出的预测的基础上制订的，它与生产过程的实际进度一般是不同的，生产计划信息不可能实时反映物流的运动状态。供应链企业可以借助现代网络技术，使实时的生产进度信息能为合作方所共享。上游企业可以通过网络和双方通用的软件了解下游企业真实需求信息，并准时提供物资。这种情况下，下游企业可以避免不必要的库存，而上游企业可以灵活主动地安排生产和调拨物资。

（2）原材料和零部件的供应是企业进行生产的首要条件之一，供应链上游企业修正原有计划时应该考虑到下游企业的生产状况。在供应链管理下，企业可以了解到上游企业的生产进度，然后适当调节生产计划，使供应链上的各个环节紧密地衔接在一起。其意义在于避免企业与企业之间出现供需脱节的现象，从而保证了供应链的整体利益。

（三）生产能力

企业完成一份订单不能脱离上游企业的支持，因此，在编制生产计划时也要尽可能借助外部资源，有必要考虑如何利用上游企业的生产能力。任何企业在现有的技术水平和组织条件下都具有一个最大的生产能力，但最大的生产能力并不等于最优生产负荷。在上下游企业间稳定的供应关系形成后，上游企业从自身利益出发，更希望所有与之相关的下游企业在同一时期的总需求与自身的生产能力相匹配。上游企业的这种对生产负荷量的期望可以通过协议等形式反映出来，即上游企业提供给每一个相关下游企业一定的生产能力，并允许一定程度上的浮动。这样，在下游企业编制生产计划时就必须考虑到上游企业的这一能力上的约束。

四、供应链环境下编制生产计划的特点

在供应链管理下，企业的生产计划编制过程有了较大的变动，具有新的特点。

（一）具有纵向和横向的信息集成过程

这里的纵向指供应链由下游向上游的信息集成，而横向指生产相同或类似产品的企业之间的信息共享。

在生产计划编制过程中，上游企业的生产能力信息在生产计划的能力分析中独立发挥作用。通过在主生产计划和投入产出计划中分别进行的微细能力平衡，上游企业承接订单的能力和意愿都反映到了下游企业的生产计划中。同时，上游企业的生产进度信息也和下游企业的生产进度信息一道作为滚动编制计划的依据，其目的在于保持上、下游企业间生产活动的同步。

外包决策和外包生产进度分析是集中体现供应链横向集成的环节。在外包中所涉及的企业都能够生产相同或类似的产品，或者说在供应链网络上是属于同一产品级别的企业。企业在编制主生产计划时所面临的订单，在两种情况下可能转向外包：一是企业本身或其上游企业的生产能力无法承受需求波动所带来的负荷；二是所承接的订单通过外包所获得利润大于企业自己进行生产的利润。无论在何种情况下，都需要承接外包的企业的基本数据来支持企业的获利分析，以确定是否外包。同时，由于企业

对该订单的客户有着直接的责任，因此也需要承接外包的企业的生产进度信息来确保对客户的供应。

（二）丰富了能力平衡在计划中的作用

在一般的概念中，能力平衡只是一种分析生产任务与生产能力之间差距的手段，再根据能力平衡的结果对计划进行修正。在供应链管理下制定生产计划的过程中，能力平衡发挥了以下作用：

（1）为修正主生产计划和投入产出计划提供依据，这也是能力平衡的传统作用。

（2）能力平衡是进行外包决策和零部件（原材料）急件外购的决策依据。

（3）在主生产计划和投入产出计划中所使用的上游企业能力数据，反映了其在合作中所愿意承担的生产负荷，可以为供应链管理的高效运作提供保证。

（4）在信息技术的支持下，对本企业和上游企业的能力状态的实时更新可以使生产计划具有较高的可行性。

（三）计划的循环过程突破了企业的限制

在企业独立运行生产计划系统时，一般有三个信息流的闭环，而且都在企业内部：

① 主生产计划—粗能力平衡—主生产计划。

② 投入产出计划—能力需求分析（细能力平衡）—投入产出计划。

③ 投入产出计划—车间作业计划—生产进度状态—投入产出计划。

在供应链管理下生产计划的信息流跨越了企业，从而增添了新的内容：

（1）主生产计划—供应链企业粗能力平衡—主生产计划。

（2）主生产计划—外包工程计划—外包工程进度—主生产计划。

（3）外包工程计划—主生产计划—供应链企业生产能力平衡—外包工程计划。

（4）投入产出计划—供应链企业能力需求分析（细能力平衡）—投入产出计划。

（5）投入产出计划—上游企业生产进度分析—投入产出计划。

（6）投入产出计划—车间作业计划—生产进度状态—投入产出计划。

需要说明的是，以上各循环中的信息流都只是各自循环所必需的信息流的一部分，但可对计划的某个方面起决定性的作用。

五、供应链环境下生产控制的特点

供应链环境下的企业生产控制和传统的企业生产控制模式不同。前者需要更多的协调机制（企业内部和企业之间的协调），体现了供应链的战略伙伴关系原则。供应链环境下的生产协调控制包括如下几个方面的内容。

（一）生产进度控制

生产进度控制的目的在于依据生产作业计划，检查零部件的投入和产出数量、产出时间和配套性，保证产品能准时装配出厂。供应链环境下的进度控制与传统生产模式的进度控制不同，因为许多产品是协作生产和转包的业务，和传统的企业内部的进度控制比较，其控制的难度更大，必须建立一种有效的跟踪机制进行生产进度信息的跟踪和反馈。生产进度控制在供应链管理中有重要作用，因此必须研究解决供应链企业之间的信息跟踪机制和快速反应机制。

（二）供应链的生产节奏控制

供应链的同步化计划需要解决供应链企业之间的生产同步化问题，只有各供应链企业之间以及企业内部各部门之间保持步调一致时，供应链的同步化才能实现。供应链形成的准时生产系统，要求上游企业准时为下游企业提供必需的零部件。如果供应链中任何一个企业不能准时交货，都会导致供应链不稳定或中断，导致供应链对用户的响应性下降，因此严格控制供应链的生产节奏对供应链的敏捷性是十分重要的。

（三）提前期管理

基于时间的竞争是 20 世纪 90 年代一种新的竞争策略，具体到企业的运作层，主要体现为提前期的管理，这是实现 QR、ECR 策略的重要内容。供应链环境下的生产控制中，提前期管理是实现快速响应用户需求的有效途径。缩小提前期，提高交货期的准时性是保证供应链获得柔性和敏捷性的关键。缺乏对供应商不确定性的有效控制是供应链提前期管理中的一大难点，因此，建立有效的供应链提前期的管理模式和交货期的设置系统是供应链提前期管理中值得研究的问题。

（四）库存控制和在制品管理

库存在应付需求不确定性时有其积极的作用，但是库存又是一种资源浪费。在供应链管理模式下，实施多级、多点、多方管理库存的策略，对提高供应链环境下的库存管理水平，降低制造成本有着重要意义。这种库存管理模式涉及的部门不仅仅是企业内部。基于 JIT 的供应与采购、供应商管理库存（VMI）、联合库存（Jointly Managed Inventory，JMI）管理等是供应链库存管理的新方法，对降低库存都有重要作用。因此，建立供应链管理环境下的库存控制体系和运作模式对提高供应链的库存管理水平有重要作用，是供应链企业生产控制的重要手段。

第三节 供应链管理环境下的集成化企业生产计划与控制系统总体模型

一、供应链管理环境下的集成生产计划与控制系统总体概念

在生产计划与控制系统的集成研究中，到目前为止，较完善的理论模型是马士华教授于 1995 年提出的一个三级集成计划与控制系统模型，即把主生产计划（MPS）、物料需求计划（MRP）和作业计划三级计划与订单控制、生产控制和作业控制三级控制系统集成于

一体。该模型的核心在于提出了制造资源网络和能力状态集的概念，并对制造资源网络的建立和生产计划提前期的设置提出了相应模型和算法，并在MRPⅡ软件开发中运用了这一模型。在集成化供应链的概念没有出现之前，这一理论模型是完善的。但是理论总要随实际需求而不断发展，随着集成供应链管理思想的出现，该模型对资源概念、能力概念的界定都没有体现出供应链管理思想，没有体现扩展企业模型的特点。因此需要新的体现集成化供应链管理思想的生产计划与控制理论模型，以适应全球化制造环境下的全球供应链管理、企业生产管理模式的要求。

（一）供应链管理环境下的生产计划与控制系统中几个概念的新拓展

1. 供应链管理对资源（Resource）概念内涵的拓展

传统的制造资源计划MRPⅡ对企业资源这一概念的界定是局限于企业内部的，并统称为物料（Materials），因此MRPⅡ的核心是物料需求计划（MRP）。在供应链管理环境下，资源分为内部资源（in-source）和外部资源（out-source）。因此在供应链环境下，资源优化的空间由企业内部扩展到企业外部，即从供应链整体系统的角度进行资源的优化。

2. 供应链管理对能力（Capacity）概念内涵的拓展

生产能力是企业资源的一种，在MRP系统中，常把资源问题归结为能力需求问题，或能力平衡问题。但正如对资源概念一样，MRPⅡ对能力的利用也是局限于企业内部的。供应链管理把资源的范围扩展到供应链系统，其能力的利用范围也因此扩展到了供应链系统全过程。

3. 供应链管理对提前期（Lead Time）概念内涵的扩展

提前期是生产计划中一个重要的变量，在MRPⅡ系统中这是一个重要的设置参数。但MRPⅡ系统中一般把它作为一个静态的固定值来对待。为了反映不确定性，后来人们又提出了动态提前期的概念。在供应链管理环境下，并不强调提前期的固定与否，重要的是交货期（Delivery Time），准时交货，即供应链管理强调准时：准时采购、准时生产、准时配送。

（二）供应链管理环境下生产管理组织模式

在供应链管理环境下，生产管理组织模式和现行生产管理组织模式一个显著的不同就是，供应链管理环境下生产管理是开放性的、以团队工作为组织单元的多代理制，图6-1显示了这种多代理制的供应链生产管理组织模式。在供应链联盟中，企业之间以合作生产的方式进行，企业生产决策信息通过EDI/Internet实时地在供应链联盟中由企业代理通过协商决定，企业在Internet上建立一个合作公告栏，实时地同合作企业进行信息交流。在供应链中要实现委托代理机制，对企业应建立一些行为规则，如自勉规则、鼓励规则、激励规则、信托规则、最佳伙伴规则。

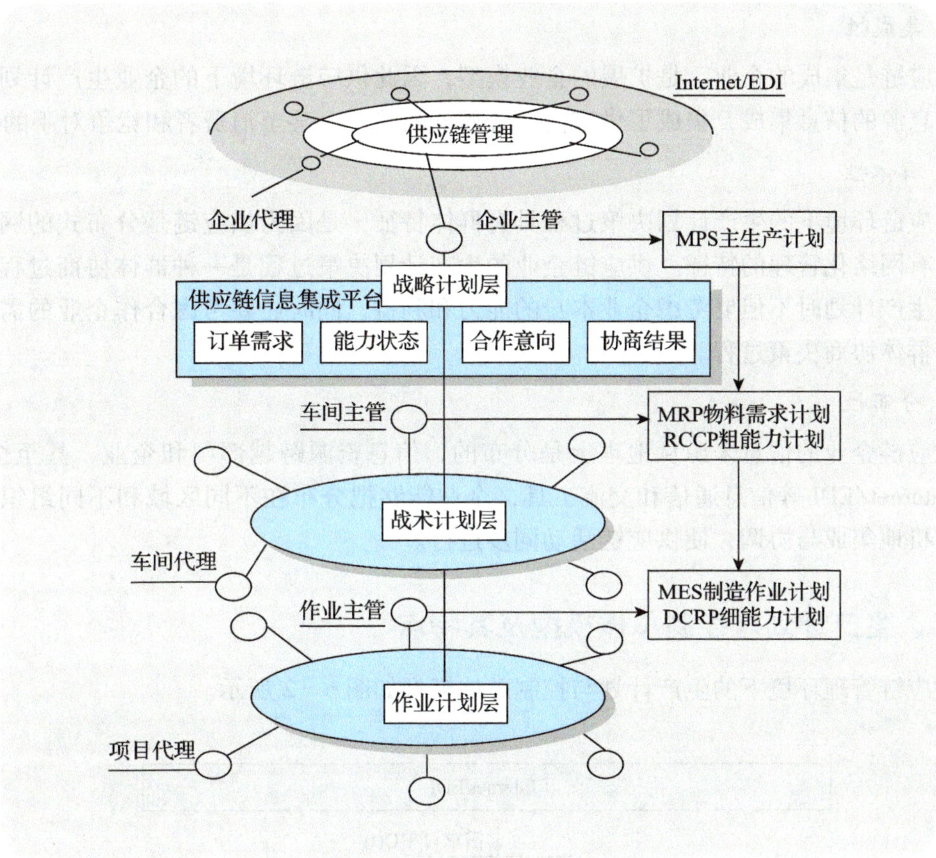

图 6-1　供应链环境下的生产管理组织模式

企业内部也是基于多代理制的团队工作模式，团队有一个主管负责团队与团队之间的协调。协调是供应链管理的核心内容之一，供应链管理的协调主要有三种形式：供应—生产协调、生产—分销协调、库存—销售协调。

（三）供应链管理环境下生产计划的信息组织与决策特征

供应链管理环境下的生产计划信息组织与决策过程具有如下几个方面的特征。

1. 开放性

经济全球化使企业进入全球开放市场，不管是基于虚拟企业的供应链还是基于供应链的虚拟企业，开放性是当今企业组织发展的趋势。供应链是一种网络化组织，供应链管理环境下的企业生产计划信息已跨越了组织的界限，形成开放性的信息系统。决策的信息资源来自企业的内部与外部，并与其他组织进行共享。

2. 动态性

供应链环境下的生产计划信息具有动态的特性，是市场经济发展的必然。为了适应不断变化的顾客需求，使企业具有敏捷性和柔性，生产计划信息随市场需求的变化而更新，模糊的提前期和模糊的需求量要求生产计划具有更多的柔性和敏捷性。

3. 集成性

供应链是集成的企业，是扩展的企业模型，因此供应链环境下的企业生产计划信息是不同信息源的信息集成，集成了供应商、分销商的信息，甚至消费者和竞争对手的信息。

4. 群体性

供应链环境下的生产计划决策过程具有群体特征，是因为供应链是分布式的网络化组织，具有网络化管理的特征。供应链企业的生产计划决策过程是一种群体协商过程，企业在制定生产计划时不但要考虑企业本身的能力和利益，同时还要考虑合作企业的需求与利益，是群体协商决策过程。

5. 分布性

供应链企业的信息来源从地理上是分布的，信息资源跨越部门和企业，甚至全球化，通过 Internet/EDI 等信息通信和交流工具，企业能够把分布在不同区域和不同组织的信息进行有机地集成与协调，使供应链活动同步进行。

二、生产计划与控制总体模型及其特点

供应链管理环境下的生产计划与控制总体模型如图 6-2 所示。

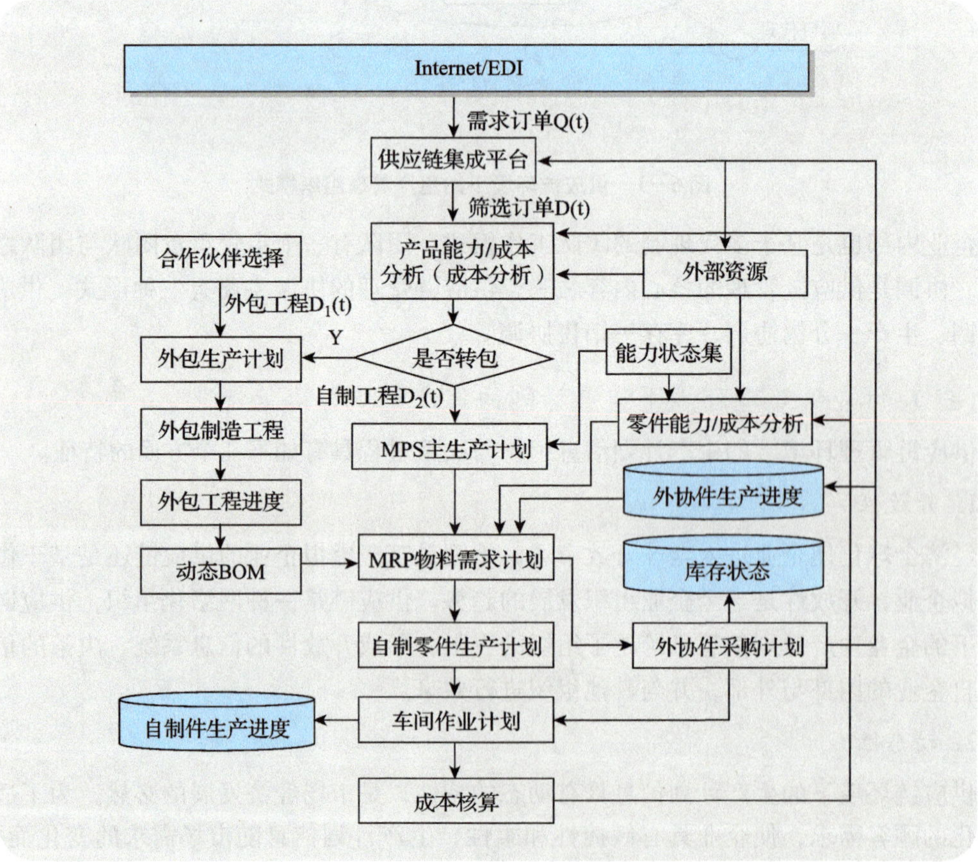

图 6-2 供应链环境下的集成生产计划与控制总体模型

（一）生产计划的特点

（1）该模型在 MRPⅡ系统中提出了基于业务外包和资源外用的生产决策策略和算法模型，使生产计划与控制系统更适应以顾客需求为导向的多变的市场环境的需要。生产计划控制系统更具灵活性与柔性，更能适应订货型企业的需要。

（2）该模型把成本分析纳入了生产作业计划决策过程中，并真正体现以成本为核心的生产经营思想。而传统的 MRPⅡ系统中虽然有成本核算模块，但仅仅是用于事后结算和分析，并没有真正起到成本计划与控制的作用，这是对 MRPⅡ系统的一个改进。

（3）基于该模型的生产计划与控制系统，充分体现了基于价值增值与用户满意的供应链管理思想与模式。

（二）生产控制模式的特点

1. 订货决策与订单分解控制

在对用户订货与订单分解控制决策方面，需要设立订单控制系统，用户订单进入该系统后，要进行三个决策过程：①价格/成本比较分析；②交货期比较分析；③能力比较分析。最后进行订单的分解决策，分解产生出两种订单（如在管理软件中用不同的工程号表示）：外包订单和自制订单。图 6－3 为订货决策与订单分解控制示意图。

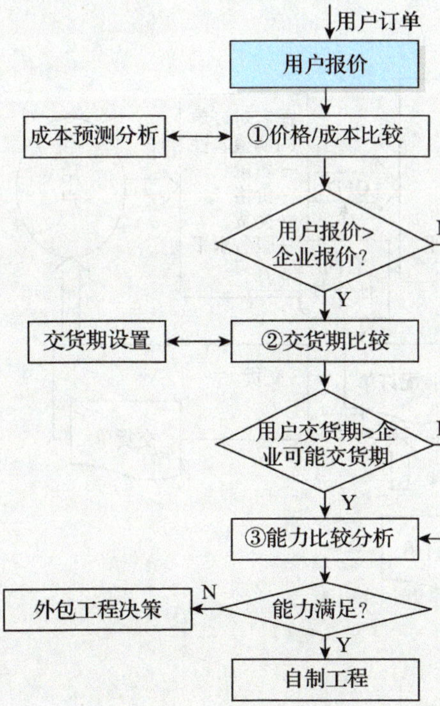

图 6－3　订货决策与订单分解流程图

2. 面向订单的、分布式、协调生产作业控制模式

从宏观上讲，企业是这样一个经济体：它既是信息流、物流、资金流的始点，也是三者的终点。对生产型企业的进一步分析可知，企业经营活动由产品、设备、材料、人员、订单、发票、合同等各种要素有机结合而成。企业之间最重要的联系纽带是“订单”，企业内部及企业间的一切经营活动都是围绕着订单而运作，通过订单驱动其他企业活动，如采购部门围绕采购订单活动，制造部门围绕制造订单运作，装配部门围绕装配订单运作，这就是供应链的订单驱动原理。

面向订单的生产作业控制模式从订单概念的形成开始，就考虑了物流系统各目标之间的关系，形成面向订单的控制系统。

（1）订单在控制过程中，主要完成如下几个方面作用和任务：

1）对整个供应链过程（产、供、销）进行面向订单的监督和协调检查。

2）规划一个订单工程的计划完成日期和完成工作量指标。

3）对订单工程对象的运行状态进行跟踪监控。

4）分析订单工程完成情况，与计划进行比较分析。

5）根据顾客需求变化和订单工程完成情况提出切实可行的改进措施。

订单控制过程可以用订单运行图简要说明（如图 6－4 所示）。

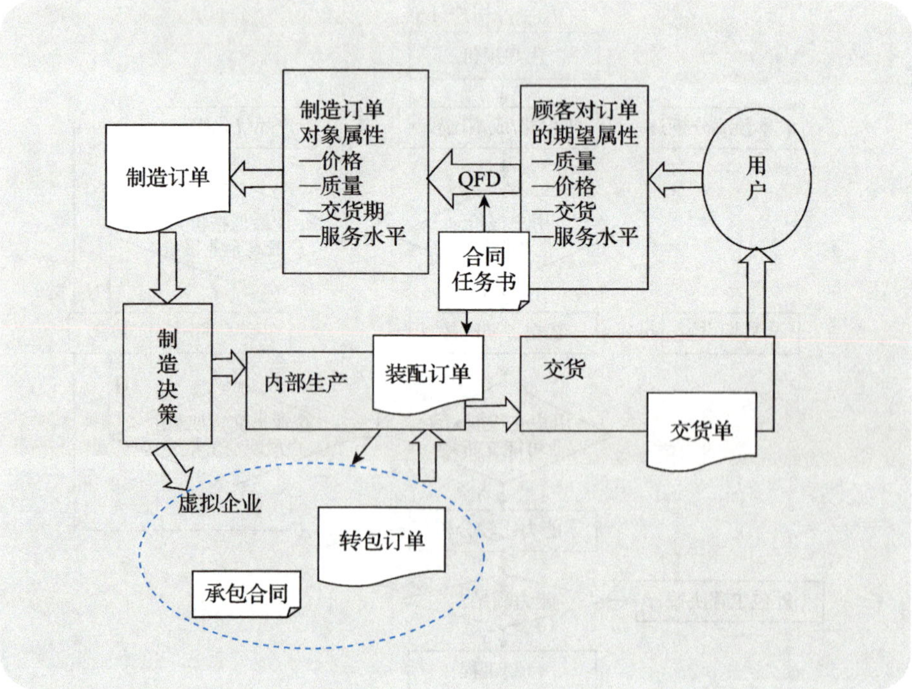

图 6－4　订单运行流程

（2）面向订单分布式、协调生产作业控制模式有如下的特点：

1）体现了供应链的集成观点，从用户订单输入到订单完成，供应链各部门的工作紧紧围绕订单来运作。

2）业务流程和信息流保持一致，有利于供应链信息跟踪与维护。

3）资源的配置原则更为明确统一，有利于资源的合理利用和管理。

4）采用模糊预测理论和质量工程展开（QFD）相结合，将顾客需求订单转化为生产计划订单，使生产计划更贴近顾客需求。

5）体现供应链模式的纵横一体化企业集成思想，在供应链的横向采用以订单驱动的方式，而在纵向则采用 MRP/OPT 基于资源约束的生产控制方法。

供应链环境下这种分布式、面向订单的、协调生产作业控制模式，最主要的特点是信息的相互沟通与共享。建立供应链信息集成平台（协调信息的发布与接受），及时反馈生产进度有关数据，修正生产计划，以保持供应链各企业都能同步执行。

第四节　供应链管理环境下生产系统的协调机制

一、供应链的协调控制机制

要实现供应链的同步化运作，需要建立一种供应链的协调机制。协调的目的在于使信息能无缝地、顺畅地在供应链中传递，减少因信息失真而导致过量生产、过量库存现象的发生，使整个供应链能根据顾客的需求而步调一致，也就是使供应链能够同步响应市场需求变化。

供应链的协调机制有两种划分方法。根据协调的职能可划分为两类：一是不同职能活动之间的协调与集成，如生产—供应协调、生产—销售协调、库存—销售协调等协调关系；另一类是根据同一职能不同层次活动的协调，如多个工厂之间的生产协调。根据协调的内容划分，供应链的协调可划分为信息协调和非信息协调。

二、供应链的协调控制模式

供应链的协调控制模式分为中心化协调、非中心化协调和混合式协调 3 种。中心化协调控制模式把供应链作为一个整体纳入一个系统，采用集中方式决策，因而忽视了代理的自主性，也容易导致“组合约束爆炸”，对不确定性的反应比较迟缓，很难适应市场需求的变化。分散协调控制过分强调代理模块的独立性，对资源的共享程度低，缺乏通信与交流，很难做到供应链的同步化。比较好的控制模式是分散与集中相结合的混合模式。各个代理一方面保持各自的独立性运作，另一方面参与整个供应链的同步化运作体系，保持了独立性与协调性的统一。图 6－2 和图 6－3 就充分体现了这种控制的特点。

三、供应链的信息跟踪机制

供应链各个代理之间的关系是服务与被服务的关系，服务的跟踪和反馈机制可使企业生产与供应关系同步进行，消除不确定性对供应链的影响。因此，应该在供应链系统中建立服务跟踪机制以降低不确定性对供应链同步化的影响。

供应链的服务跟踪机制提供供应链两方面的协调辅助：信息协调和非信息协调。非信息协调主要指完善供应链运作的实物供需条件，采用 JIT 生产与采购、运输调度等；信息协调主要通过企业之间的生产进度的跟踪与反馈来协调各个企业的生产进度，保证按时完成用户的订单，及时交货。

供应链企业在生产系统中使用跟踪机制的根本目的是保证对下游企业的服务质量。在供应链集成化管理的条件下，跟踪机制才能够发挥其最大的作用。跟踪机制在企业内部表现为客户（包括上游企业）的相关信息在企业生产系统中的渗透。其中，客户的需求信息（订单）成为贯穿企业生产系统的一条线索，成为生产计划、生产控制、物资供应相互衔接与协调的关键要素。

本章小结

传统的企业生产计划是以某个企业的物料需求为中心展开的，缺乏和供应商的协调，企业的计划制定没有考虑供应商以及分销商的实际情况，不确定性对库存和服务水平影响较大，库存控制策略也难以发挥作用。供应链管理思想对企业管理的最大影响是对现行生产计划与控制模式的挑战，因为企业的经营活动是以顾客需求为驱动的、以生产计划与控制活动为中心而展开的，只有通过建立面向供应链管理的生产计划与控制系统，企业才能真正从传统管理模式转向供应链管理模式。第一节介绍了传统的生产计划和控制模式与供应链管理模式的差距，目的就是要指出现行生产计划和控制模式与供应链管理思想不相适应的地方。

第二节介绍了供应链环境下的生产计划和控制，提出了适应供应链管理下生产计划与控制的特点、原则和过程。

第三节介绍的供应链管理下的集成化企业生产计划与控制系统总体模型是马士华教授提出的一个三级集成计划与控制系统模型，即把主生产计划、物料需求计划和作业计划三级计划与订单控制、生产控制和作业控制三级控制系统集成于一体。

第四节介绍了供应链管理环境下生产系统的协调机制，主要涉及供应链的协调控制机制与模式和信息跟踪机制。在供应链系统中建立与使用服务跟踪机制的目的是消除不确定性和非信息协调。通过非信息协调保证供应链运作的实物供需，通过企业之间的生产进度的跟踪与反馈等的信息协调，来协调各个企业的生产进度，保证按时完成用户的订单，及时交货。客户的需求信息（订单）则是贯穿企业生产系统的一条线索，成为生产计划、生产控制、物资供应相互衔接、协调的关键要素。

复习思考题

1. 传统的生产计划与控制模式和供应链管理模式的差距有哪些体现?
2. 供应链管理环境下生产控制的特点有哪些?
3. 供应链管理环境下，在制订生产计划时面临的约束有哪些?
4. 说明供应链的协调机制和信息跟踪机制。

案例

通用电气公司照明产品分部

制造和销售任何产品都需要很多合作伙伴：零部件供应商、设备维护公司、制造和销售厂商等。通用公司照明产品分部对良好合作导致高效的生产这一点深有体会。该灯泡制造商位于克利夫兰的26家组装工厂的产品线，一天24h不停生产，不同机器互相配合，生产数以百计型号的灯泡。任何单独机器上的一个部件出了毛病，也就意味着整个生产线停工。以前这家公司对付这种问题只能用老办法：当机器部件故障导致生产停止时，就向机器部件供应商提交紧急订单。但现在通用照明产品分部用一种全新的眼光看这个问题：利用Internet和商业伙伴保持更亲密的关系，使得生产不再停止。

利用Internet，商业合作者之间可以创造一种无缝的、自动化的供应链系统，使得合作者之间配合默契，就像一个实体一样，从而能够更快地处理订单，改进库存管理，更灵敏地完成订单，支持敏捷制造。

以前，通用照明产品分部采购代理每天浏览领料请求并处理报价。要准备零部件的工程图样，还要准备报价表，这样，一个发给供应商的信件才算准备好了。简单地申请一次报价就要花几天时间，一个部门一个星期要处理100~150次这样的申请。公司然后把完成的申请寄给供应商。全球原料系统经理斯特勒说道：“机器零部件单位中的一些人一天的工作基本上就是往信封里塞东西。”一般地说，通用照明产品分部的采购过程要花22天。

但是，现在通用照明产品分部正在把这种笨拙、过时的处理过程转变成一种流水线式的过程，整个过程只需花8天。电子商务是创建一个流水线式的采购系统的关键，该系统把公司55个机器零部件供应商集成在一起，开始使用贸易伙伴网络（TPN），这是通用照明产品分部的兄弟部门开发的一个外部网。把TPN集成进以前的采购系统中去后，分布在世界各地的原材料采购部门可以把各种采购信息放入该外部网，原材料供应商马上就可以从网上看到这些领料请求，然后用TPN给出初步报价。

工厂个人领料部门使用一个IBM大型机订单系统，每天一次，领料要求被抽取出来送入一个批处理过程，自动与存储在光盘机中的相对应的工程图样相匹配。与大型机相接的一个 Unix 系统和图样光盘机把申请的零部件的代码与 TIFF 格式的工程图相结合，自动装载，之后一种基于 Windows 桌面的工具自动把该领料请求通过格式转换后输入网络。零部件供应商看到这个领料请求后，利用他的浏览器在 TPN 上输入他的报价单。

根据通用照明产品分部咨询服务副主管的统计，用上 TPN 后，几个通用公司的电子分公司，平均采购周期缩短了一半，采购过程费用降低了 30%，而且由于联机报价降低成本，使原材料供应商也降低了原材料价格。

第七章 Chapter Seven

供应链管理环境下的库存控制

学习目标

1. 理解库存管理与控制在供应链管理中的重要地位和作用。
2. 理解供应链管理中库存控制存在的问题。
3. 理解供应链中的不确定性与库存的关系。
4. 说明供应链管理下库存控制的目标。
5. 掌握和运用库存管理与控制的基本策略和方法。
6. 掌握供应链管理中常用的几种库存管理策略与方法。

第一节 库存管理概述

库存管理是供应链管理中的重要内容之一，在某种程度上可以说是实现供应链效益的关键。传统的库存管理仅仅是对自身库存物资的数量管理与控制，它们往往只是着眼于自身库存水平的最低与库存持有费用的最少。但随着社会的不断进步和发展，企业组织与管理模式也在不断变化，供应链管理环境下面临着新的库存管理问题，需要把管理的视野从自身扩大到由供应商、制造商、批发商和零售商组成的供应链网络上来，需要从系统、集成的角度，加强管控，让它们之间充分交换库存信息，相互协调共同管理库存、实现整体库存水平的下降，同时增强企业的敏捷性和响应能力。

一、库存的概念

对于库存的理解，我们习惯认为它是资源的储备或暂时性的闲置，因此，长期以来对库存作用的理解就针对库存是因“储备”而存在、还是因“闲置”而存在而产生了截然相反的看法。持库存是储备的观点认为库存是维持正常生产、保持连续、应付不测需求所必需的；而认为库存是闲置的观点认为库存是一种浪费，它掩盖了管理中的问题，因此主张消除库存，通过无库存生产方式不断地降低库存水平，暴露管理问题，然后解决问题，使管理工作得到改进，达到一个新的水平。这是一个循环往复、不断改进的过程，JIT 思想集中体现了这种理念。

国家标准 GB/T 18354—2006《物流术语（修订版）》对库存（stock）的定义是：储存作为今后按预定的目的使用而处于闲置或非生产状态的物品。广义的库存还包括处于制造加工状态和运输状态的物品。

一般情况下，人们设置库存的目的是防止短缺，就像水库里储存的水一样。另外，库存还具有保持生产过程连续性、分摊订货费用、快速满足用户订货需求的作用。在企业生产中，尽管库存是出于种种经济考虑而存在，但是库存也是一种无奈的结果，它是由于人们无法预测未来的需求变化，才不得已采用的应付外界变化的手段，也是因为人们无法使所有的工作都做得尽善尽美，才产生一些人们并不想要的冗余与囤积——不和谐的工作沉淀。

库存控制的目的是在满足客户服务要求的前提下，通过对经营过程中的库存数量进行控制，力求降低库存数量，提高物流系统的效率，以强化企业经营的竞争力。

库存在我们的生产生活中大量存在，从企业经营过程的角度将库存分为经常库存、安全库存、季节性库存、促销库存、投机库存、积压库存、生产加工和运输过程的库存等 7 种类型。

1. *经常库存*

经常库存指在正常的经营环境下，企业为满足日常需要而建立的库存。这种库存随着每日的需要不断减少，当库存降低到某一水平时（如订货点），就要按一定的规则及时进行订货来补充库存。

2. *安全库存*

安全库存指为了防止不确定因素而准备的缓冲库存。安全库存由于不确定性而存在，在进行决策时要比经常库存更难。

3. *季节性库存*

季节性库存指为了满足特定季节出现的特定需要而建立的库存，或指对季节性出产的原材料在出产的季节大量收购或生产所建立的库存。

4. *促销库存*

促销库存指为了解决企业促销活动引起的预期销售增加而建立的库存。

5. *投机库存*

投机库存指为了避免因物资价格上涨造成损失或为了从物资价格上涨中获利而建立的库存。

6. *积压库存*

积压库存指因物资品质变坏、不再有效用的库存或因没有市场销路而卖不出去的产品库存。

7. *生产加工和运输过程的库存*

生产加工过程的库存指在处于加工状态以及为了生产的需要暂时处于储存状态的零部

件、半成品或成品。运输过程的库存指处于运输状态或为了运输的目的而暂时处于储存状态的物资。

二、库存管理的作用

（一）库存管理在企业经营中的作用

在经营过程的各个环节中存在着库存，也就是说，在采购、生产、销售的不断循环过程中，库存使各个环节相对独立的经济活动成为可能。同时库存可以调节各个环节之间由于供求品种及数量的不协调而发生的变化，在把采购、生产和销售等经营的各个环节连接起来时起桥梁的作用。对于库存在经营中的作用，不同的部门存在不同的看法。例如，库存管理部门尽力保持最低的库存数量以减少资金积压，节约成本。销售部门相对维持较高的库存数量和尽可能备齐各种商品来避免缺货的可能，以提高客户满意度。采购部门为了降低单位购买成本往往利用数量折扣的优惠，一次采购大量的物资来实现最低的购买单价。制造部门愿意对同一产品进行大批量生产，这样可以降低单位产品的成本费用。运输部门倾向于大批量发运，利用运量折扣来降低单位运输成本。总之，库存管理部门和其他部门的目标存在着冲突，所以为了实现最佳的库存管理，需要协调各部门之间的关系，使每个部门不仅以有效实现本部门的职能为目标，更要以实现企业的整体效益为目标。

库存管理在企业经营中的作用可以归纳为以下几点：

（1）增强生产计划的柔性。激烈的市场竞争造成的外部需求波动性是正常现象，加强库存管理能减轻生产系统必须尽早出成品的压力。

（2）满足需求的不断变化。顾客可能是来买设备的人，也可能是一名机修工，他的工具箱或生产制造过程需要工具。这些库存就涉及预期库存，它们的存在是为了满足预期的平均需求。

（3）防止中断。制造企业为保持生产的连续运行不致中断，一般用库存作缓冲。

（4）防备脱销。持有安全库存可以弥补到货延误。此处的安全库存是指为应对需求和交付时间的多变性而持有的超过平均需求的库存。

（5）充分利用经济订购量的折扣优势。订购量大时一般折扣较大。

（6）缩短订货周期。产品的生产周期与生产系统的库存成正比，与产出率成反比。一般而言，库存高、生产周期长，会加大生产管理的复杂性与难度，使企业难以保证产品交货期。搞好库存管理既能缩短产品生产周期，保证产品的交货期，又能提高生产系统的柔性，提高对用户多样化需求的服务能力。

（二）库存控制在供应链中的作用

组成供应链的各经营者之间的关系在过去是买卖关系，因而经营者并不习惯在它们之间交换信息，也不习惯相互协调进行库存管理，更不用说在整个供应链上共享信息和共同协调，这种结果往往会形成不必要的大量库存，同时也可能降低客户的满意度。比如，过去组成供应链的各个经营者对各自供应商及时、准确交货的承诺并不全信，因而，它们的储存往往超过实际需要库存量，以防万一出现供应商延期交货或不能交货的情况，这种超过实际需要量的库存常常被称为“缓冲库存”。

同样，过去组成供应链的各个经营者与各自的客户之间缺乏必要的信息交换，从而对客户的需求，特别是最终消费者的实时需要难以把握，往往依靠预测来安排生产。但由于预测与实际往往存在差距，所以库存不足或库存过剩的现象经常发生。有些企业为了满足客户的大量突发性订货，往往准备“缓冲库存”。据有关资料统计，这种缓冲库存差不多占整个零售业库存的1/3。因此，从供应链的角度来看，过去这种传统交易习惯导致的不必要库存给企业增加了成本，而这些成本最终将转嫁到销售给客户的产品价格上，从而降低顾客的满意度。

因而对供应链进行库存管理不仅可以降低库存水平，从而减少资金积压和库存维持成本，而且还可以提高客户的满意度。当然，实现真正意义上的零库存，在现实中是不可能的，这只是经营策略及时跟进方式下的努力目标。

随着组成供应链的企业间的关系，从过去建立在客户交易基础上的关系向基于共同利益的协作伙伴型关系的转变，供应链各个经营者间交换信息，协调进行库存管理成为可能，先进的库存管理方法和技术的出现、运用使这种可能变为现实。

第二节　供应链管理环境下的库存问题

库存以原材料、在制品、半成品、成品的形式存在于供应链的各个环节，库存费用一般占库存物品价值的20%～40%，因此供应链中的库存控制是十分必要的。库存决策的内容集中于运行方面，包括生产部署策略，如采用推动式生产管理还是拉动式生产管理；库存控制策略，如各库存点的最佳订货量、最佳再订货点、安全库存水平的确定等。

绝大多数制造业供应链是由制造和分销网络组织的，通过原材料等要素的输入转化为中间和最终产品，并把它分销给用户。最简单供应链网络只有一个节点（单一企业），同时担负制造和分销功能。在复杂的供应链网络中，不同的管理者担负不同的管理任务。不同的供应链节点企业的库存，包括输入的原材料和最终的产品，都有复杂的关系。供应链的库存管理不是简单的需求预测与补给，而是要通过库存管理获得用户服务与利润的优化。其主要内容包括采用先进的商业建模技术来评价库存策略、提前期和运输变化的准确效果；决定经济订货量时考虑供应链企业各方面的影响；在充分了解库存状态的前提下确定适当的服务水平。

一、供应链管理环境下库存问题的特征

供应链环境下的库存问题和传统的企业库存问题有许多不同之处，这些不同点体现出供应链管理思想对库存的影响。传统的企业库存管理侧重于优化单一的库存成本，从存储成本和订货成本出发确定经济订货量和订货点。从单一的库存角度看，这种库存管理方法

有一定的适用性，但是从供应链整体的角度看，单一企业库存管理的方法显然是不够的。

供应链管理下的库存控制存在的主要问题有三大类：信息类问题，供应链的运作问题，供应链的战略与规划问题。这些问题可综合成以下几个方面的内容。

1. 没有供应链的整体观念

虽然供应链的整体绩效取决于各个供应链的节点绩效，但是各个部门都是各自独立的单元，都有各自独立的目标与使命。有些目标和供应链的整体目标是不相干的，更有可能是冲突的。因此，这种各行其道的山头主义行为必然导致供应链的整体效率的低下。

一般的供应链系统都没有针对全局供应链的绩效评价指标，这是普遍存在的问题，有些企业采用库存周转率作为供应链库存管理的绩效评价指标，但是没有考虑对用户的反应时间与服务水平，用户满意应该成为供应链库存管理的一项重要指标。

2. 对用户服务的理解与定义不恰当

供应链管理的绩效好坏应该由用户来评价，或者用对用户的反应能力来评价。但是，对用户的服务的理解与定义各不相同，导致对用户服务水平的差异。许多企业采用订货满足率来评估用户服务水平，这是一种比较好的用户服务考核指标。但是用户满足率本身并不保证运作问题，比如一家计算机工作站的制造商要满足一份包含多产品的订单要求，产品来自各供应商，用户要求一次性交货，制造商要在各个供应商的产品都到齐后才一次性装运给用户。这时，用总的用户满足率来评价制造商的用户服务水平是恰当的，但是，这种评价指标并不能帮助制造商发现是哪家供应商的交货迟了或早了。

传统的订货满足率评价指标也不能评价订货的延迟水平。两家同样只有 90% 的订货满足率的供应链，在如何迅速补给余下的 10% 订货方面差别是很大的。其他的服务指标也常常被忽视了，如总订货周转时间、平均回头订货、平均延迟时间、提前或延迟交货时间等。

3. 不准确的交货状态数据

当顾客下订单时，总是想知道什么时候能交货。在等待交货过程中，也可能会对订单交货状态进行修改，特别是当交货被延迟以后，这并不否定一次性交货的重要性，但必须看到，许多企业并没有及时而准确地把推迟的订单交货的修改数据提供给用户，其结果是用户的不满和良好愿望的损失。

4. 低效率的信息传递系统

在供应链中，各个供应链节点企业之间的需求预测、库存状态、生产计划等都是供应链管理的重要数据，这些数据分布在不同的供应链组织之间，要做到有效地快速响应用户需求，必须实时地传递，为此需要对供应链的信息系统模型做相应的改变。通过系统集成的办法，使供应链中的库存数据能够实时、快速地传递。但是目前许多企业的信息系统并没有很好地集成起来，当供应商需要了解用户的需求信息时，常常得到的是延迟的信息和不准确的信息。由于延迟引起误差和影响库存量的精确度，短期生产计划的实施也会遇到困难。

5. 忽视不确定性对库存的影响

供应链运作中存在诸多的不确定因素，如订货提前期、货物运输状况、原材料的质量、生产过程的时间、运输时间、需求的变化等。为减少不确定性对供应链的影响，首先应了解不确定性的来源和影响程度。很多公司并没有认真研究和跟踪其不确定性的来源和影响，错误估计供应链中物料的流动时间（提前期），造成有的物品库存增加，而有的物品库存不足的现象。

6. 库存控制策略简单化

无论是生产型企业还是服务型企业，库存控制的目的都是为了保证供应链运行的连续性和应付不确定需求。了解和跟踪不确定性状态是第一步，第二步是要利用跟踪到的信息去制定相应的库存控制策略。这是一个动态的过程，因为不确定性也在不断地变化。有些供应商在交货与质量方面可靠性好、而有些则相对差些；有些物品的需求可预测性大，而有些物品的可预测性小一些；库存控制策略应能反映这种情况。

许多公司对所有的物品采用统一的库存控制策略，物品的分类没有反映供应与需求中的不确定性。在传统的库存控制策略中，多数是面向单一企业的，采用的信息基本上来自企业内部，其库存控制没有体现供应链管理的思想。因此，如何建立有效的库存控制方法，并能体现供应链管理的思想，是供应链库存管理的重要内容。

7. 缺乏合作与协调

供应链是一个整体，需要协调各方活动，才能取得最佳的运作效果。协调的目的是使满足一定服务质量要求的信息可以无缝地、流畅地在供应链中传递，从而使整个供应链能够根据用户的要求步调一致，形成更为合理的供需关系，适应复杂多变的市场。

供应链的各个节点企业为了应付不确定性，都设有一定的安全库存，正如前面提到的，设置安全库存是企业采取的一种应急措施。但问题在于，多厂商特别是全球化的供应链中，组织的协调涉及更多的利益群体。相互之间的信息透明度如果不高，企业不得不维持一个较高的安全库存，为此要付出更高的代价。

组织之间存在的障碍有可能使库存控制变得更为困难，因为各自都有不同的目标、不同的绩效评价尺度、不同的仓库，也不愿意去帮助其他部门共享资源。在分布式的组织体系中，组织之间的障碍对库存集中控制的阻力更大。

要进行有效的合作与协调，组织之间需要一种有效的激励机制。在企业内部一般有各种各样的激励机制加强部门之间的合作与协调，但是当涉及企业之间的激励时，困难就大得多。问题还不止如此，信任风险的存在更加深了问题的严重性，相互之间缺乏有效的监督机制和激励机制是供应链企业之间合作不稳固的原因。

8. 产品的过程设计没有考虑供应链上库存的影响

现代产品设计与先进制造技术的出现，使产品的生产效率大幅度提高，而且具有较高的成本效益，但是供应链库存的复杂性常常被忽视了。结果所有节省下来的成本都被供应链上的分销与库存成本给抵消了。同样，在引进新产品时，如果不进行供应链的规划，也会因运输时间过长、库存成本高等原因而无法获得成功。

另一方面，在供应链的结构设计中，同样需要考虑库存的影响。要在一条供应链中增加或关闭一个工厂或分销中心，一般是先考虑固定成本与相关的物流成本，至于网络变化对运作的影响，如库存投资、订单的响应时间等常常是第二位的。但这些因素对供应链的影响是不可低估的。

二、供应链中的需求变异放大效应与库存波动

“需求变异放大效应”是美国著名的供应链管理专家李效良（Hau L. Lee）教授对需求信息扭曲在供应链中传递的一种形象描述。其基本思想是：当供应链的各节点企业只根据来自其相邻的下级企业的需求信息进行生产或供应决策时，需求信息的不真实性会沿着供应链逆流而上，产生逐级放大的现象，达到最源头的供应商时，其获得的需求信息和实际消费市场中的顾客需求信息发生了很大的偏差，需求变异系数比分销商和零售商的需求变异系数大得多。由于这种需求放大效应的影响，上游供应商往往维持比下游供应商更高的库存水平。这种现象反映出供应链上需求的不同步现象，它说明供应链库存管理中的一个普遍现象：“看到的是非实际的”。图 7－1 显示了“需求变异放大效应”的原理和过程。

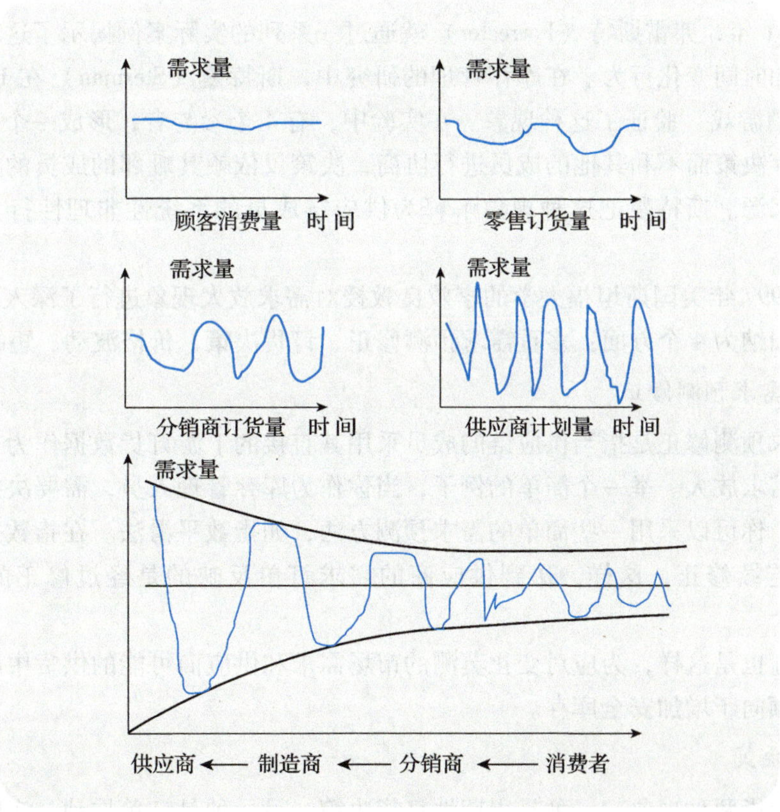

图 7－1　供应链的需求放大原理

需求变异放大效应最先由宝洁公司（P&G）发现。宝洁公司在一次考察该公司最畅销

的产品——一次性尿布的订货规律时，发现零售商销售的波动性并不大，但当他们考察分销中心向宝洁公司的订货时，吃惊地发现波动性明显增大了，有趣的是，他们进一步考察宝洁公司向其供应商，如3M公司的订货时，他们发现其订货的变化更大。除了宝洁公司，其他公司如惠普公司在考察其打印机的销售状况时也曾发现这种现象。

需求变异放大效应是需求信息扭曲的结果，图7－2显示了一个销售商实际的销售量和订货量的差异，实际的销售量与订货量不同步。在供应链中，每一个供应链的节点企业的信息都有一个信息的扭曲，这样逐级而上，即产生信息扭曲的放大。

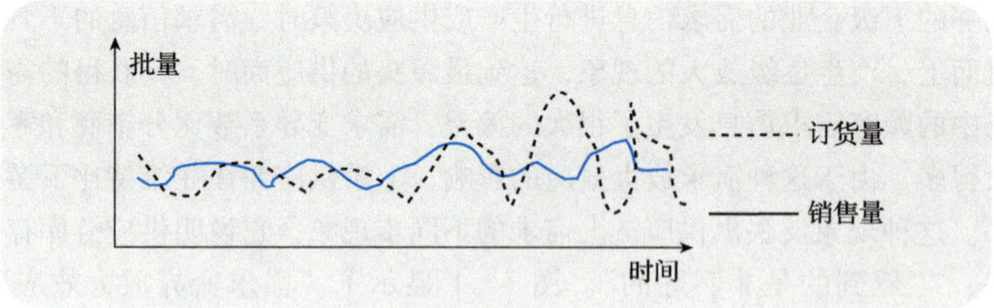

图7－2　实际需求与订货的差异

早在1961年，弗雷斯特（Forrester）就通过一系列的实际案例揭示了这种工业组织的动态学特性和时间变化行为。在库存管理的研究中，斯特曼（Sterman）在1989年通过一个“啤酒分销游戏”验证了这种现象。在实验中，有4个参与者，形成一个供应链，各自独立进行库存决策而不和其他的成员进行协商，决策仅依赖其毗邻的成员的订货信息作为唯一的信息来源。斯特曼把这种现象解释为供应链成员的系统性非理性行为的结果，或“反馈误解”。

1994～1997年美国斯坦福大学的李效良教授对需求放大现象进行了深入的研究，把其产生的原因归纳为4个方面：多重需求预测修正、订货决策、价格波动、短缺博弈。

1. 多重需求预测修正

多重需求预测修正是指当供应链的成员采用其直接的下游订货数据作为市场需求信号时，即产生需求放大。举一个简单的例子，当你作为库存管理人员，需要决定向供应商订货的数量时，你可以采用一些简单的需求预测方法，如指数平滑法。在指数平滑法中，未来的需求被连续修正，这样，送到供应商的需求订单反映的是经过修正的未来库存补给量。

安全库存也是这样，为应对变化莫测的市场需求和供应商可能的供货中断，许多中小型企业更加倾向于增加安全库存。

2. 订货决策

订货决策指两种现象，一种是周期性订货决策，另一种是订单推动。实际上，为了达到生产、运输上的规模效应，企业多会批量生产或购货，用增加库存的代价换取较高的生产效率和较低的成本。周期性订货是指当公司向供应商订货时，不是来一个需求下一个订单，而是考虑库存的原因，采用周期性分批订货，比如一周或一月订一次。分批订货在企业中普遍存在，MRP系统是分批订货，DRP也是如此。用MRP批量订货出现的需求放大现象，称为“MRP紧张”。按这种惯性思维做决策，当遇到市场需求减少或产品升级换代时，会导致库存积压、库存品过期，或者两者兼具。

3. 价格浮动或促销

厂家促销产品造成买家大量购买并导致部分积压，反映了一种商业行为：“预先购买”，价格浮动是由于一些促销手段造成的，如价格折扣、数量折扣、赠票等。这种商业促销行为使许多推销人员预先采购的订货量大于实际的需求量。因为如果库存成本小于由于价格折扣所获得的利益，销售人员当然愿意预先多买，这样订货没有真实反映需求的变化，从而产生需求放大现象。

这种现象在零售业尤为显著，使市场需求更加难以预测，加剧了需求变化幅度，严重影响了整个供应链的正常运作。研究表明，价格浮动和促销只是将未来的需求提前释放，整个供应链并没有获得更多的增益。

4. 短缺博弈

短缺博弈是指这样一种现象：当需求大于供应量时，理性的决策是按照用户的订货量比例分配现有的库存供应量，比如，总的供应量只有订货量的50%，合理的配给办法是所有的用户获得其订货的50%。但此时，用户为了获得更大份额的配给量，会故意地夸大其订货需求，当需求降温时，订货又突然消失。这种由于众多个体参与的组织的完全理性经济决策导致的需求信息的扭曲最终导致需求放大，会使供应商产生更多的库存并使供应商更难判断需求趋势。

基于上述种种原因，除了批量生产与生产规模有关外，别的都可以通过整个供应链范围的信息共享和组织协调来解决。例如企业之间共享市场需求信息，避免多重预测，减少信息的人为扭曲；在价格政策上，制造商应该固定产品价格，放弃价格促销，并与零售商共同实行“天天低价”。在理性预期上，供应商在产品短缺时应以历史需求为基础分配产品，从而避免用户单位虚报需求。在生产方式上，供应商应采用精益生产，使达到最佳经济生产批量的数量减小，从而减少供应链库存，提高对市场需求变化的响应速度。

不论如何，因为供应链本身也有缺陷，只要有需求的变化和订货周期的存在，必然会引起需求预测的失效。供应链的层次越多，这种矛盾就越明显。但我们可以在管理上避免一些非理性的行为，比如为避免短缺而发出过大的订单从而误导了上游供货商，由此给供应链带来蝴蝶效应一样的灾难性后果。诸如此类一时兴起的举动只要尽量控制，就可以减轻“牛鞭效应”所带来的恶果。

我们在这里解释需求放大现象的本质特征，目的就是想说明供应链管理中库存波动的渊源和库存管理的新特点。采用传统的库存管理模式不可能解决诸如需求放大现象这样一些新的库存问题。因此探讨新的适应供应链管理的库存管理新模式对供应链管理思想能否很好实施起着关键作用。

三、供应链中的不确定性与库存

（一）供应链中的不确定性

从需求放大现象中可以看到，供应链的库存与供应链的不确定性有很密切的关系。从供应链整体的角度看，供应链上的库存无非有两种，一种是生产制造过程中的库存，一种是流通过程中的库存。库存存在的客观原因是为了应付各种各样的不确定性，保持供应链系统的正常性和稳定性，但是库存另一方面也同时产生和掩盖管理中的问题。

供应链上的不确定性的表现形式有 3 种：①衔接不确定性。企业之间（或部门之间）不确定性，可以说是供应链的衔接不确定性，这种衔接的不确定性主要表现在合作性上，为了消除衔接不确定性，需要增加企业之间或部门之间的合作性。②另一种不确定性是运作不确定性。系统运行不稳定是组织内部缺乏有效的控制机制所致，控制失效是组织管理不稳定和不确定性的根源。为了消除运行中的不确定性，需要增加组织的控制，提高系统的可靠性。③供应链的不确定性。供应链的不确定性的来源主要有 3 个方面：供应者不确定性、生产者不确定性、顾客不确定性。不同的原因造成的不确定性表现形式各不相同。

供应商的不确定性表现在提前期的不确定性、订货量的不确定性等。供应不确定的原因是多方面的，如供应商的生产系统发生故障延迟生产、供应商的供应商的延迟、意外的交通事故导致的运输延迟等。

生产者不确定性主要缘于制造商本身的生产系统的可靠性、机器的故障、计划执行的偏差等。造成生产者生产过程中在制品的库存增大的原因也表现在其对需求的处理方式上。生产计划是一种根据当前的生产系统的状态和未来情况做出的对生产过程的模拟，用计划的形式表达模拟的结果，用计划来驱动生产的管理方法。但是生产过程的复杂性使生产计划并不能精确地反映企业的实际生产条件和预测生产环境的改变，不可避免地造成计划与实际执行的偏差。生产控制的有效措施能够对生产的偏差给以一定的修补，但是生产控制必须建立在对生产信息的实时采集与处理上，使信息及时、准确、快速地转化为生产控制的有效信息。

顾客不确定性原因主要有：需求预测的偏差、购买力的波动、从众心理和个性特征等。通常的需求预测的方法都有一定的模式或假设条件，假设需求按照一定的规律运行或表现一定的规律特征，但是任何需求预测方法都存在这样或那样的缺陷而无法确切地预测需求的波动和顾客心理反应，在供应链中，不同的节点企业相互之间的需求预测的偏差进一步加剧了供应链的需求变异放大效应及信息的扭曲。

本质上讲，供应链上的不确定性，不管其来源出自哪方面，根本上讲是 3 个方面原因造成的：

（1）需求预测水平造成的不确定性。预测水平与预测时间的长度有关，预测时间长，预测精度则差，另外还有预测的方法对预测的影响。

（2）决策信息的可获得性、透明性、可靠性。信息的准确性对预测同样造成影响，下游企业与顾客接触的机会多，可获得的有用信息多；远离顾客需求，信息可获性和准确性差，因而预测的可靠性差。

(3) 决策过程的影响，特别是决策人心理的影响。需求计划的取舍与修订，对信息的要求与共享，无不反映个人的心理偏好。

(二) 供应链的不确定性与库存的关系

供应链运行中衔接不确定性与运作不确定性对供应链库存的影响如下。

1. 衔接不确定性对库存的影响

传统供应链的衔接不确定性普遍存在，集中表现在企业之间的独立信息体系（信息孤岛）现象。为了竞争，企业总是为了各自的利益而进行资源的自我封闭（包括物质资源和信息资源），企业之间的合作仅仅是贸易上的短时性合作，人为地增加了企业之间的信息壁垒和沟通的障碍，企业不得不为应付不测而建立库存，库存的存在实际就是信息的堵塞与封闭的结果。虽然企业各个部门和企业之间都有信息的交流与沟通，但企业的信息交流更多的是在企业内部而非企业之间进行交流。信息共享程度差是传统的供应链不确定性增加的一个主要原因。

传统供应链中信息是逐级传递的，即上游供应链企业依据下游供应链企业的需求信息做生产或供应的决策。在集成的供应链系统中，每个供应链企业都能够共享顾客的需求信息，信息不再是线性的传递过程，而是网络的传递过程和多信息源的反馈过程。建立合作伙伴关系的新型的企业合作模式，以及跨组织的信息系统为供应链的各个合作企业提供了共同的需求信息，有利于推动企业之间的信息交流与沟通。企业有了确定的需求信息，在制订生产计划时，就可以减少为了应对需求波动而设立的库存，使生产计划更加精确、可行。对于下游企业而言，合作性伙伴关系的供应链或供应链联盟可为企业提供综合的、稳定的供需信息，无论上游企业能否按期交货，下游企业都能预先得到相关信息而采取相应的措施，这样企业无需过多设立库存。

2. 运作不确定性对库存的影响

供应链企业之间的衔接不确定性通过建立战略伙伴关系的供应链联盟或供应链协作体而得以消减，同样，这种合作关系可以消除运作不确定性对库存的影响。当企业之间的合作关系得以改善时，企业的内部生产管理也大大得以改善。因为企业之间的衔接不确定性因素减少时，企业的生产控制系统就能摆脱这种不确定性因素的影响，使生产系统的控制达到实时、准确，也只有在集成供应链的条件下，企业才能获得对生产系统有效控制的有利条件，消除生产过程中不必要的库存现象。

在传统的企业生产决策过程中，供应商或分销商的信息是生产决策的外生变量，因而其无法预见到外在需求或供应的变化信息，至少是延迟的信息；同时，库存管理的策略也是考虑独立的库存点而不是采用共享的信息，因而库存成了维系生产正常运行的必要条件。当生产系统形成网络时，不确定性就像瘟疫一样在生产网络中传播，几乎所有的生产者都希望拥有库存来应付生产系统内外的不测变化，因为无法预测不确定性的大小和影响程度，人们只好按照保守的方法设立库存来对付不确定性。

在不确定性较大的情形下，为了维护一定的用户服务水平，企业也常常维持一定的库存，以提高服务水平。在不确定性存在的情况下，高服务水平必然需要高库存水平。

通过分析不确定性对库存的影响，得到的结论是：为了减少企业的库存水平，需要增加企业之间的信息交流与共享，减少不确定性因素对库存的影响，增加库存决策信息的透明性和可靠性、实时性。所有这些，需要企业之间的协调。供应链管理模式下的库存管理的最高理想是实现供应链企业的无缝连接，消除供应链企业之间的高库存现象。

四、供应链管理下库存控制的目标

供应链管理下的库存控制，是在动态中达到最优化的目标，在满足顾客服务要求的前提下，力求尽可能地降低库存，提高供应链的整体效益。具体而言，库存控制的目标是：

（1）库存成本最低。这是企业需要通过降低库存成本以降低总成本、增加赢利和增强竞争能力所选择的目标。

（2）库存保证程度最高。企业有很多的销售机会，相比之下压低库存意义不大，这就特别强调库存对其他经营生产活动的保证，而不强调库存本身的效益。企业通过增加生产以扩大经营时，往往选择这种控制目标。

（3）不允许缺货。企业由于技术、工艺条件决定不允许停产，则必须以不缺货为控制目标，才能起到不停产的保证作用。企业某些重大合同必须以供货为保证，否则会受到巨额赔偿的惩罚，这时可制定不允许缺货的控制目标。

（4）限定资金。企业必须在限定资金预算前提下实现供应，这就需要以此为前提进行库存的一系列控制。

（5）快捷。库存控制不依本身经济性来确定目标，而依靠大的竞争环境系统要求确定目标，这常常出现以最快速度实现进出货为目标来控制库存。

为了实现最佳库存控制目标，需要协调和整合各个部门的活动，使每个部门不仅以有效实现本部门的功能为目标，更要以实现企业的整体效益为目标。高的顾客满意度和低的库存投资似乎是一对相冲突的目标，过去曾经认为这对目标不可能同时实现。现在，通过供应链管理下创新的物流管理技术，同时伴随改进企业内部管理，企业已完全能够实现这一目标。

第三节　供应链管理环境下的库存管理策略

以上分析了供应链管理环境下库存管理和传统的库存管理模式的差别，以及供应链节点企业管理库存时所面临的新问题。为了适应供应链管理的要求，解决库存管理难的问题，供应链下的库存管理方法必须做相应的改变，以下介绍几种先进的供应链库存管理技术与方法，包括供应商管理用户库存（VMI）管理系统、联合库存管理、战略库存管理等。

一、VMI 管理系统

长期以来，流通中的库存是各自为政的。流通环节中的每一个部门都各自管理自己的库存，零售商、批发商、供应商都有各自的库存，各个供应链环节都有自己的库存控制策略。由于各自的库存控制策略不同，因此不可避免地产生需求的扭曲现象，即所谓的需求放大现象，无法使整个供应链的库存有效降低。在供应链管理环境下，供应链的各个环节的活动都应该是同步进行的，而传统的库存控制方法无法满足这一要求。于是出现了一种新的供应链库存管理方法——供应商管理用户库存（VMI），这种库存管理策略打破了传统的各自为政的库存管理模式，体现了供应链的集成化管理思想，适应市场变化的要求，是一种新的有代表性的库存管理思想。

（一）VMI 的基本思想

传统的库存是由库存拥有者管理的。因为无法确切知道用户需求与供应的匹配状态，所以需要库存，库存设置与管理是由同一组织完成的。这种库存管理模式并不总是最优的。例如，一个供应商用库存来应付不可预测的或某一用户（这里的用户不是指最终用户，而是分销商或批发商）不稳定的需求，用户也设立库存来应付不稳定的内部需求或供应的不确定性。虽然供应链中每一个组织独立地寻求保护其各自在供应链的利益不受意外干扰是可以理解的，但不可取，因为这样做的结果影响了供应链的优化运行。供应链的各个不同组织根据各自的需要独立运作，导致重复建立库存，因而无法达到供应链全局的最低成本，整个供应链系统的库存会随着供应链长度的增加而发生需求扭曲。

VMI 系统就能够突破传统的条块分割的库存管理模式，以系统的、集成的管理思想进行库存管理，使供应链系统能够获得同步化的运作。

VMI 是一种很好的供应链库存管理策略。关于 VMI 的定义，国外有学者认为："VMI 是一种在用户和供应商之间的合作性策略，双方都可获得最低的优化成本，在一个相互同意的目标框架下由供应商管理库存，这样的目标框架被经常性监督和修正，以产生一种连续改进的环境"。

关于 VMI 也有其他的不同定义，但归纳起来，该策略的关键措施主要体现在如下几个原则中：

（1）合作性原则。在实施该策略时，相互信任与信息透明是很重要的，供应商和用户（零售商）都要有较好的合作精神，才能够相互保持较好的合作。

（2）双赢互惠原则。VMI 不是关于成本如何分配或谁来支付的问题，而是关于减少成本的问题。通过该策略使双方的成本都减少。

（3）目标一致性原则。双方都明白各自的责任，观念上达成一致的目标。如库存放在哪里，什么时候支付，是否要管理费，要花费多少等问题都要回答，并且体现在框架协议中。

(4) 连续改进原则。使供需双方能不断发现和解决问题，共享利益和消除浪费。

VMI 的主要思想是供应商在用户的允许下设立库存，确定库存水平和补给策略，拥有库存控制权。

精心设计与开发的 VMI 系统，不仅可以降低供应链的库存水平，降低成本，而且，用户还可获得高水平的服务，改善现金流，与供应商共享需求变化的透明性和获得更高的用户信誉度。

(二) VMI 的实施方法

实施 VMI 策略，首先要改变订单的处理方式，建立基于标准的托付订单处理模式。首先，供应商和批发商一起确定供应商的订单业务处理过程所需要的信息和库存控制参数，然后建立一种订单的处理标准模式，如 EDI 标准报文，最后把订货、交货和票据处理各个业务功能集成在供应商一边。

库存状态透明性（对供应商）是实施供应商管理用户库存的关键。供应商能够随时跟踪和检查到销售商的库存状态，从而快速地响应市场的需求变化，对企业的生产（供应）状态做出相应的调整。为此需要建立一种能够使供应商和用户（分销、批发商）的库存信息系统透明连接的方法。

供应商管理库存的策略可以按如下几个步骤实施：

(1) 建立顾客情报信息系统。要有效地管理销售库存，供应商必须能够获得顾客的有关信息。通过建立顾客的信息库，供应商能够掌握需求变化的有关情况，把由批发商（分销商）进行的需求预测与分析功能集成到供应商的系统中来。

(2) 建立销售网络管理系统。供应商要很好地管理库存，必须建立起完善的销售网络管理系统，保证自己的产品需求信息和物流畅通。为此，必须：①保证自己产品条码的可读性和唯一性；②解决产品分类、编码的标准化问题；③解决商品存储运输过程中的识别问题。

目前已有许多企业开始采用 MRP Ⅱ 或 ERP 企业资源计划系统，这些软件系统都集成了销售管理的功能。通过对这些功能的扩展，可以建立完善的销售网络管理系统。

(3) 建立供应商与分销商（批发商）的合作框架协议。供应商和销售商（批发商）一起通过协商，确定处理订单的业务流程以及控制库存的有关参数（如再订货点、最低库存水平等）、库存信息的传递方式（如 EDI 或 Internet）等。

(4) 组织机构的变革。这一点也很重要，因为 VMI 策略改变了供应商的组织模式。过去一般由会计经理处理与用户有关的事情，引入 VMI 策略后，在销售部门产生了一个新的职能负责用户库存的控制、库存补给和服务水平监督。

一般来说，在以下的情况下适合实施 VMI 策略：零售商或批发商没有 IT 系统或基础设施来有效管理他们的库存；制造商实力雄厚并且比零售商市场信息量大；有较高的直接存储交货水平，而且制造商能够有效规划运输。

（三）VMI 的支持技术

VMI 的支持技术主要包括：EDI/Internet、ID 代码、条码、条码应用标识符、连续补给程序等。

1. ID 代码

供应商要有效地管理用户的库存，必须对用户的商品进行正确识别，为此对供应链商品进行编码，通过获得商品的标识 ID 代码并与供应商的产品数据库相连，以实现对用户商品的正确识别。目前国外企业已建立了应用于供应链的 ID 代码的类标准系统，如 EAN-13（UPC-12）、EAN-14（SCC-14）、SSCC-18 以及位置码等，我国也建立了关于物资分类编码的国家标准，可参考使用。

供应商应尽量使自己的产品按国际标准进行编码，以便在用户库存中对本企业的产品进行快速跟踪和分拣。因为用户（批发商、分销商）的商品多种多样，有来自不同的供应商的同类产品，也有来自同一供应商的不同产品。实现 ID 代码标准化有利于采用 EDI 系统进行数据交换与传送，提高了供应商对库存管理的效率。目前国际上通行的商品代码标准是国际物品编码协会（EAN）和美国统一代码委员会（UC）共同编制的全球通用的 ID 代码标准。

2. EDI/Internet

EDI 是一种在处理商业或行政事务时，按照一个公认的标准，形成结构化的事务处理或信息数据格式，完成计算机到计算机的数据传输的方法。下面主要介绍 EDI 如何应用到 VMI 方法体系中，如何实现供应商对用户的库存管理。

供应商要有效地对用户（分销商、批发商）的库存进行管理，采用 EDI 进行供应链的商品数据交换是一种安全可靠的方法。为了能够实现供应商对用户的库存进行实时测量，供应商必须每天都能了解用户的库存补给状态。因此采用基于 EDIFACT 标准的库存报告清单能够提高供应链的运作效率，每天的库存水平（或定期的库存检查报告）、最低的库存补给量都能自动地生成，这样大大提高了供应商对库存的监控效率。

分销商（批发商）的库存状态也可以通过 EDI 报文的方式通知供应商。

在 VMI 管理系统中，供应商一方有关装运与发票等工作都不需要特殊的安排，主要的数据是顾客需求的物料信息记录、订货点水平和最小交货量等，需求一方（分销商、批发商）唯一需要做的是能够接受 EDI 订单确认或配送建议，以及利用该系统投放采购订单。

3. 条码

条码是 ID 代码的一种符号，是对 ID 代码进行自动识别且将数据自动输入计算机的方法和手段，条码技术的应用解决了数据录入与数据采集的“瓶颈”，为供应商管理用户库存提供了有力支持。表 7 - 1 为 ID 代码与条码的对应关系。

表 7-1 ID 代码与条码的对应关系

代码	国际条码标准	国家条码标准
EAN-13 EAN-14（SCC-14） SSCC-18	EAN-13 ITF-14 EAN/UCC-128	GB 12904—2008《商品条码》 GB/T 16830—2008《商品条码　储运包装商品编码与条码表示》 GB/T 15425—2014《商品条码 128 条码》

目前，条码辨识技术已相当成熟，其读取的错误率约为百万分之一，首读成功率大于98%，是一种可靠性高、输入快速、准确性高、成本低、应用面广的资料自动收集技术。

条码是目前国际上供应链管理中普遍采用的一种技术手段。为有效实施 VMI 管理系统，应该尽可能地使供应商的产品条码化。条码技术对提高库存管理的效率是非常显著的，是实现库存管理电子化的重要工具和手段，它使供应商对产品的库存控制一直可以延伸到和销售商的 POS 系统进行连接，实现用户库存的供应链网络化控制。

4. 连续补给程序

连续补给程序策略将零售商向供应商发出订单的传统订货方法，变为供应商根据用户库存和销售信息决定商品的补给数量。这是一种实现 VMI 管理策略的有力工具和手段。为了快速响应用户“降低库存”的要求，供应商通过和用户（分销商、批发商或零售商）建立合作伙伴关系，主动提高向用户交货的频率，使供应商从过去单纯地执行用户的采购订单变为主动为用户分担补充库存的责任，在加快供应商响应用户需求的速度同时，也使用户减少了库存水平。

二、联合库存管理

（一）基本思想

VMI 是一种供应链集成化运作的决策代理模式，它把用户的库存决策权代理给供应商，由供应商代理分销商或批发商行使库存决策的权力。联合库存管理则是一种风险分担的库存管理模式。

联合库存管理的思想可以从分销中心的联合库存功能说起。地区分销中心体现了一种简单的联合库存管理思想。传统的分销模式是销售商根据市场需求直接向工厂订货，比如汽车销售商（或批发商），根据用户对车型、款式、颜色、价格等的不同需求，向汽车制造厂订的货，需要经过较长时间才能达到，因为顾客不想等待这么久的时间，因此各个推销商不得不进行库存备货，这样大量的库存使销售商难以承受，以至于破产。据估计，在美国，通用汽车公司销售 500 万辆轿车和卡车，平均价格是 18500 美元，销售商维持 60 天的库存，库存费是车价值的 22%，一年总的库存费用达到 3.4 亿美元。而采用地区分销中心，就大大减缓了库存浪费的现象。图 7-3 为传统的分销模式，每个销售商直接向工厂订货，每个销售商都有自己的库存，而图 7-4 为采用分销中心后的销售方式，各个销售商只需要少量的库存，大量的库存由地区分销中心储备，也就是各个销售商把其库存的一部分交给地区分销中心负责，从而减轻了各个销售商的库存压力。分销中心就起到了联合库存管理的功能，分销中心既是一个商品的联合库存中心，同时也是需求信息的交流与传递枢纽。

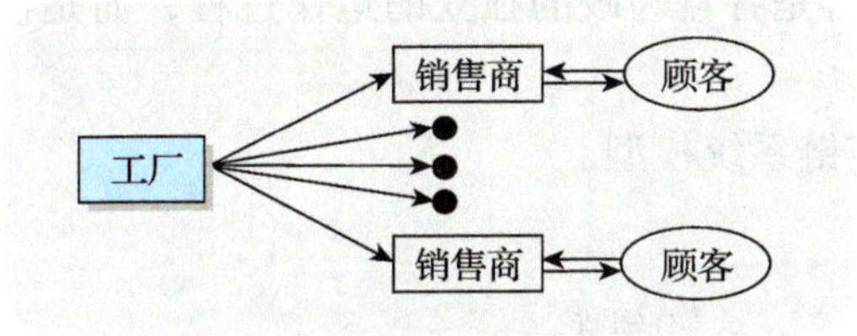

图 7-3　传统的销售模式

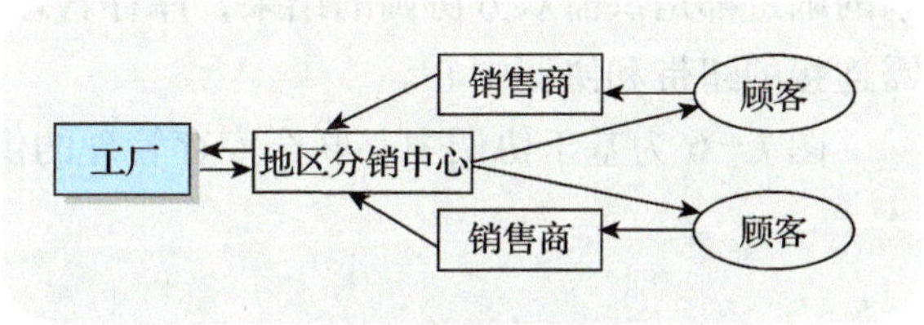

图 7-4　有地区分销中心的销售模式

从分销中心的功能可以得到启发，对现有的供应链库存管理模式进行新的拓展和重构，便提出了联合库存管理新模式——基于协调中心的联合库存管理系统。

近年来，在供应链企业之间的合作关系中，更加强调双方的互利合作关系，联合库存管理就体现了战略供应链联盟的新型企业合作关系。

传统的库存管理，把库存分为独立需求和相关需求两种库存模式来进行管理。相关需求库存问题采用物料需求计划（MRP）处理，独立需求问题采用订货点办法处理。一般来说，产品库存管理为独立需求库存问题，而在制品和零部件以及原材料的库存控制问题为相关需求库存问题。如图 7-5 所示为传统的供应链库存活动过程模型，在整条供应链中，从供应商、制造商到分销商，各个供应链节点企业都有自己的库存。供应商作为独立的企业，其库存（即其产品库存）为独立需求库存。制造商的原材料、半成品库存为相关需求库存，而产品库存为独立的需求库存。分销商为了应付顾客需求的不确定性也需要库存，其库存也为独立需求库存。

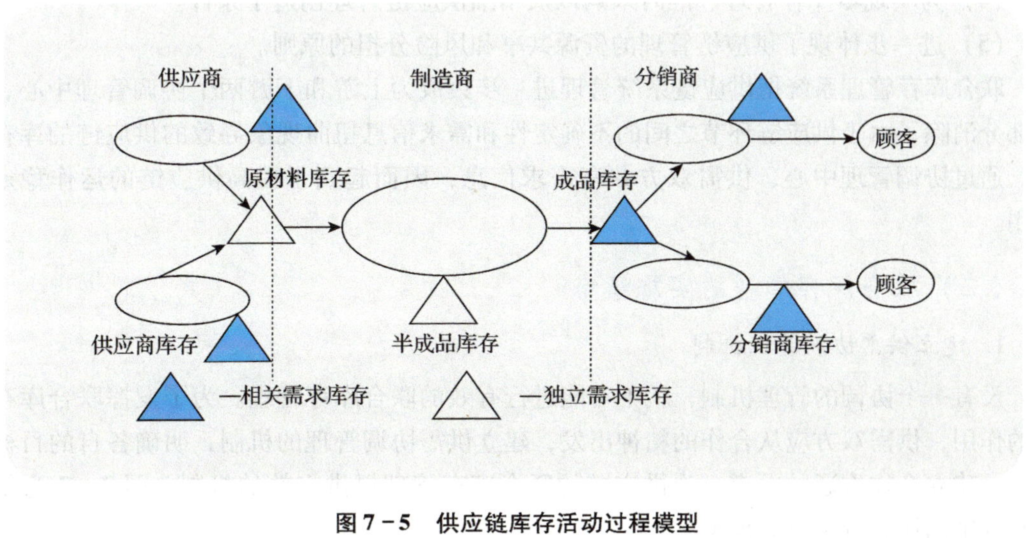

图 7-5　供应链库存活动过程模型

联合库存管理是解决供应链系统中由于各节点企业的相互独立库存运作模式导致的需

求放大现象，提高供应链的同步化程度的一种有效方法。联合库存管理和供应商管理用户库存不同，它强调双方同时参与，共同制订库存计划，使供应链过程中的每个库存管理者（供应商、制造商、分销商）都从相互之间的协调性考虑，保持供应链相邻的两个节点之间的库存管理者对需求的预期保持一致，从而消除了需求变异放大现象。任何相邻节点需求的确定都是供需双方协调的结果，库存管理不再是各自为政的独立的运作过程，而是供需连接的纽带和协调中心。

图 7－6 为基于协调中心联合库存管理的供应链系统模型。

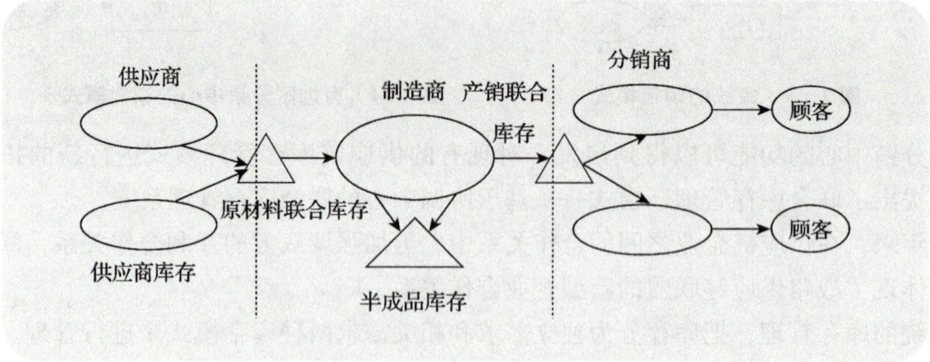

图 7－6　基于协调中心联合库存管理的供应链系统模型

基于协调中心的库存管理和传统的库存管理模式相比，有如下几个方面的优点：

（1）为实现供应链的同步化运作提供了条件和保证。

（2）减少了供应链需求扭曲现象，降低了库存的不确定性，提高了供应链的稳定性。

（3）库存作为供需双方的信息交流和协调的纽带，可以暴露供应链管理中的缺陷，为改进供应链管理水平提供依据。

（4）为实现零库存管理、准时采购以及精细供应链管理创造了条件。

（5）进一步体现了供应链管理的资源共享和风险分担的原则。

联合库存管理系统把供应链系统管理进一步集成为上游和下游两个协调管理中心，从而部分消除了由于供应链环节之间的不确定性和需求信息扭曲现象导致的供应链的库存波动。通过协调管理中心，供需双方共享需求信息，因而起到了提高供应链的运作稳定性作用。

（二）联合库存管理的实施策略

1. 建立供需协调管理机制

没有一个协调的管理机制，就不可能进行有效的联合库存管理。为了发挥联合库存管理的作用，供需双方应从合作的精神出发，建立供需协调管理的机制，明确各自的目标和责任，建立合作沟通的渠道，为供应链的联合库存管理提供有效的机制，图 7－7 为供应商与分销商协调管理机制模型。

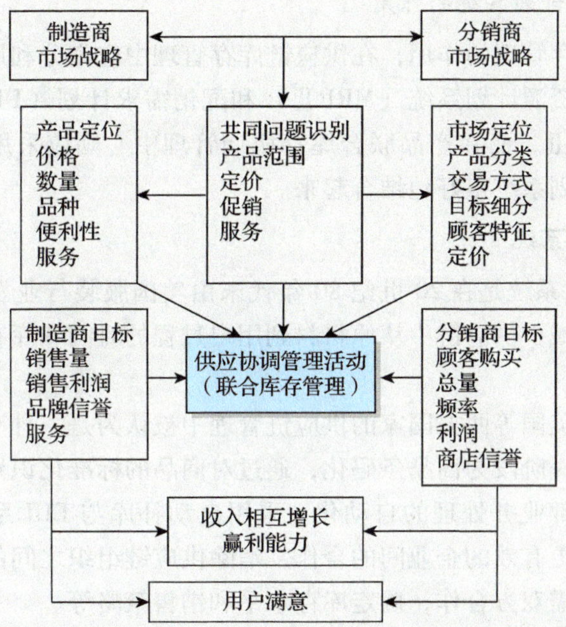

图 7－7　供应商与分销商的协调管理机制

建立供需协调管理机制，要从以下几个方面着手。

（1）建立共同合作目标。要建立联合库存管理模式，首先供需双方必须本着互惠互利的原则，建立共同的合作目标。为此，要理解供需双方在市场目标中的共同之处和冲突点，通过协商形成共同的目标，如用户满意度的提高、利润的共同增长和风险的减少等。

（2）建立联合库存的协调控制方法。联合库存管理中心担负着协调供需双方利益的角色，起协调控制器的作用，因此需要对库存优化的方法进行明确确定。这些内容包括库存如何在多个需求商之间调节与分配、库存的最大量和最低库存水平、安全库存的确定、需求的预测等。

（3）建立一种信息沟通的渠道或系统。信息共享是供应链管理的特色之一。为了提高整个供应链的需求信息的一致性和稳定性，减少由于多重预测导致的需求信息扭曲，应增强供应链各方对需求信息获得的及时性和透明性。为此应建立一种信息沟通的渠道或系统，以保证需求信息在供应链中的畅通和准确性。要将条码技术、扫描技术、POS 系统和 EDI 集成起来，并且要充分利用因特网的优势，在供需双方之间建立一个畅通的信息沟通桥梁和联系纽带。

（4）建立利益的分配、激励机制。要有效运行基于协调中心的库存管理，必须建立一种公平的利益分配制度，并对参与协调库存管理中心的各个企业（供应商、制造商、分销商或批发商）进行有效的激励，防止机会主义行为，增加协作性和协调性。

2. 发挥两种资源计划系统的作用

为了发挥联合库存管理的作用，在供应链库存管理中应充分利用目前比较成熟的两种资源管理系统：制造资源计划系统（MRPⅡ）和配销需求计划（DRP）。原材料库存协调管理中心应采用 MRPⅡ，而在产品联合库存协调管理中心则应采用 DRP。这样在供应链系统中把两种资源计划系统很好地结合起来。

3. 建立快速响应系统

快速响应（QR）系统是在 20 世纪 80 年代末由美国服装行业发展起来的一种供应链管理策略，目的在于减少供应链中从原材料到用户过程的时间和库存，最大限度地提高供应链的运作效率。

快速响应系统在美国等西方国家的供应链管理中被认为是一种有效的管理策略，经历了三个发展阶段。第一阶段为商品条码化，通过对商品的标准化识别处理加快订单的传输速度；第二阶段是内部业务处理的自动化，采用自动补库与 EDI 系统提高业务自动化水平；第三阶段是采用更有效的企业间的合作，消除供应链组织之间的障碍，提高供应链的整体效率，如通过供需双方合作，确定库存水平和销售策略等。

目前在欧美等西方国家，QR 系统应用已到达第三阶段，通过联合计划、预测与补货等策略进行有效的用户需求反应。美国的嘉思明咨询公司调查分析认为，实施快速响应系统后供应链效率大有提高：缺货大大减少，通过供应商与零售商的联合协作，保证 24h 供货；库存周转速度提高 1 ~2 倍；通过敏捷制造技术，企业的产品中有 20% ~30% 是根据用户的需求而制造的。

快速响应系统需要供需双方的密切合作，因此协调库存管理中心的建立为快速响应系统发挥更大的作用创造了有利的条件。

4. 发挥第三方物流系统的作用

第三方物流系统（3PL）是供应链集成的一种技术手段。3PL 也叫作物流服务提供者（LSP），它为用户提供各种服务，如产品运输、订单选择、库存管理等。第三方物流系统的产生一种是由一些大的公共仓储或运输公司通过提供更多的附加服务演变而来，另外一种产生形式是由一些制造企业的运输和分销部门演变而来。

把库存管理的部分功能代理给第三方物流系统管理，可以使企业更加集中精力于自己的核心业务，第三方物流系统起到了联系供应商和用户的桥梁作用（如图 7 − 8 所示），为企业获得诸多好处：

(1) 减少成本。

(2) 使企业集中于核心业务。

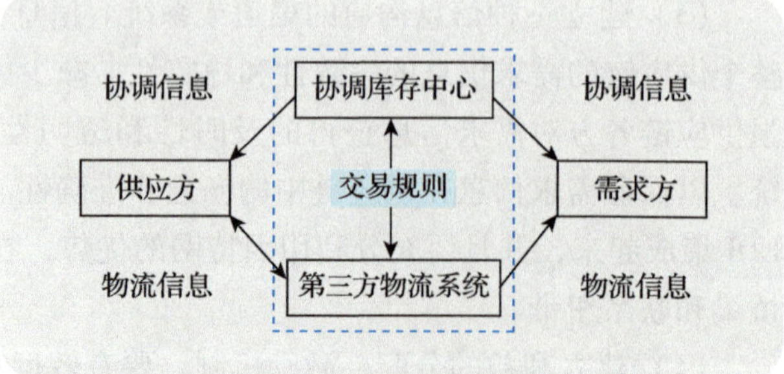

图 7 − 8　第三方物流系统在供应链中的作用

（3）获得更多的市场信息。

（4）获得一流的物流咨询。

（5）改进服务质量。

（6）快速进入国际市场。

面向协调中心的第三方物流系统使供应与需求双方都取消了各自独立的库存，增加了供应链的敏捷性和协调性，并且能够大大改善供应链的用户服务水平和运作效率。

三、战略库存管理

（一）关于库存管理问题的新理解

基于传统的库存观点，库存管理就是物料管理，于是人们花大量的时间与精力去优化库存（物料成本优化），但是却总是没有达到预期效果。这种只看树木不看森林的管理思维一直没有得到突破。而所谓的库存管理也总是围绕物流管理、仓库管理等问题展开，或者基于降低浪费的角度，采用 JIT 准时制进行无休止地改进以降低库存，虽然这些都是库存管理的有效方法，但是，从根本上来说，仍然没有解决库存的本质问题。

深层次的研究发现，库存控制是个很复杂的企业综合管理问题。库存问题也不是简单的资源储备或闲置的问题，而是一种组织行为问题，这是关于库存管理新的理解：

库存是企业之间或部门之间没有实现无缝连接的结果，因此，库存管理的真正本质不是针对物料的物流管理，而是针对企业业务过程的工作流管理。

（二）战略库存控制：工作流管理

工作流管理从传统的以物流控制为目的的库存管理向以过程控制为目的的库存管理转变是库存管理思维的变革。基于过程控制的库存管理将是全面质量管理、业务流程再造、工作流技术、物流技术的集成。这种新的库存管理思想对企业的组织行为产生了重要的影响，组织结构将更加面向过程。供应链是多个组织的联合，通过有效的过程管理可以减少乃至消除库存。

在供应链库存管理中，组织障碍是库存增加的一个重要因素。不管是企业内部还是企业之间，相互的合作与协调是实现供应链无缝连接的关键。在供应链管理环境下，库存控制不再是一种运作问题，而是企业的战略性问题。要实现供应链管理的高效运行，必须增加企业的协作，建立有效的合作机制，不断进行流程革命。因而，库存管理并不是简单的物流过程管理，而是企业之间工作流的管理。

基于工作流的库存管理能解决传统的库存控制方法无法解决的库存协调问题，特别是多级库存控制问题。多级库存管理涉及多组织协作关系，这是企业之间的战略协作问题。传统的订货点方法解决不了关于多组织的物流协作问题，必须通过组织的最有效协作关系进行协调才能解决。

基于工作流的库存控制策略把供应链的集成推到了一个新的战略高度——企业间的协作与合作。

本章小结

库存管理是供应链管理中的重要内容，在某种程度上可以说是实现供应链效益的关键。传统的库存管理仅仅是对自身库存物资的数量管理与控制，它们往往只是着眼于自身的库存水平的最低与库存持有费用的最少，而把库存物资往其上游或下游实行转移。而供应链下的库存管理则应把视野从自身扩大到由供应商、制造商、批发商和零售商组成的供应链网络上来，它们之间充分交换库存信息，相互协调共同管理库存、实现整体库存水平的下降，甚至有可能实现零库存。第一节库存管理概述介绍了库存的含义和分类，以及库存管理的作用；第二节供应链管理环境下的库存控制问题，介绍了和传统的企业库存管理的不同之处。传统的企业库存管理侧重于优化单一的库存成本，从存储成本和订货成本出发确定经济订货量和订货点。从单一企业的库存角度看，这种库存管理方法有一定的适用性，但是从供应链整体的角度看，单一企业库存管理的方法显然是不够的。供应链管理下的库存控制存在的主要问题有三大类：信息类问题；供应链的运作问题；供应链的战略与规划问题。具体体现为：①没有供应链的整体观念；②对用户服务的理解与定义不恰当；③不准确的交货状态数据；④低效率的信息传递系统；⑤忽视整体供应链不确定性对库存的影响；⑥库存控制策略简单化；⑦缺乏合作与协调；⑧产品的过程设计没有考虑供应链上库存的影响。第三节中介绍的 VMI 管理系统、联合库存管理等库存管理技术与方法和战略库存控制的工作流管理法，是供应链管理环境下的几种典型的先进库存管理策略。VMI 管理系统是一种供应链集成化运作的决策代理模式，它把用户的库存决策权代理给供应商，由供应商代理分销商或批发商行使库存决策权，使供应链系统获得同步化运作。联合库存管理则是一种风险分担的库存管理模式。和供应商管理用户库存不同，它强调双方同时参与，共同制订库存计划，使供应链过程中的每个库存管理者（供应商、制造商、分销商）都从相互之间的协调性考虑，保持供应链相邻的两个节点之间的库存管理者对需求的预期保持一致，从而消除了需求变异放大现象。旨在解决供应链系统中由于各节点企业的相互独立库存运作模式导致的需求放大现象，库存管理不再是各自为政的独立运作过程，而是供需连接的纽带和协调中心，是提高供应链的同步化程度的一种有效方法。战略库存认为库存管理并不是简单的物流过程管理，而是企业之间工作流的管理。从传统的以物流控制为目的的库存管理向以过程控制为目的的库存管理转变是库存管理思维的又一变革。基于过程控制的库存管理将是全面质量管理、业务流程再造、工作流技术、物流技术的集成。这种新的库存管理思想对企业的组织行为产生了重要的影响，组织结构将更加面向过程。供应链是多个组织的联合，通过有效的过程管理可以减少乃至消除库存。

复习思考题

1. 简述库存控制的作用。
2. 供应链管理下的库存管理方法有哪些?
3. 供应链管理环境下的库存控制遇到的问题有哪些?
4. 试说明供应链中的需求变异放大效应与库存波动情况。
5. 试说明供应链的不确定性对库存的影响。
6. 试说明 VMI 管理系统的基本思想和实施方法。
7. 试说明联合库存管理的基本思想和实施策略。

案例 1

和路雪的供应链优化

和路雪是一家总部设在英国的属于联合利华旗下的著名冰激凌企业，自 1994 年和路雪（中国）有限公司成立以来，和路雪这一品牌在中国取得长足的发展，在国内主要城市里知名度和市场占有率都排名前列。

和路雪具有典型的快消品供应链网络架构，其目前在全国共建设有 4 家工厂，分别位于江苏太仓、北京、广东河源和湖北仙桃，根据工厂位置，在太仓、北京、广州和武汉设立了 4 个区域物流中心，物流中心大体上对应负责华东、华北、华南、中西部的区域物流配送，各个区域物流分拨中心之间也会有少量的产品区域调拨。在区域物流中心的下一级，和路雪设有十几个城市物流配送中心，负责周边城市的物流配送，最终配送至全国 2 万多个超市、商场、零售店等销售终端。

在执行物流任务时，涉及整个供应链系统的运作，而非单个仓储管理系统。生产计划是根据每隔固定一段时间的产品销售预测加上生产能力以及变动的计划而成。供应链系统生成生产计划后，根据已有原料清单、库存信息等再生成采购计划与工厂的生产日程安排，最后才是物流管理与配送。

产品生产下线后进入与工厂相连的冷库或区域物流分拨中心暂存。和路雪产品通过直营渠道和经销商渠道销售。经销商通过系统向和路雪客服部门下达订单，订单经过系统汇总分析再分配给各个区域物流分拨中心，区域物流分拨中心按配送区域进行订单汇总分拣出货，通过大量货物的干线运输到下一级城市物流配送中心，之后再经过小批量城市配送到终端客户。

在物流操作中，和路雪与其他快消品公司有不同之处在于，产品从生产线下线后就处于带板状态（即放在托盘上，便于升降装卸及运输），无论是在仓储状态，还是在运输状态，一直到经销商为止。而很多快消品公司在物流操作中，只是在仓储过程中带板，运输过程多数是散箱状态。

和路雪采取带板物流，与产品物流量大，且要求快速响应分不开。相对散箱操作，带板状态下的物流过程尤其是装卸、运输过程，省去了产品从工厂到区域物流分拨中心再到城市物流配送中心，最后到终端客户时，不同级别物流网络衔接时的产品物流包装的倒换，减少了中间环节，大大降低了产品的损坏率，保障了配送到终端时的产品质量，也节省了大量的人力；更重要的是，带板操作大大缩短了装卸过程的操作时间，提高了响应速度，这对于快消品物流来说至关重要。

托盘自购变租赁

在带板运输的物流操作模式下，和路雪需要配置大量的托盘来满足物流需求。但是作为典型的快消品，乳品冷饮具有明显的淡旺季差异，夏季物流高峰期与冬季低谷期差异巨大，在自购托盘的情况下，存在一些麻烦，主要表现为：产品销售季节性强，按照旺季峰值需求采购托盘，不仅造成托盘利用率低而且在淡季存放闲置托盘占用了大量场地；带板运输到异地，需要安排运力回收空托盘到工厂重新使用，特别是长距离托盘回收造成了很高的托盘回收成本；托盘损耗较大，每年需要采购大量新托盘进行补充。

为了解决上述问题，和路雪决定变自购托盘为租赁，并于2012年开始与专业从事托盘共用租赁业务的招商路凯中国公司合作，执行新的解决方案，即：招商路凯以回购方式将客户自购托盘一次性替换成招商路凯的标准化ECR托盘，并以招商路凯的全国服务网络支持客户在各区域间的异地起租/退租，并可配合该客户将托盘循环共用模式在更大范围内推广实施。

托盘租赁的解决方案执行后，供应链的成本和效率得到进一步改善，主要体现在：根据淡旺季生产计划，按需租赁托盘，节省了资金；托盘在生产地起租在销售地退租，大幅度降低了空托盘的回收成本，特别是长距离托盘回收，据测算与自购相比，大约减少了50%的空托盘调运；无需再持续投入人力和资金对托盘进行维修，托盘由招商路凯在全国各地服务网点回收后统一免费维修；降低了碳排放并保护了森林资源，据介绍托盘租赁模式减少了约14%的CO_2排放，充分体现了绿色物流的概念。

带板运输的持续优化

采取托盘租赁后，和路雪供应链效率得到了明显的改善。但是在和路雪的物流过程中，长距离运输占了相当大一部分比例。带板运输虽然有助于效率与响应速度的提升，但在运输过程中因为相对减少了货物运输数量，导致了成本增加。为减小成本压力，和路雪正在尝试改变每托盘货物的高度，希望将高度提升至2米，以此增加长距离运输中的货物数量。不过此举看似简单，却要求产品包装、仓储货架规格、车辆车型等等一系列设施设备都做出相应调整，需要整个物流系统的配合，推行步骤需待细化。

案例2

达可海德（DH）服装公司的VMI系统

美国达可海德（DH）服装公司把供应商管理用户库存（VMI）看作增加销售量、提高服务水平、减少成本、保持竞争力和加强与客户联系的战略性措施。在实施VMI过程中，DH公司发现有些客户希望采用EDI先进技术并且形成一个紧密的双方互惠、信任和信息共享的关系。

为对其客户实施VMI，DH公司选择了STS公司的MMS系统，以及基于客户端/服务器的VMI管理软件。DH公司采用Windows NT和PC服务器，带有五个用户终端。在STS公司的帮助下，对员工进行了培训，设置了必要的基本参数和使用规则。技术人员为主机系统的数据和EDI业务管理编制了特定的程序。

在起步阶段，DH选择了分销链上的几家主要客户作为试点单位。分销商的参数、配置、交货日期、运输计划、销售历史数据以及其他方面的数据被统一输进了计算机系统。经过一段时间的运行，根据DH公司信息系统部副总裁的统计，分销商的库存减少了50%，销售额增加了23%，取得了较大的成效。

接着，DH公司将VMI系统进行了扩展，并且根据新增客户的特点又采取了多种措施，在原本VMI管理软件上增加了许多新的功能。

（1）某些客户可能只能提供总存储量的EDI数据，而不是当前现有库存数。为此，DH公司增加了一个简单的EDI/VMI接口程序，计算出需求客户的现有库存数。

（2）有些客户没有足够的销售历史数据用来进行销售预测。为解决这个问题，DH公司用VMI软件中的一种预设的库存模块让这些客户先运行起来，直到积累起足够的销售数据后再切换到正式的系统中去。

（3）有些分销商要求提供一个最低的用于展示商品的数量。DH公司与这些客户一起工作，一起确定他们所需要的商品和数量（因为数量太多影响库存成本），然后用VMI中的工具设置好，以备以后使用。

VMI系统建立起来后，客户每周将销售和库存数据传送到DH公司，然后由主机系统和VMI接口系统进行处理。DH公司通过VMI系统，根据销售的历史数据、季节款式、颜色等不同因素，为每一个客户预测一年的销售和库存需要量。

为把工作做好，DH公司应用了多种不同的预测工具进行比较，选择出其中最好的方法用于实际管理工作。在库存需求管理中，他们主要做的工作是：计算可供销售的数量和安全库存、安排货物运输计划、确定交货周期、计算补库订货量等。所有计划好的补充库存的数据都要复核一遍，然后根据下一周（或下一天）的业务，输入主机进行配送优化，最后确定出各配送中心装载/运输的数量。DH公司将送货单提前通知各个客户。

一般情况下，VMI系统需要的数据通过ERP系统获得，但是DH公司没有ERP。为了满足需要，同时能够兼顾VMI客户和非VMI客户，DH公司选用了最好的预测软件，并建立了另外的VMI系统数据库。公司每周更新数据库中的订货和运输数据，并且用这些数据进行总的销售预测。结果表明，DH公司和其客户都取得了预期的效益。

第八章 Chapter Eight

供应链管理环境下的物流与采购管理

学习目标

1. 区别物流管理概念和供应链管理概念。
2. 理解物流在供应链管理中的地位与作用。
3. 说明供应链管理环境下的物流管理目标、特征和战略。
4. 比较传统的采购模式和供应链管理环境中的采购模式。
5. 叙述准时化采购的基本思想、特点和实施要求。
6. 掌握电子采购的特点。

第一节　概　述

一、基本概念

物流一词源于国外，最早出现在美国，1915 年，阿奇·萧在《市场流通中的若干问题》一书中就提到“物流”（Physical Distribution）一词，并指出“物流是与创造需求不同的一个问题”。在 20 世纪初，西方一些国家已出现生产大量过剩、需求严重不足的经济危机，企业因此提出了销售和物流的问题，此时的物流指的是销售过程中的物流。1918 年，第一次世界大战时，英国犹尼利弗的商人哈姆勋爵成立了一个“即时送货股份有限公司”，公司的宗旨是在全国范围内把商品及时送到批发商、零售商和用户的手中，这一事件被人们认为是物流活动最早的文献记录。后来在第二次世界大战中，围绕战争供应，美国军队建立了“后勤”（Logistics）理论，并将其用于战争活动中。其中所提出的“后勤”是指将战争时的物资生产、采购、运输、配给等活动作为一个整体进行统一布置，以求战略物资补给的费用更低、速度更快、服务更好。后来“后勤”一词在企业以及其他组织中广为应用，如商业后勤和流通后勤等，这时的后勤包含了生产物流和流通物流，因而是一个范围更广泛的物流概念。物流概念经过 70 多年才有定论，现在欧美国家多把物流称作 Logistics，而不把 Physical Distribution 作为物流的概念。

在 GB/T 18354—2006《物流术语》中，物流（Logistics）被定义为：物品从供应地向接收地的实体流动过程。根据实际需要，将运输、储存、装卸、搬运、包装、流通加工、配送、信息处理等基本功能实施有机结合。

因为物流的范畴有大小，所以物流管理也有狭义和广义两方面的含义。狭义的物流管理是指对物资的采购、运输、配送、储备等活动的管理，是企业之间的一种物资流通活动的管理。广义的物流管理包括了生产过程中的物料转化过程，即现在人们通常所说的供应链管理，所以国外有人认为供应链管理实际就是物流管理的延伸和扩展。

采购/供应管理：是指对企业与供应商间的各类活动的管理，如采购管理、库存管理、采购环节的运输管理、采购环节中的订单管理等，但是它只包括本企业与和它相邻的第一级供应商之间的采购或供应关系，而不包括它和供应商的供应商之间的各种活动的管理。

配送管理：是指对与企业最直接的客户间的业务关系的管理，如销售商品的运输、发货单等，但这种管理只包括企业与和它直接相邻的客户间的活动的管理，而不包括它和客户的客户间的业务关系的管理。

后勤管理：后勤管理在物流管理的起源和发展过程中扮演了重要的角色。美国学者鲍沃索克斯在 1974 年出版的《Logistics Management》一书中对后勤管理下的定义为："以买主为起点，将原材料、零部件、制成品在各个企业间有策略地加以流转，最后到达用户手中，其间所需要的一切活动的管理过程"。1976 年美国国家物流管理协会在定义后勤管理中指出，后勤活动包括用户服务、需求预测、销售情报、库存控制、物料搬运、订货销售、零配件的供应、工厂及仓库的选址、物资采购、包装、废物的处理、运输、仓储等。

物料管理：指供应链的中间部分的物流和信息流。包括采购、库存管理、仓储管理、生产作业计划与控制、分销配送管理，即从原料的采购进厂、生产再到产品交给用户（第一级用户），不包括供应商的供应商和分销商的分销商及最终用户。

供应链管理：是跨企业范围的比物料管理更广泛的管理，它从战略层次上把握最终用户的需求，通过企业间的有效合作，获得成本、时间、效率、柔性等的最佳效果。

以上几个基本概念间的关系可以用图 8－1 清晰地表示出来。

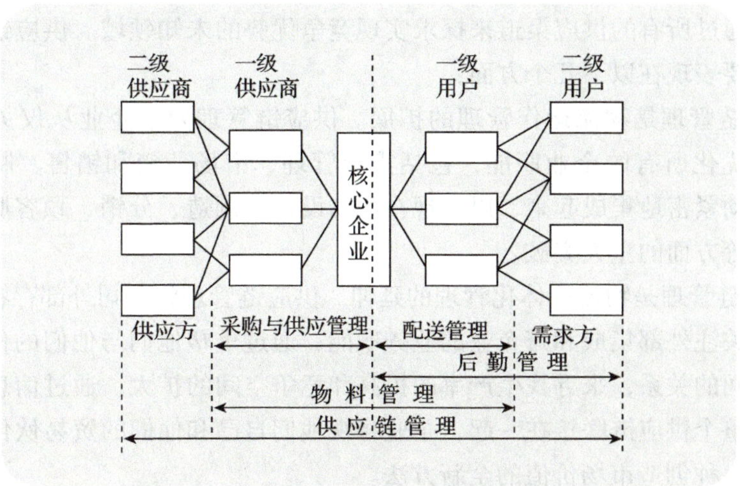

图 8－1　供应链管理中不同管理范畴的描述

二、物流在供应链管理中的地位

（一）物流一体化与供应链管理间的关系

很多人认为供应链管理是物流一体化管理的一部分或代名词，其原因是供应链管理与物流管理有着十分密切的关系。但二者实际上是不能混为一谈的。供应链管理是从物流管理发展而来的，但是供应链管理已经超出了物流管理的范畴。供应链管理的演化可以分为4个阶段：第一阶段是仓储和运输，第二阶段是总成本管理，第三阶段是物流一体化管理，第四阶段是供应链管理。这4个阶段间的发展过程见表8－1。

表8－1　供应链管理发展的4个阶段

阶段一	阶段二	阶段三	阶段四
1970年以前	1970～1980年	1980～1990年	1990年以后
仓储和运输	总成本管理	物流一体化管理	供应链管理
管理关注焦点为：运作性能	管理关注焦点为：优化运作成本和顾客服务	管理关注焦点为：战术/战略物流计划	管理关注焦点为：整个供应链的伙伴关系
功能分散	功能集合	物流功能集成	虚拟组织

物流一体化管理将企业内部的物流活动和战略同供应链上贸易伙伴的物流活动和战略进行集成，以增进整个渠道的顾客服务和降低总成本的能力，而供应链管理的核心是通过供应链上贸易伙伴间的密切合作来获得潜在的竞争优势。物流是为满足顾客需求，对来源点到使用点的货物、服务及相关信息的有效率、有效益的活动和储存，进行计划、执行与控制的供应链过程的一部分。可见物流管理的战略导向是顾客需求，物流是供应链过程的一部分。物流一体化将物流视为获取最大的内部战略优势的资源，而供应链管理则以物流运作的一体化为基础，来创建“虚拟组织”。它越过渠道界限，将所有的核心竞争力联结在一起，以便通过所有的供应渠道来探求实现竞争优势的未知领域。供应链管理与物流一体化的区别主要表现在以下几个方面：

（1）供应链管理是物流运作管理的扩展。供应链管理要求企业从仅关注物流活动优化，转到关注优化所有的企业职能，包括需求管理、市场营销和销售、制造、财务和物流，将这些活动紧密地集成起来，以实现在产品设计、制造、分销、顾客服务、成本管理以及增值服务等方面的重大突破。

（2）供应链管理是物流一体化管理的延伸。供应链管理将公司外部存在的竞争优势机会包含在内，关注外部集成和跨企业的业务职能，通过重塑他们与他们的代理商、顾客和第三方联盟之间的关系，来寻找生产率的提高和竞争空间的扩大。通过信息技术和通信技术的应用，将整个供应链联接在一起，企业将视他们自己和他们的贸易伙伴为一个扩展企业，从而形成一种创造市场价值的全新方法。

（3）供应链管理是物流管理的新战略。供应链管理的运作方面关注传统的物流运作任务，如加速供应链库存的流动，与贸易伙伴一起优化内部职能，并且提供一种在整个供应链上持续降低成本以提高生产率的机制。然而，供应链管理的关键要素和真正力量在于它的战略方面。供应链管理扩展企业的外部定位和网络能力将使公司建立一个共同市场和竞争视野，构造一个变革性渠道联盟，以寻找在产品和服务方面的重大突破，并且管理复杂的渠道关系，使企业能主导市场方向，产生有关的新业务，探索关键性的新机会。

（二）物流在供应链管理中的地位

面对全球竞争的加剧、客户要求以及能否获得原材料的严重不可预测性，当今的企业被迫采取一系列新的生产过程并实施不同的制造战略。同时，制造商也意识到提高整个供应链的管理水平，要快速交货，缩短从产品订购到支付款项的周转时间，才是企业提高竞争力的最佳手段。物流管理是供应链管理中不可忽视的部分。一般认为，供应链是物流、信息流、资金流三个流的统一体，那么，物流很自然地成为供应链管理体系的重要组成部分，在供应链管理中发挥着极为重要的作用。

价值链本身就是一个价值增值过程，有效地管好物流过程，对于提高供应链的价值增值水平，有着举足轻重的作用。“物流对制造企业的生产是一种支持作用，只是辅助的功能部门”这种传统的观点应当改变了。由于现代企业的生产方式的转变，即从大批量生产转向精细的准时化生产，这时的物流，包括采购与供应，都需要跟着转变运作方式，实行准时供应和准时采购等。另一方面，顾客需求的瞬时变化，要求企业能以最快的速度把产品送到用户的手中，以提高企业快速响应市场的能力。所有的这一切，都要求企业的物流系统具有和制造系统协调运作的能力，以提高供应链的敏捷性和适应性，因此，物流管理不再是传统的保证生产过程连续性的问题，而是在供应链管理中发挥重要作用。具体表现在以下几个方面：

（1）创造用户价值，降低用户成本。

（2）协调制造活动，提高企业敏捷性。

（3）提供用户服务，塑造企业形象。

（4）提供信息反馈，协调供需矛盾。

因此，只有建立敏捷、高效的供应链物流系统才能达到提高企业竞争力的要求。供应链管理将成为21世纪企业的核心竞争力，而物流管理必将成为供应链管理的主要构成部分。

三、供应链环境下物流管理面临的主要问题

（一）传统的物流管理的三大缺陷

传统物流管理的主要特点表现在：纵向一体化的物流系统；不稳定的供需关系，缺乏合作；资源的利用率低，没有充分利用企业的有用资源；信息的利用率低，没有共享有关的需求资源，需求信息扭曲现象严重。

这些特点造成传统物流存在以下三大缺陷：

（1）库存太大。当上下游的各节点企业只根据来自其相邻的下级企业的需求信息进行

生产或供应决策时，需求信息的不真实性会沿着供应链逆流而上，产生逐级放大的现象，达到最源头的供应商时，其获得的需求信息和实际消费市场中的顾客需求信息发生了很大的偏差，需求变异系数比分销商和零售商的需求变异系数大得多，最终造成库存的逐级放大，库存压力增加。

(2) 反应太慢。前面传统松散的市场/配销渠道是固有的。由于再订货过程的脱节，可能从未满足热销产品的销售需求。

(3) 处理需求单一。传统的物流管理处理产品的方式单一。如有些公司只能承接运输服务，并通过同一种物流网络对它们进行分发。

在过去，仓库主要用于储存和处理货物，货物周转和循环很慢。一个载货车给配销中心运来一车货物，配销中心收货并进行实物存储。过了一段时间，当产品被记录到公司的库存系统后，如果有订购，它就会被装到出库的载货车上运出。整个过程可能需要几天甚至几个星期，而其他货物则放在仓库中。

（二）供应链管理环境下物流面临的问题

供应链管理环境下的物流管理和传统企业的物流管理的意义和方法不同。由于企业的经营思想的转变，为保证供应链的企业之间运作的同步化、并行化，增强快速响应市场的能力，物流系统管理将面临一系列的问题。主要体现在以下几个方面：

(1) 实现快速准时交货的措施的问题。

(2) 低成本准时的物资采购供应策略问题。

(3) 物流信息的准确传输、信息反馈和共享问题。

(4) 物流系统的敏捷性和灵活性问题。

(5) 供需协调实现无缝供应链连接问题。

第二节　供应链管理环境下的物流管理

由于供应链管理下物流环境发生了很大变化，从而供应链管理下的物流管理和传统的物流管理的理念、内容形式、技术手段、意义和方法等都发生了很大的变化，有许多新的特点。

一、供应链管理环境下物流管理的特征

（一）供应链管理下的物流环境

企业竞争环境的变化导致企业管理模式的转变，供应链管理思想就是在新的竞争环境下出现的。新的竞争环境体现了企业竞争优势要素的改变。在 20 世纪的 70 年代以前，成本是主要的竞争优势，而 80 年代则是质量，90 年代是交货时间，即所谓基于时间的竞争，到 21 世纪，这种竞争优势已经转移到所谓的敏捷性上来。在这种环境下，企业的竞争就

表现在如何以最快速度响应市场要求，满足不断变化的多样化需求。即企业必须能在实时的需求信息下，快速组织生产资源，把产品送到用户手中，并提高产品的用户满意度。在剧烈的市场竞争中，企业都感到一种资源饥渴的无奈，传统的单一企业竞争模式已经很难使企业在市场竞争中保持绝对的竞争优势。信息时代的到来，进一步加深了企业竞争的压力，信息资源的开放性，打破了企业的界限，建立了一种超越企业界限的新的合作关系，为创造新的竞争优势提供了有利的条件。因此，供应链管理的出现迎合了这种趋势，顺应了新的竞争环境的需要，使企业从资源的约束中解放出来，创造出新的竞争优势。

（二）供应链管理环境下物流管理的新特点

由于供应链管理下物流环境的改变，使新的物流管理和传统的物流管理相比有许多不同的特点。这些特点反映了供应链管理思想的要求和企业竞争的新策略。在传统的物流系统中，需求信息和反馈信息（供应信息）都是逐级传递的，因此上级供应商不能及时地掌握市场信息，因而对市场的信息反馈速度比较慢，从而导致需求信息的扭曲。另外，传统的物流系统没有从整体角度进行物流规划，常常导致一方面库存不断增加，另一方面当需求出现时又无法满足。这样，企业就会因为物流系统管理不善而丧失市场机会。

在供应链管理环境下的物流系统，信息的流量大大增加。需求信息和反馈信息不是逐级传递，而是网络式传递的，企业通过 EDI/Internet 可以很快掌握供应链上不同环节的供求信息和市场信息。因此在供应链环境下的物流系统有需求信息、供应信息和共享信息三种信息在系统中运行。

共享信息的增加对供应链管理是非常重要的。在传统的物流系统中，许多企业有能力跟踪企业内部的物流过程，但没有能力跟踪企业之外的物流过程，这是因为没有共享的信息系统和信息反馈机制。当可以做到共享信息，供应链上任何节点的企业就都能及时地掌握到市场的需求信息和整个供应链的运行情况，每个环节的物流信息都能透明地与其他环节进行交流与共享，从而避免了需求信息的失真现象。对物流网络规划能力的增强，也反映了供应链管理环境下的物流特征。它充分利用第三方物流系统、代理运输等多种形式的运输和交货手段，降低了库存的压力和安全库存水平。作业流程的快速重组能力极大地提高了物流系统的敏捷性。

通过消除不增加价值的过程和时间，使供应链的物流系统进一步降低成本，为实现供应链的敏捷性、精细化运作提供了基础性保障。对信息跟踪能力的提高，使供应链物流过程更加透明化，也为实时控制物流过程提供了条件。

合作性与协调性是供应链管理的另一个重要特点，但如果没有物流系统的无缝连接，运输的货物逾期未到，顾客的需要不能得到及时满足，采购的物资常常在途受阻，都会使供应链的合作性大打折扣，因此，无缝连接的供应链物流系统是使供应链获得协调运作的前提条件。

灵活多样的物流服务，提高了用户的满意度。通过制造商和运输部门的实时信息交换，及时地把用户关于运输、包装和装卸方面的要求反映给相关部门，提高了供应链管理系统对用户个性化响应的能力。

归纳起来，供应链环境下的物流管理的特点可以用如下几个术语简要概括：

（1）信息——共享。

（2）过程——同步。

（3）合作——互利。

（4）交货——准时。

（5）响应——敏捷。

（6）服务——满意。

二、供应链管理环境下物流管理的战略

战略（strategy）是企业生存和发展的保证。没有战略的企业是不会长久发展的企业，没有战略眼光的企业家是不称职的企业家。现代物流管理系统处于复杂多变的环境，物流管理需要参与决策，要为提高供应链的竞争力提供有力保证，因此物流战略在供应链管理战略中有重要意义和作用。

（一）物流管理战略的意义

古人云："兵马未到，粮草先行"。物流为企业产品打入市场架桥铺路，为生产源源不断地输送原材料。没有通畅而敏捷的物流系统，企业就无法在市场竞争中立足。在传统的物流管理中，由于物流被看作企业经营活动中的辅助内容，因此许多企业没有物流战略，缺乏战略性的物流规划和运筹。有的企业虽然生产管理搞得很好，产品研究开发也很有水平，但是产品就是销不出去，原因是多方面的，其中之一可能就是物流渠道不通畅导致产品分销受阻，影响了产品的进一步生产与开发。有的企业由于原材料的供应问题没有解决好，没有建立良好的原材料供应渠道，影响了产品的生产，也同样制约了企业经营战略的实现。有的企业在售后服务方面缺乏用户服务的观念，没有建立通畅的用户信息反馈机制，使企业的经营战略没能跟上用户的需求，最终也落得失去用户的悲惨结局。

供应链管理的战略思想就是要通过企业与企业之间的有效合作，建立一种低成本、高效率、响应性好、具有敏捷性的企业经营机制，产生一种超常的竞争优势；就是要使企业从成本、质量、时间、服务、灵活性等方面显著提高竞争优势，加快企业产品进入市场的速度。这种战略思想的实现需要供应链物流系统从企业战略的高度规划与运筹，并把供应链管理战略通过物流战略的贯彻实施得以落实。

由此可见，物流管理战略对于供应链管理来说是非常重要的，重视战略问题是供应链管理区别于传统物流管理的一个重要标志。

（二）物流管理战略的框架结构。

物流管理战略内容分为 4 个层次，如图 8－2 所示。

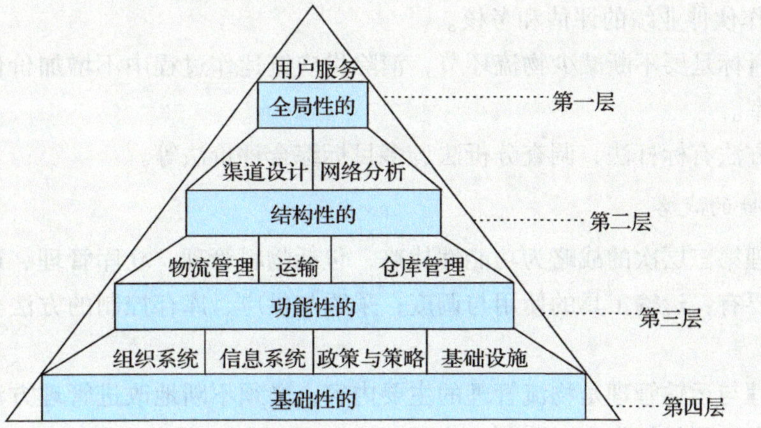

图 8-2 物流管理的战略框架

1. 全局性的战略

物流管理的最终目标是满足用户需求（把企业的产品和服务以最快的方式、最低的成本交付用户），因此用户服务应该成为物流管理的最终目标，即全局性的战略性目标。通过良好的用户服务，可以提高企业的信誉，获得第一手市场信息和用户需求信息，增加企业对用户的亲和力并留住顾客，使企业获得更大的利润。要实现用户服务的战略目标，必须建立用户服务的评价指标体系，如平均响应时间、订货满足率、平均缺货时间、供应率等。虽然目前对于用户服务的指标还没有一个统一的规范，对用户服务的定义也不同，但企业可以根据自己的实际情况建立提高用户满意度的管理体系，通过实施用户满意工程，全面提高用户服务水平。

2. 结构性的战略

物流管理战略的第二层次是结构性的战略，包括渠道设计和网络分析。渠道设计是供应链设计的一个重要内容，包括重构物流系统、优化物流渠道等。通过优化渠道，提高物流系统的敏捷性和响应性，使供应链获得最低的物流成本，关于物流渠道的设计在后面还要进一步讨论。

网络分析是物流管理中另一项很重要的战略工作，它为物流系统的优化设计提供参考依据。其主要内容包括以下 5 个方面：

（1）库存状况的分析。通过对物流系统不同环节的库存状态分析，找出降低库存成本的改进目标。

（2）用户服务的调查分析。通过调查和分析，发现用户需求和获得市场信息反馈，找出服务水平与服务成本的关系。

（3）运输方式和交货状况的分析。通过分析，找到运输合理化的切入点。

（4）物流信息及信息系统的传递状态分析。通过分析，提高物流信息传递过程的速度，增加信息反馈，提高信息的透明度。

（5）合作伙伴业绩的评估和考核。

分析的目标是要不断减少物流环节，消除供应链运作过程中不增加价值的活动，提高物流系统效率。

分析的方法有标杆法、调查分析法、多目标综合评价法等。

3. 功能性的战略

物流管理第三层次的战略为功能性战略，包括物料管理、仓库管理、运输管理 3 个方面。内容主要有：运输工具的使用与调度；采购与供应、库存控制的方法与策略；仓库的作业管理等。

物料管理与运输管理是物流管理的主要内容，必须不断地改进管理方法，使物流管理向零库存这个极限目标努力，降低库存成本和运输费用，优化运输路线，保证准时交货，实现物流过程的适时、适量、适地的高效运作。

4. 基础性的战略

物流管理第四层次的战略是基础性战略，主要作用是为保证物流系统的正常运行提供基础性的保障。内容包括：①组织系统管理；②信息系统管理；③政策与策略；④基础设施管理。

要健全物流系统的组织管理结构和人员配备，就要重视对企业有关人员的培训，提高他们的业务素质。例如，采购与销售部门是企业的两个对外业务协调部门，他们工作的好坏直接关系企业与合作伙伴的关系和企业的形象，因此必须加强对这两个部门的领导与组织工作。

信息系统是物流系统中传递物流信息的桥梁，库存管理信息系统、配送分销系统、用户信息系统、EDI/Internet 数据交换与传输系统、电子资金交易系统（EFT）、零售点 POS，对提高物流系统的运行效率起着关键作用，因此必须从战略的高度去规划与管理，才能保证物流系统高效运行。

三、供应链管理环境下物流资源的有效配置

供应链管理的目的是要通过合作与协调实现资源的共享和最佳资源搭配，使各成员企业实现资源最充分的利用。比如有些地区的物流所推行的全球运筹式产销模式，就充分利用了物流网络的资源配置功能，实现全球资源的有效配置。这种模式的基本思想是按客户订单组织生产，生产采用分散的模式，将全球的资源都利用起来。

采取外包的形式，将企业产品的零部件等外包给世界各地的制造商去生产，通过全球物流网络发往同一配送中心，将组装好的产品发送给用户。美国许多跨国公司都有完备的物流网络系统，其物流系统能快速地把世界各地的资源最充分地利用起来，有很强的竞争力，企业也有很高的敏捷性和柔性，十分有利于实现跨国经营。而供应链的物流系统能否实现有效的资源配置取决于物流信息系统的完备性和合作企业的合作性。

物流管理的作用就是通过有效的资源配置，使供应链各节点企业之间的物料得到最充分的利用，保证供应链实时的物料供应、同步化运作。

四、全球化的后勤保障系统

全球化已经成为新时期衡量一个企业竞争力的重要标准之一。当一个企业发展成为全球性的企业时，就需要有全球性的供应链管理系统来管理，为此企业必须建立全球化的后勤保障系统作为支持。

企业的全球供应链管理系统应主要考虑如下几个方面的问题：

（一）建立全球供应链需求信息网络

全球化经营与本地化经营的最大不同是需求信息来源的多样性、地区差别化、消费的文化价值差异化等，因此企业要根据不同的国情，对需求特点进行分析，建立全球需求信息反馈系统。全球供应链的信息需要从一个地区反馈到另一个地区，从一个供应链节点企业到另一个供应链节点企业，形成满足供应链管理要求的信息网络，它是维护全球供应信息的一致性、保证全球供应链的信息能够准确无误、畅通无阻、进而实现全球供应链同步化运营的关键。另外，由于不同国家的信息系统是异构的，应采用远程多代理的、统一的数据传输方式，这对提高全球信息系统的运行速度与效率是非常重要的。

（二）建立全球化合作关系网，提高物流效率

由于全球供应链跨越不同的国家和地区，物流过程要经过海关、机场、港口等，运输过程十分复杂，有汽车、飞机、轮船等各种运输工具，还有不同国家的管理与地区性政策等都会导致物流过程的效率低下。为了提高物流效率，必须建立全球化的合作关系网，通过与当地的物流部门进行合作，把部分业务外包给当地企业，如代理销售、代理运输、代理库存管理等，或建立联合经营企业，如地区分销中心等，这些措施可以大大提高物流系统的效率。

（三）建立全球的售后服务体系

实现全球供应链管理的企业需要建立完善的全球后勤服务体系，以保证物流畅通和树立良好的企业形象。海尔集团是我国成功打入国际市场、实施全球化经营的大型国有企业。海尔的洗衣机生产销售已经形成全球供应链管理模式，销售网点已分布到世界各地。在进军国际市场的过程中，海尔非常注意售后服务的工作，这是使海尔能够成为跨国经营的大型国有企业的秘诀。

第三节　供应链管理环境下的采购管理

供应链管理环境下的采购管理是供应链管理的重要内容之一，它在供应链企业之间原材料和半成品生产合作交流方面架起一座桥梁，是沟通生产需求和物资供应的纽带。为使

供应链系统能够实现无缝连接，并提高供应链企业的同步化运作效率，就必须加强采购管理，提高企业的敏感性和响应性。

一、传统的采购模式

（一）传统管理下的采购模式

在传统管理模式下，采购中企业首要考虑的、最主要的问题是采购的价格和以何种方式与供应商进行交易。一般而言，是通过多个供应商进行报价，充分利用多头竞争，从中选择价格最低的供应商作为合作者。虽然采购物资的质量、数量和交货期限也是采购过程中的重要考虑因素，但在传统的采购方式下，这些问题都是通过事后验证和控制的方法来实现，及时性很差，经常造成生产上停工待料等重大损失。

（二）传统的采购模式的特点

归纳起来，传统的采购模式具有以下特点。

1. 传统采购过程是典型的非信息对称的博弈过程

供应商的选择是传统采购活动的首要任务。而在采购过程中存在着两种信息非对称现象，其一是采购方与供应商间的信息非对称。这是因为采购一方为了从多个竞争性的供应商中选择一个最佳的供应商，往往会保留私有信息，供应商获得的关于采购方的信息越多，在竞争中获胜的机会越大，这样对采购方是不利的。其二是供应商与供应商间也存在着信息不对称。因为各供应商都想在竞争中获胜，而自己的信息被其他供应商知道得越多，自己被击败的可能性就越大。这样，供需双方及供方之间都不能进行有效的信息沟通，这是传统采购过程的一大特点。

2. 事后把关，质量控制不及时

商品质量与交货期是除了价格以外采购一方要考虑的另外两个重要因素。在传统的采购模式下，由于采购方很难参与供应商的生产组织过程和有关质量控制活动，供应商的产品质量的信息在采购之前很难被采购方知晓，而采购方只有在采购后的验收过程中才能知道所购商品的质量是否符合预定的标准，这时再换货、退货或另外寻找其他供应商有可能给企业的生产造成巨大的损失。所以缺乏合作的质量控制会导致采购方对采购商品质量控制的难度加大。

3. 供需双方的合作关系短暂，竞争关系长久

在传统的采购模式中，供需双方间的关系是临时性的，二者竞争往往多于合作。正是因为供需双方间的信息不对称，缺乏有效的沟通，二者间缺少合作的气氛，相互抱怨、扯皮的事情较多，很多时间消耗在解决日常问题上，没有更多的时间来做长期性预测与计划工作。

4. 响应用户需求的能力迟钝

由于供应与采购双方在信息的沟通方面缺乏及时的信息反馈，在市场需求发生变化的

情况下，采购一方也不能改变供应一方已有的订货合同，因此采购一方在需求减少时库存增加，需求增加时，出现供不应求。重新订货需要增加谈判过程，因此供需之间对用户需求的响应没有同步进行，缺乏应付需求变化的能力。

二、供应链管理环境中采购的特点

在供应链管理模式下，采购工作要做到5个恰当：

恰当的数量——实现采购的经济批量，既不积压又不会造成短缺。

恰当的时间——实现及时化采购管理，既不提前，给库存带来压力；也不滞后，给生产带来压力。

恰当的地点——实现最佳的物流效率，尽可能地节约采购成本。

恰当的价格——达到采购价格的合理性，价格过高则造成浪费，价格过低可能质量难以保证。

恰当的来源——力争实现供需双方间的合作与协调，达到双赢的效果。

为实现上述5个恰当，供应链管理下的采购模式必须在传统采购模式的基础上做出调整和改变，主要呈现出以下几方面的特点。

（一）从库存驱动向订单驱动转变

在传统的采购模式中，采购的目的很简单，就是为了补充库存，防止生产停顿，即为库存而采购，可以说传统的采购是由库存驱动的。采购部门并不关心企业的生产过程，不了解生产的进度和产品需求的变化，因此采购过程缺乏主动性，采购部门制订的采购计划很难适应制造需求的变化。在供应链管理的模式下，采购活动是以订单驱动的。制造订单驱动采购订单，采购订单再驱动供应商，如图8－3所示。

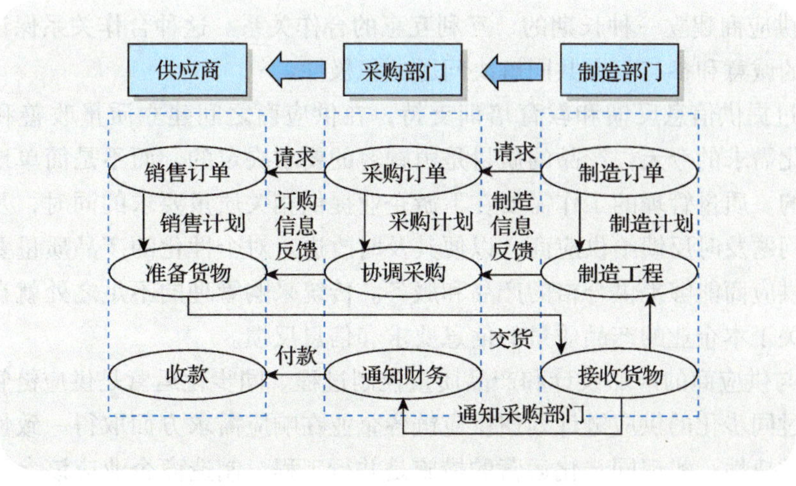

图8－3 订单驱动的采购业务原理

订单驱动的采购方式有如下特点：

(1) 信息传递方式发生了变化。在传统采购方式中，供应商对制造商的生产过程不了解，也无需关心制造商的生产活动。但在供应链管理环境下，供应商能共享制造商的信息，订货过程中不断进行信息反馈，修正订货计划，使订货与需求保持同步。

(2) 缩短了对用户的响应时间。在同步化供应链计划的协调下，制造计划、采购计划、供应计划能够并行，从而缩短了对用户的响应时间，实现了供应链的同步化运作。

(3) 签订供应合同的手续大大简化。信息沟通的及时、合作关系的建立，使供需双方之间不再需要询盘、报盘的反复协商，交易成本也大为降低。

(4) 实现面向过程的管理模式。订单驱动的采购方式简化了采购工作的流程，采购部门的作用主要是沟通供应与制造部门之间的联系，协调供应与制造的关系，为实现精细化采购提供基础保障。

(5) 采购物资直接进入制造部门，减少了采购部门的工作压力和不增加价值的活动过程，实现供应链的精细化运作。

(二) 从采购管理转变为外部资源管理

在传统的采购模式中，供应商对采购部门的需求有一个时滞，另外，采购部门对产品质量的控制也只能进行事后把关，不能进行实时控制，这些缺陷使供应链企业无法实现同步化运作。如何才能使这种事后把关变成事中控制呢？可以采用供应链外部资源管理的形式加以解决。

所谓在供应链管理中应用的外部资源管理，是指把供应商的生产制造过程看作采购企业的一个延伸部分，采购企业可以“直接”参与供应商的生产和制造流程，从而确保采购商品的质量的一种作法。外部资源管理是实现供应链管理的系统性、协调性、集成性和同步性，实现供应链企业从内部集成走向外部集成的重要一步。但要实现外部资源集成和管理，采购企业应从以下几个方面入手：

(1) 和供应商建立一种长期的、互利互惠的合作关系。这种合作关系保证了供需双方能够有合作的诚意和参与双方共同解决问题的积极性。

(2) 通过提供信息反馈和教育培训支持，在供应商之间建立质量改善和质量保证机制。在个性化需求的今天，产品的质量是由顾客的要求决定的，而不是简单地通过事后把关所能解决的。质量管理的工作需要在下游企业提供相关质量要求的同时，及时把供应商的产品质量问题及时反馈给供应商，以便其及时改进。对个性化的产品质量要提供有关技术培训，使供应商能够提供合格的产品和服务。传统采购管理的不足之处就在于供应商缺少下游企业关于本企业的产品质量的信息要求和信息反馈。

(3) 参与供应商的产品设计和产品质量控制过程。同步化运营是供应链管理的一个重要思想。通过同步化的供应链计划使供应链各企业在响应需求方面取得一致性的行动，增加供应链的敏捷性。实现同步化运营的措施是并行工程。制造商企业应该参与供应商的产品设计和质量控制过程，共同制定有关产品质量标准等，使需求信息能很好地在供应商的业务活动中体现出来。

(4) 协调供应商的计划。一个供应商有可能同时参与多条供应链的业务活动，在资源有限的情况下必然会造成多方需求争夺供应商资源的局面。在这种情况下，下游企业的采购部门应主动参与供应商的协调计划。在资源共享的前提下，保证供应链的正常供应关系，维护企业的利益。

（5）建立一种新的、有不同层次的供应商网络，对供应商的数量进行管理。一般而言，供应商的数量越少越有利于双方的合作。但是企业的产品对零部件或原材料的需求是多样性的，因此，企业应根据自己的情况选择适当数量的供应商，建立自己的供应商网络。

还应当注意的问题是外部资源管理并不是采购一方的单方面努力就能够实现的，还需要供应商的配合与支持，如对下游企业的问题做出快速反应，基于用户的需求不断改进产品和服务质量等。

（三）从一般的买卖关系转变为战略伙伴关系

在传统的采购模式中，供应商与需求企业间是一种简单的买卖关系，无法解决涉及全局性和战略性的供应链问题，而基于战略伙伴关系的采购方式为解决这些问题创造了条件。这些全局性和战略性的问题主要有：

（1）库存问题：在传统的采购模式中，各级企业都无法共享库存信息，不可避免地产生需求信息的扭曲现象；在供应链管理模式下，供应与需求双方可以共享库存数据，采购决策过程变得透明，减少了需求信息的失真现象。

（2）风险问题：供需双方通过战略性合作关系，双方可以降低由于不可预测的需求变化带来的风险，比如运输过程的风险、信用的风险和产品质量的风险等。

（3）合作伙伴关系问题：通过合作伙伴关系，双方可以为制订战略性的采购供应计划共同协商，不必为日常琐事消耗时间与精力。

（4）降低采购成本问题：由于避免了许多不必要的手续和谈判过程，信息的共享避免了因信息不对称可能造成的成本损失。

（5）准时采购问题：战略协作伙伴关系消除了供应过程的组织障碍，为实现准时化采购创造了条件。

第四节　准时化采购策略

一、准时化采购的基本思想

准时化采购又称为JIT采购，它是由准时化生产（Just In Time）管理思想演变而来的。它的基本思想是：把合适的数量、合适质量的物品、在合适的时间供应到合适的地点，最好地满足用户需要。准时化采购和准时化生产一样，它不但能够最好地满足用户需要，而且可以极大地消除库存、最大限度地消除浪费，从而极大地降低企业的采购成本和经营成本，提高企业的竞争力。正是因为JIT采购对于提高企业经济效益有着显著的效果，

80 年代以来，西方经济发达国家非常重视对 JIT 采购的研究与应用。据统计，绝大多数的美国企业已经开始全部或局部应用 JIT 采购方法，并取得了良好的应用效果。

JIT 的目标是在保证正常生产供应的情况下，避免一切浪费（包括空间、时间、人力、物料、能源、资金等），从而实现资源的重复、最佳运用。JIT 是指严格按照订单指定的时间，将产品交到顾客指定的地点，它既满足了顾客要求，同时库存也没有任何增加，大大降低了采购、生产和营销的成本。

JIT 是一种典型的需求导向的供应链管理思想，能帮助网络企业迅速适应市场和顾客需求的变化。JIT 的一个核心目标是尽可能地降低库存，最终实现企业的零库存运行，这样可以减少资金占用，大大降低库存成本。

JIT 概念源自于日本丰田汽车公司的“看板”（日语 Kanban）系统。日本丰田公司的大野耐一创造 JIT 生产方式，是在美国参观超级市场时，受超级市场的供货方式的启发而萌生的想法。而实际上超级市场模式，本来就是一种采购供应的模式。有一个供应商、一个用户，双方形成了一个供需“节点”，需方是采购方，供应商是供应方，供方按照需方的要求给需方进行准时化供货，它们之间的采购供应关系，就是一种准时化采购模式。JIT 采购的主要原理主要表现在以下几个方面。

（1）与传统采购面向库存不同，准时化采购是一种直接面向需求的采购模式，它的采购送货是直接送到需求点上。

（2）用户需要什么，就送什么，品种规格符合客户需要，具体包括：

用户需要什么质量，就送什么质量，品种质量符合客户需要，拒绝次品和废品。

用户需要多少就送多少，不少送，也不多送。

用户什么时候需要，就什么时候送货，不晚送，也不早送，非常准时。

用户在什么地点需要，就送到什么地点。

以上几条，即是 JIT 采购的原理，它既做到了很好地满足企业对物资的需求，又使得企业的库存量最小，只要在生产线边有一点临时的存放，一天工作完毕，这些临时存放就消失了，库存完全为零。依据 JIT 采购的原理，一个企业中的所有活动只有当需要进行的时候接受服务，才是最合算的。

从理论上看，JIT 的管理思想显得相当有吸引力，当然，如果能真正按照 JIT 的要求去实施，事实也会是如此。但它对供应链的实际运作，也提出了极高的要求。在 JIT 方式下，供应链中的每个环节都必须精确无误地按规定完成任务，保证产品在供应链上畅通无阻地运动。但限于条件，JIT 的实际操作是相当困难的。

二、准时化采购的意义

传统采购是填充库存，并以一定的库存来应对企业需求，为了保证企业生产经营的正常进行和应付物资采购过程中的各种不确定性（如市场变化、物资短缺、运输条件约束等），常常产生大量的原材料和外购件库存。虽然传统采购方式也在极力进行库存控制，想方设法地压缩库存，但是由于机制问题，其压缩库存的能力是有限的。特别是在需求急剧变化的情况下，常常导致既有高库存、又出现某些物资缺货的局面。高库存增加了成本，缺货则直接影响生产。而 JIT 作为一种先进的采购模式，不但可以有效克服传统采购的缺陷，提高物资采购的效率和质量，还可以有效提升企业的管理水平，为企业带来巨大的经济效益。主要优点包括以下几个方面：

（1）有利于暴露生产过程隐藏的问题。过高的库存不仅增加了库存的成本，而且还将许多生产上、管理上的矛盾掩盖起来，使问题得不到及时解决，日积月累，小问题就可能积累成了大问题，严重地影响企业的生产效率。而 JIT 是一种理想的物资采购方式，它设置了一个最高标准，一种极限目标，即原材料和外购件的库存为零，质量缺陷为零。同时，为了尽可能地实现这样的目标，JIT 采购提供了一个不断改进的有效途径，即降低原材料和外购件库存——暴露物资采购问题——采取措施解决问题——降低原材料和外购件库存。JIT 采购通过不断减少外购件和原材料的库存来暴露生产过程隐藏的问题，从解决深层次的问题上来提高生产效率。

（2）消除了生产过程的不增值过程。在企业采购中，存在大量的不增加产品价值的活动，如订货、修改订货、收货、装卸、开票、质量检验、点数、入库及运转等，把大量时间、精力、资金花在这些活动上是一种浪费。JIT 采购由于大大地精简了采购作业流程，因此消除了这些浪费，极大地提高了工作效率。

（3）进一步减少并最终消除原材料和外购件库存。降低企业原材料库存不仅取决于企业内部，而且取决于供应商的管理水平。JIT 采购模式不仅对企业内部的科学管理提出了严格的要求，而且对供应商的管理水平提出了更高、更严格的要求。JIT 采购不仅是一种采购方式，也是一种科学的管理模式，JIT 采购模式的运作，在客观上将在用户企业和供应商企业中铸造一种新的科学管理模式，这将大大提高用户企业和供应商企业的科学管理水平。有利于企业减少流动资金的占用，加速流动资金的周转，同时也有利于节省原材料和外购件库存占用空间，从而降低库存成本。

（4）使企业真正实现柔性生产。JIT 采购使企业实现了需要什么物资，就能供给什么样的物资，什么时间要就能什么时间供应，需要多少就能供给多少。从而使原材料和外购件库存降到最低水平。从这个意义上讲，JIT 采购最能适应市场需求变化，使企业能够具有真正的柔性。

（5）有利于提高采购物资的质量。一般来说，实施 JIT 采购，可以使购买的原材料和外购件的质量得到大幅度的提高。而原材料和外购件质量的提高，又会引致质量成本的降低。

（6）有利于降低原材料和外购件的采购价格。由于供应商和制造商的密切合作以及内部规模效益与长期订货，再加上消除了采购过程中的一些浪费，就使得购买的原材料和外购件的价格得以降低。以美国施乐公司为例，通过实施 JIT 采购策略，使其采购物资的成本下降了 40%～50%，取得了显著的经济效益。

三、准时化采购的特点

准时化采购与传统的采购有着本质的区别，主要表现出以下几个方面的特点。

（一）供应商越来越少，甚至单源供应

单源供应指的是对某一种原材料或外购件只从一个供应商那里采购；或者说，对某一种原材料或外购件的需求，仅由一个供应商供货。从理论上讲，采取单源供应比多头供应好，一方面，对供应商的管理比较方便，且可以使供应商获得内部规模效益和长期订货，从而使购买原材料和外购件的价格降低，有利于降低采购成本；另一方面，单源供应可以使制造商成为供应商的一个非常重要的客户，因而加强了制造商与供应商之间的相互依赖关系，有利于供需之间建立长期稳定的合作关系，质量上比较容易保证。但是，采取单源供应也有风险，比如供应商可能因意外原因中断交货。另外，采取单源供应，使企业不能得到竞争性的采购价格，会对供应商的依赖性过大等。

实际上，一些企业常采用同一原材料或外购件由两个供应商供货的方法，其中一个供应商为主，另一个供应商为辅。从实际工作中看，许多企业也不是很愿意成为单一供应商。原因很简单，一方面供应商是具有独立性较强的商业竞争者，不愿意把自己的成本数据披露给用户；另一方面是供应商不愿意成为用户的一个产品库存点。实施 JIT 采购，需要减少库存，但库存成本原先在用户一边，现在转移到供应商。因此，用户必须意识到供应商这种忧虑。

（二）对供应商的选择标准与以往不同

由于 JIT 采购采取单源供应，因而对供应商的合理选择就显得尤为重要。可以说，能否选择到合格的供应商是 JIT 采购能否成功实施的关键。合格的供应商应具有较好的技术、设备条件和较高的管理水平，可以保障采购的原材料和外购件的质量，保证准时按量供货。在传统的采购模式中，供应商是通过价格竞争而选择的，供应商与用户的关系是短期合作的关系，当发现供应商不合适时，可以通过市场竞标的方式重新选择供应商。但在 JIT 采购模式中，由于供应商和用户是长期的合作关系，供应商的合作能力将影响到企业长期经济利益，因此，对供应商的要求就比较高。在选择供应商时，需要对供应商按照一定标准进行综合评价，这些标准应包括产品质量、交货期、价格、技术能力、应变能力、批量柔性、交货期与价格的均衡、价格与批量的均衡、地理位置等，而不像传统采购那样主要依靠价格标准。在大多数情况下，其他标准较好的供应商，其价格也可能是较低的，即使不是这样，双方建立起互利互惠的合作关系后，企业可以帮助供应商找出降低成本的方法，从而使价格降低。更进一步，当双方建立了良好的合作关系后，很多工作可以简化以至消除，如订货、修改订货、点数统计、品质检验等，从而减少浪费，降低成本。

在 JIT 采购中，企业间的合作关系变成了长期的合作关系，这时供应商的合作能力将影响企业的长期经济利益，因此对供应商的要求也比较高，在选择供应商时不仅仅比较供应商的价格因素，而且需要对供应商进行综合评估，质量是最重要的评估标准。这种质量包括产品质量、工作质量、交货质量和技术质量等多方面的内容。

（三）对交货准时性的要求高

准时化采购的一个重要标准是要求交货准时，这是实施精细生产的前提条件。交货准

时取决于供应商的生产和运输条件。作为供应商，要使交货准时，可从以下几个方面入手：

（1）不断地提高和改进企业的生产条件，提高生产的可靠性和稳定性，减少延迟交货或误点现象。作为准时化供应链管理的一部分，供应商也同样应该采用准时化的生产管理模式，以提高生产过程的准时性。

（2）为提高交货准时性，运输问题不可忽视，运输决定着准时交货的可能性。特别是全球的供应链管理系统，运输过程长，而且要先后经过不同的运输工具，需要中转运输等，因此要进行有效的运输计划与管理，使运输过程准时化。

因此，就要求用户企业和供应企业都应着重考虑好这一方面问题，并进行有效的计划和管理，使运输过程准确无误。

（四）对信息交流的需求与以往不同

JIT 采购要求供应与需求双方信息高度共享，保证供应与需求信息的准确性和实时性。由于双方的战略合作关系，企业在生产计划、库存、质量等各方面的信息都可以及时进行交流，以便出现问题时能够及时处理。只有供需双方进行可靠而快速的双向信息交流，才能保证所需的原材料和外购件的准时按量供应。同时，充分的信息交换可以增强供应商的应变能力。所以实施 JIT 采购，就要求供应商和制造商之间进行有效的信息交流。

信息内容包括生产作业计划、产品设计、工程数据、质量、成本、交货期等。

（五）制定采购批量的策略与以往不同

小批量采购是 JIT 采购的一个基本特征。JIT 采购和传统的采购模式的一个重要不同之处在于准时生产需要减小批量，甚至实现“一个流生产”。因此，采购物资也应采用小批量办法。从另一个角度看，由于企业生产对原材料和外购件的需求是不确定的，而 JIT 采购又旨在消除原材料和外购件库存，为了保证准时、按质按量供应所需的原材料和外购件，采购必然是小批量的。但是，小批量采购必然增加运输次数和运输成本，对供应商来说，这点是很为难的事情，特别是当某些供应商在远距离的情形下，实施 JIT 采购的难度就很大。通常情况下，解决这一问题的方法主要有四种：一是供应商在地理位置上靠近制造商，如日本汽车制造商扩展到哪里，其供应商就跟到哪里；二是供应商在制造商附近建立临时仓库，实质上，这只是将负担转嫁给了供应商，而未从根本上解决问题；三是由一个专门的承包运输商或第三方物流企业负责送货，按照事先达成的协议，搜集分布在不同地方的供应商的小批量物料，准时按量送到制造商的生产线上；四是让一个供应商负责供应多种原材料和外购件。

（六）从根源上保障采购质量

实施 JIT 采购后，企业的原材料和外购件的库存很少以至为零。因此，为了保障企业生产经营的顺利进行，采购物资的质量必须从根源上抓起，也就是说，质量问题应由供应商负责，而不是企业的物资采购部门。JIT 采购就是要把质量责任返回给供应商，从根源上保证采购质量。为此，供应商必须参与制造商的产品设计过程，制造商也应帮助供应商提高技术能力和管理水平。美国 IBM 公司企业战略中的重要一环就是帮助供应商建立供应体系，以实现真正的本地化采购供应。这不仅对供应商有利，对 IBM 也很有帮助。为此，IBM 建立一个开放、兼容的信息平台，在此基础上，IBM 可以详细地了解供应商的生产流程、介入产品设计、生产、质量控制等过程，为其产品线找出竞争优势。以长城公司为例，IBM 和长城公司之间既是合资公司的业务伙伴关系，同时也是供应商与客户的关系。通过帮助长城公司提高技术水平，不仅使长城公司的市场竞争能力增强了，也使长城公司能够更好地提供高质量的产品为 IBM 服务，同时 IBM 还向长城公司提供一种开放的技术标准作为技术支持，使长城公司可以了解 IBM 眼中的业界发展方向。由于 IBM 本身具有一流的技术能力，长城公司与之保持同样的发展方向就自然增加了自身的竞争能力。

（七）可靠的送货和特定的包装要求

由于 JIT 采购消除了原材料和外购件的缓冲库存，供应商交货的失误和送货的延迟必将导致企业生产线的停工待料。因此，可靠送货是实施 JIT 采购的前提条件。而送货的可靠性，常取决于供应商的生产能力和运输条件，一些不可预料的因素，如恶劣的气候条件、交通堵塞、运输工具故障等，都可能引起送货延迟。此外 JIT 采购对原材料和外购件的包装也提出了特定的要求。最理想的情况是，对每一种原材料和外购件，采用标准规格且可重复使用的容器包装，既可提高运输效率，又能保证交货的准确性。

概括讲，准时化采购和传统的采购方式有许多不同之处，见表 8-2。

表 8-2　准时化采购与传统采购的区别

项　目	准时化采购	传统采购
采购批量	小批量，送货频率高	大批量，送货频率低
供应商的选择	长期合作，单源供应	短期合作，多源供应
供应商评价	质量、交货期、价格	价格、质量、交货期
检查工作	逐渐减少，最后消除	收货、点货、质量验收
协商内容	长期合作关系、质量和合理价格	获得最低价格
运输	准时送货、买方负责安排	较低的成本、卖方负责安排
文书工作	文书工作少，需要的是有能力改变交货时间和质量	文书工作量大，改变交货期和质量的采购需要重新谈判
产品说明	供应商革新、强调性能宽松要求	买方关心设计、供应商没有创新
包装	小、标准化容器包装	普通包装、没有特别说明、一般要求
信息交流	快速、可靠	一般要求

四、准时化采购的具体实施

通过分析 JIT 采购法的优点和特点，从中可以看到，JIT 采购方法和传统的采购方法的一些显著差别。但供应链中企业要切实地实现准时化采购，还要具备一些条件和采用相应的方法。

（一）实施准时化采购的条件

（1）看板管理是JIT采购中最有效的使用手段。

（2）选择最佳的供应商，并对供应商进行有效管理是JIT采购成功的基石。

（3）供应商与用户紧密合作是JIT采购成功的钥匙。

（4）卓有成效的采购过程，严格的质量控制是JIT采购成功的保证。

（二）实施准时化采购的方法步骤

1. 成立负责准时化采购的专门组织

一流企业的专业采购人员有三项责任，即寻找货源、商定价格、发展与供应商的协作关系并不断改进。专业化的高素质采购队伍实施准时化采购至关重要。成立专门组织，就是要其全面处理JIT采购有关事宜。要制定JIT采购的操作规程，协调企业内部各有关部门的运作、协调企业与供应商之间的运作。JIT除了企业采购供应部门有关人员之外，还要有本企业以及供应商企业的生产管理人员、技术人员、搬运人员等共同组成。一般应成立两个班组：一个是专门处理供应商事务的班组，该班组的任务是培训和指导供应商的JIT采购操作、衔接供应商与本企业的操作流程、认定和评估供应商的信誉、能力，与供应商谈判签定准时化供货合同，向供应商发放免检签证等；另一个班组是专门协调本企业各个部门的JIT采购操作、制定作业流程、指导和培训操作人员、进行操作检验、监督和评估。这些班组人员对JIT采购的方法应有充分的了解和认识，必要时要进行培训。

2. 制订计划，确保准时化采购策略有计划、有步骤地实施

企业要有针对性地制定采购策略，制定出具体的分阶段改进当前传统采购的措施，包括减少供应商的数量、供应商的评价、向供应商发放签证等内容。在这个过程中，企业要与供应商一起商定JIT采购的目标和有关措施，保持经常性的信息沟通。

3. 精选少数供应商，建立伙伴关系

供应商和企业之间互利的伙伴关系，意味着双方充满了一种紧密合作、主动交流、相互信赖的和谐气氛，共同承担长期协作的义务。在这种关系的基础上，发展共同的目标，分享共同的利益。企业可以选择少数几个最佳供应商作为工作对象，抓住一切机会加强与他们之间的业务关系。

4. 进行试点工作

企业可以先从某种产品、某条生产线或是某些特定原材料的试点开始，进行JIT采购的试点工作。在试点过程中，取得企业各个部门的支持是很重要的，特别是生产部门的支持。通过试点总结经验，为正式的JIT采购实施打下基础。

5. 搞好供应商的培训，确定共同目标

准时化采购是供需双方共同的业务活动，单靠采购部门的努力是不够的，需要供应商

的配合。只有供应商也对准时化采购的策略和运用方法有了认识和理解，才能获得供应商的支持和配合，因此需要对供应商进行教育培训。通过培训，大家取得一致的目标，相互之间就能够很好地协调，做好采购的准时化工作。

6. 向供应商颁发产品免检合格证书

在实施 JIT 采购策略时，核发免检证书是非常关键的一步。颁发免检证书的前提是供应商的产品 100% 的合格。为此，核发免检证书时，要求供应商提供最新的、正确的、完整的产品质量文件，包括设计蓝图、规格、检验程序以及其他必要的关键内容。经长期检验达到目标后，所有采购的物资就可以从卸货点直接运至生产线使用。

7. 实现配合准时化生产的交货方式

向供应商采购的原材料和外购件，在 JIT 的条件下，其目标是要实现这样的交货方式：当生产线正好需要某种物资时，该物资就到货并运至生产线，生产线拉动它所需的物资，并在制造产品时使用该物资。

8. 继续改进，扩大成果

JIT 采购是一个不断完善和改进的过程，需要在实施过程中不断总结经验教训，从降低运输成本，提供交货的准确性，提高产品质量、降低供应库存等各个方面进行改进，不断提高 JIT 采购的运作绩效。实行 JIT 采购效益非常好，操作也非常简单，但对企业管理基础和信息化建设基础要求较高，因此，国内许多企业尚未采用。但是作为一种先进的采购方法，由于能为企业带来显著的经济效益，JIT 采购模式已经引起了越来越多国内企业的关注和重视，推广和应用已是国内企业发展的必然需要和大势所趋。国内企业要开展 JIT 采购，只有未雨绸缪，尽快了解和探索 JIT 采购的原理和方法，从基础工作抓起，逐步创造条件，才能达到运筹帷幄、事半功倍的效果，早日为企业创造经济效益，提高企业的竞争能力。

第五节　电子采购

电子采购（E-Procurement）是由采购方发起的一种采购行为，是一种不见面的网上交易，如网上招标、网上竞标、网上谈判等。人们把企业之间在网络上进行的这种招标、竞价、谈判等活动定义为 B2B 电子商务，事实上，这也只是电子采购的一个组成部分。电子采购比一般的电子商务和一般性的采购在本质上有了更多的概念延伸，它不仅仅完成采购行为，而且利用信息和网络技术对采购全程的各个环节进行管理，有效地整合了企业的资源，帮助供求双方降低了成本，提高了企业的核心竞争力。

一、电子采购的含义和发展历程

电子采购是指商品和服务的电子购买过程，包括从认定采购需求直到支付采购货款的全部过程，也涵盖延迟付款这类活动，例如合同管理、供应商管理与开发等。可以说，企业采购电子化是企业运营信息化不可或缺的重要组成部分。电子采购使企业不再采用人工办法购买和销售它们的产品，在这一全新的商业模式下，随着买主和卖主通过电子网络而联结，商业交易开始变得具有无缝性，其自身的优势是十分显著的。

电子采购最先兴起于美国，它的最初形式是一对一的电子数据交换系统，即 EDI。该系统大幅度地提高了采购效率，但早期的解决方式价格昂贵、耗费庞大，且由于其封闭性，仅能为一家买家服务，令中小供应商和买家却步。为此，联合国制定了商业 EDI 标准，但在具体实施过程中，关于标准问题在行业内及行业间的协调工作举步维艰，因此，真正商业伙伴间 EDI 并未广泛开展。20 世纪 90 年代中期，电子采购目录开始兴起，这是供应商通过将其产品上网，来提高供应商的信息透明度、市场涵盖面。之后，全方位综合电子采购平台出现且通过广泛连接买卖双方来进行电子采购服务。

电子采购是一种在 Internet 上创建专业供应商网络的基于 Web 的方式。它能够使企业通过网络，寻找管理合格的供货商和物品，随时了解市场行情和库存情况，编制销售计划，在线采购所需的物品，并对采购订单和采购的物品进行在途管理、台账管理和库存管理，实现采购的自动统计分析。实施电子采购，不仅方便、快捷，而且交易成本低，信息公开、透明，的确是一种很有发展前途的采购方式。实现电子采购的方式有两种：使用 EDI 的电子采购和使用 Internet 的电子采购。电子采购门户站点对购买简单商品最为有效，它可以让供应商创建和维护其产品的在线目录，其他公司可以从这些目录中搜索商品，下订单以及当场确定付款和装运选择。在试图购买那些必须定制的产品时，常常需要人为判断以及人与人之间的协商，首先，要整理叫作 RFP（建议请求）的信息包，其中包括有某一商品的技术规格和供应要求。其次，必须找到能够满足该请求的供应商。为了节省时间和资金，只需要与有资格的供应商联络，这样花费的精力最少。使这一过程自动化的一种方式就是使用 EDI 网络，它能够让供应商和买主交换采购信息。只要交纳一点事务处理费，就能通过 EDI 网络提交信息包，并通过同一网络收到答复。

根据企业采购的特点、应用的规模大小，电子采购一般分为：生产型采购、非生产型采购、集中采购、集团采购管控、供应商管理、废旧物资处理等六大类型。

二、电子采购的特点

电子采购使企业不再采用人工办法购买和销售它们的产品，在这一全新的商业模式下，随着买主和卖主通过电子网络而联结，商业交易开始变得具有无缝性，其自身的优势是十分显著的，表现为以下几个优点：

（1）提高效率。缩短了采购周期。采购方企业通过电子采购交易平台进行竞价采购，可以根据采购方企业的要求自由设定交易时间和交易方式，大大地缩短了采购周期。自采购方企业竞价采购项目正式开始至竞价结束，一般只需要 1～2 周，较传统招标采购节省 30%～60% 的采购时间。

（2）节约成本。据美国全国采购管理协会称，使用电子采购系统可以为采购企业节省大量成本。采用传统方式生成一份订单所需要的平均费用为 150 美元，使用基于 Web 的电子采购解决方案则可以将这一费用减少到 30 美元。企业通过竞价采购商品的价格平均降幅为 10% 左右，最高时可达到 40% 多。

（3）优化流程。采购流程的电子化不是用计算机和网络技术简单替换原有的方式，而是要依据更科学的方法重新设计采购流程，这个过程中，摒弃了传统采购模式中不适应社会生产发展的落后因素。

（4）减少库存。海尔集团在实施电子采购后，采购成本大幅降低，仓储面积减少一半，降低库存资金约 7 亿元，库存资金周转日期从 30 天降低到了 12 天以下。

（5）信息共享。不同企业，包括各个供应商都可以共享信息，不但可以了解当时采购、竞标的详细信息，还可以查询以往交易活动的记录，这些记录包括中标、交货、履约等情况，帮助买方全面了解供应商，帮助卖方更清楚地把握市场需求及企业本身在交易活动中的成败得失，积累经验。这使供求双方之间的信息更加透明；改善客户服务和客户满意度，促进供应链绩效，以及改善与供应商的关系。

（6）供应商获益。对于供应商，电子采购可以更及时地掌握市场需求，降低销售成本，增进与采购商之间的关系，获得更多的贸易机会。

国内外无数企业实施电子采购的成功经验证明，电子采购在降低成本，提高商业效率方面，比在线零售、企业资源计划（ERP）更具潜力。电子采购的投资收益远远高于过去 10 年内已经在企业中占主导地位的任何商业革命，包括企业流程再造、策略性采购等。

但任何事物都有其两面性，不可否认的是电子采购也有其缺点：① 存在敏感的或私有的信息被盗或被泄露的风险。② 电子采购缺乏情感，因为人际的相互交流被机器的交易替代了。

三、电子采购的实施

在电子采购过程中，从招标方发布招标信息到最后的双方签约，主要实现环节如下：招标方主要工作是编辑标书并且生成电子格式的标书文件，然后将 XML 文件发送到系统，由系统将招标文件入库，招标方在标书发布后可以接收投标方的投标书，并且在开标后可以审阅投标书，在评标方评标后可以接收评标书，审阅评标书决定中标者，在决定中标者后给中标者发送订单。投标方主要工作是查阅招标书，编辑投标书签名，将投标书生成电子文件，加密，发送给招标方，如果中标接收订单。评标方主要工作是在开标后审阅投标文件，生成评标书，并且签名，生成电子文件，加密，发送给招标方。

具体的实施步骤如下：

（1）进行采购分析与策划，对现有采购流程进行优化，制定出适宜网上交易的标准采购流程。

（2）建立网站。这是进行电子采购的基础平台，要按照采购标准流程来组织页面。可以通过虚拟主机、主机托管、自建主机等方式来建立网站，特别是加入一些有实力的采购网站，通过他们的专业服务，可以享受到非常丰富的供求信息，起到事半功倍的作用。

（3）采购单位通过互联网发布招标采购信息（即发布招标书或招标公告），详细说明对物料的要求，包括质量、数量、时间、地点，对供应商的资质要求等。也可以通过搜索引擎寻找供应商，主动向他们发送电子邮件，对所购物料进行询价，广泛收集报价信息。

（4）供应商登陆采购单位网站，进行网上资料填写和报价。

（5）对供应商进行初步筛选，收集投标书或进行贸易洽谈。

（6）网上评标，由程序按设定的标准进行自动选择或由评标小组进行分析评比选择。

（7）在网上公布中标单位和价格，如有必要对供应商进行实地考察后签订采购合同。

（8）采购实施。中标单位按采购订单通过运输交付货物，采购单位支付货款，处理有关善后事宜。按照供应链管理思想，供需双方需要进行战略合作，实现信息的共享。采购单位可以通过网络了解供应单位的物料质量及供应情况，供应单位可以随时掌握所供物料在采购单位中的库存情况及采购单位的生产变化需求，以便及时补货，实现准时化生产和采购。

本章小结

供应链管理是从物流管理发展而来的。供应链管理的演化可以分为四个阶段。第一阶段是仓储和运输，第二阶段是总成本管理，第三阶段是物流一体化管理，第四阶段是供应链管理。与第三阶段的物流一体化管理相比，供应链管理的核心是通过供应链上贸易伙伴间的密切合作来获得潜在的竞争优势，以物流运作的一体化为基础，来创建“虚拟组织”，它越过渠道界限，将所有的核心竞争力联结在一起，以便通过所有的供应渠道来探求实现竞争优势的未知领域。

供应链管理环境下物流管理面临的问题包括：实现快速准时交货的措施的问题；低成本准时的物资采购供应策略问题；物流信息的准确传输、信息反馈和共享问题；物流系统的敏捷性和灵活性问题；供需协调实现无缝供应链连接问题。

供应链管理的战略思想就是要通过企业与企业之间的有效合作，建立一种低成本、高效率、响应性好、具有敏捷性的企业经营机制，产生一种超常的竞争优势；就是要使企业从成本、质量、时间、服务、灵活性等方面显著提高竞争优势，加快企业产品进入市场的速度。这种战略思想的实现需要供应链物流系统从企业战略的高度去规划与运筹，并将供应链管理战略通过物流战略的贯彻实施得以落实。

为实现供应链管理模式下五个恰当的目标，即恰当的数量、恰当的时间、恰当的地点、恰当的价格、恰当的来源，供应链管理下的采购模式必须从库存驱动向订单驱动转变，从采购管理转变为外部资源管理，从一般的买卖关系转变为战略伙伴关系。

JIT 是一种典型的需求导向的供应链管理思想，其核心目标是尽可能地降低库存，最终实现企业的零库存运行，这样可以减少资金占用，大大降低库存成本。准时化采购与传统的采购相比，主要特点有：采用较少的供应商；采取小批量采购的策略；选择供应商的标准发生变化；对交货的准时性要求更加严格；从根源上保障采购质量；对信息交流的需求加强；可靠的送货和特定的包装要求。

电子采购是由采购方发起的一种采购行为，是一种不见面的网上交易，如网上招标，网上竞标，网上谈判等。根据企业采购的特点、应用的规模大小，电子采购一般分为：生产型采购、非生产型采购、集中采购、集团采购管控、供应商管理、废旧物资处理等六大类型。电子采购优势在于：提高效率，节约成本，优化流程，减少库存，信息共享，供应商获益。

复习思考题

1. 简要说明物流管理在供应链管理中的地位和作用。
2. 在供应链管理下物流管理将面临哪些挑战？
3. 简述供应链管理下的采购特点。
4. 简要说明准时化采购对供应链管理的意义。
5. 简述准时化采购的特点。

案例

电子商务下集成供应链管理案例

——加拿大 Molson 公司建立的整体化连锁供应信息网

Molson 公司是加拿大拥有 20 亿美元资产的第一流啤酒制造商，是加拿大和北美最大的酿造厂，也是历史最悠久的工厂，其建厂时间可追溯到 1786 年。Molson 公司的总部设在安大略省的多伦多市，下辖分布在加拿大全境的八家高度自动化的酿酒厂，生产 Molson Canada、Molson Ice 及其他品牌啤酒，并在安大略省持有啤酒零售连锁店的部分股权。

Molson 公司为了应对竞争，把生产成本降下来，着手启动一项雄心勃勃的改革计划，包括使酿造厂现代化、建立企业的分布式信息系统，改善自身供应连锁企业间的信息流动能力。

Molson 公司的供应连锁网可分为三个部分：供应商、酿酒厂以及批发销售网。后者因为零售环境和加拿大 10 个省份及两个地区的政府管理条例的千差万别而变得非常复杂。Molson 公司的供应链管理策略是使用高效率的通信手段，以满足为销售制订计划的要求。在有些省份，计划的细致程度达到零售/消费者一级；而在有些省份，达到批发商级的水平。

集团公司总经理 Galardo 说：“要在加拿大全境，保证所有的啤酒品牌都能随时有恰当的数量供应，而且与此同时，要对付多个来源的供应，并且保持我公司 8 个酿酒厂的生产稳定，这的确是一项挑战。我们一定要在有可能之处，完全掌握每日的供应和需求的数量，要有能力让我公司的供应商占有这些份额。”

麦芽、啤酒花、纸盒、酒瓶和其他原料的供应是在全国采购的，个别的酿酒厂则负责当地的原料供应。Molson公司使用的是知识产权产品，即计算机为基础的网络，配用了X.400标准，为主要的供应商提供生产需求的预测，以及原料库存量的预测等信息。在收到了此类信息之后，Molson的供应商们即将生产计划和预定的发货日程表发回总部。

Molson公司将Internet用在业务伙伴间的电子邮件交换，也用于发布其首页（http://www.molson.com），Internet的用户可以向Molson的酿酒技师提问，询问有关啤酒酿酒过程方面的问题，或者找其他有趣和有用的信息。

尽管供应模式比较简单，但是批发问题可是复杂得多，并且因加拿大各省而异。原则上，每个省份设置一个主要的批发商，或者归省政府所有，或者是与该省的主要酿酒厂共同经营。不过，在魁北克省Molson公司通过其拥有的三级批发网分配其产品，即直接发货给批发中心或者代理商。这些省级批发商中有些将产品分配给本身系统的连锁店，而有些则将货物发运给地区的仓库，把啤酒批发给独立商店或者政府经营的商店。

销售和库存的地址被输入到设在多伦多的总部的中央主机IBM AS/400计算机中，此主机与设在四大区（西区、东区、安大略和魁北克）作为服务器使用的几台AS/400相连接，而构成一个分布式的、客户服务器网络。Molson公司将此网络叫作Link。该中央主机AS/400采用的是美国软件公司的应用软件，用以从事市场预测、采购、制订生产计划（MRP）、制订配销需求计划（DRP）等方面的工作。各区的几台AS/400机，用于处理客户订货和收取账款、生产、库存状态及控制当地采购等业务。

每个工厂都配有按照Molson公司的要求设计的若干套计算机的应用程序，以增强标准型AS/400应用软件包的生产控制和库存控制能力。此外还有一些应用软件包，用的是信息环和Novell网络以处理当地采购业务。各生产厂、区域服务器和总部之间在大范围的连接，采用了Cisco路由器组成的网络。Molson公司通至各处的骨干网络改用光缆以适应网络的通信量，其提升的速度比预期的要快得多。

Molson公司利用从现在的仓库库存、批发商和零售商等处收集来的信息，编制每周的供应、库存和生产计划。此信息通过公司的网络送给公司的各单位，也被用于交换有关订单收受和发货确认等方面的信息。Galardo说："在分析了数据之后，我们发现我们过多地把生产集中于满足低利润、小批量的产品的需要。这样的生产已经牺牲了高效益、高产量的产品了。我们也花太多的力气于时间上极其有限的业务如圣诞节或其他的促销活动。当时我们的时间主要花在企图满足预测的要求上，而不是集中精力去了解我公司贸易伙伴处传来的需求信息。为此，我们改善了我公司批发商与我们之间的通信，就能集中精力于高利润产品的生产，而且还降低了各零售点和存货点啤酒脱销的风险。"

北美自由贸易协定（NAFTA）将加拿大市场打开，但是Molson公司正好利用这个机会将其产品的销售范围扩大到其国界以南。由于采取了新的经营策略、销售上采取了创新性的措施以及通过供应链管理系统所提供的整体信息交换等的结果，发往美国的发货量增加了，因而Molson公司现在已经是美国的第二大啤酒进口商了。为了满足日益增长的需求，Molson美国子公司还将以前难售的其他品牌啤酒的市场预测信息发往Molson Ice公司。Galardo 说："我们把在美国的子公司的预测纳入本公司的整体 MRP 与 DRP 计划之内，并在适当的时间送出综合订单。我们还通过公开的订货会将发运通知发给用户，并且发出电子发票，这些都使用拨码通信方式完成。"

Galardo 认为：对信息技术的投资以及在连锁供应商范围内建成整体性的通信手段等措施，正在为 Molson 公司赚得大量赢利。其理由是：第一，由于 Molson 公司制订了更准确的供应计划，改善了与供应商的关系并降低了库存。由于能按照用户的需求进行生产，供需之间的配合更为有效。所以，现在 Molson 公司已经能做到，既降低了货物脱销的风险，也降低了货物库存时间太长而过期的风险，因为啤酒的存放时间是很有限的。实际上，在实施了 Link 系统及其他业务改革措施之后的第一年，因降低库存，加上能更稳定准确地生产而降低了约 6% 的成本。其次是在全公司范围内采用一套系统的做法，使 Molson 公司能做到产品质量稳定，同时还建立了标准的成本体系、无缝的订货接受和完成订货的体系等。

但是最重要的是建立起了集成的供应链，使 Molson 公司达到其目的，即成为加拿大国内的低价啤酒供应商，特别重要的是打破了省际的壁垒，并能自由地在国外进行竞争。此系统有助于 Molson 公司从单纯进行生产转移到按需求拉动生产、进行预测等更困难的工作中来。其最终结果，不仅是高质量的啤酒，而且还能准时地给它的零售点发送恰当数量的货物。

此案例中，供应链管理所要求的网络建设、信息系统建设、物流设施建设等，与电子商务的要求是一致的。电子商务正是将供应链管理通过 Internet 实现，并拓宽了其内涵。

第九章 Chapter Nine

供应链绩效评价与企业激励机制

学习目标

1. 比较供应链绩效评价和传统企业绩效评价的不同。
2. 说明供应链绩效评价的内容和范围。
3. 建立并运用供应链绩效评价指标。
4. 掌握供应链标杆管理的基本构成、实施步骤与过程。
5. 分析实施供应链标杆管理的经济效益。
6. 说明供应链企业激励机制的主要内容。
7. 设计与编制供应链绩效报告。

第一节　供应链绩效评价概述

一、供应链管理的关键业务流程

供应链管理是协调各职能领域形成一体化管理，而传统的职能部门一般都倾向于维持自己的职能优势，这样的组织结构阻碍了供应链一体化的发展与成功。因此，供应链管理的关键在于从管理个别职能，到把不同的职能活动整合成供应链关键业务过程的转变。其主要关键业务过程如下。

1. 顾客关系管理

顾客是供应链管理的核心和基本出发点，供应链管理首先是识别对企业至关重要的若干关键顾客，并与他们发展合作伙伴关系。

2. 顾客服务管理

顾客服务是双方面的，一方面通过顾客服务获取顾客的需求信息；另一方面为顾客及时提供所需求的产品、价格、交货期、货物动态等信息。

3. 需求管理

利用 POS 系统和关键顾客的相关数据提高供应链的效率和减少不确定因素，尽量保证供应商与需求者之间的供求平衡。

4. 完成订单

将制造、分销及物流计划综合在一起，高效率地完成顾客订单。

5. 生产管理

供应链中的生产管理是按需生产，企业要进行柔性生产，以适应频繁的市场需求变化。生产管理的改进可以缩短生产周期，提高对客户的响应速度。

6. 采购管理

与供应商建立和发展长期的战略合作伙伴关系，以支持新产品的开发和生产工作。

7. 产品开发管理

一定要让顾客和供应商参与到新产品的开发过程中，以便在更短的时间内，以最低的成本，开发出顾客需要的产品。

上述的关键业务过程从最初供应商延伸到最终用户，贯穿整个供应链。与传统管理模式相比，供应链管理更具有以下特征：

（1）供应链管理是把供应链中所有节点企业看作一个整体，它涵盖从供应商到最终用户的物流全过程及采购、制造、分销、零售等企业管理职能领域。

（2）供应链管理强调和依赖战略管理，它影响和决定了整个供应链的成本和市场占有份额。

（3）供应链管理的关键是需要采用集成的思想和方法，而不仅是节点企业资源的简单连接。

（4）供应链管理具有更高目标，通过协调合作关系达到高水平的服务。

二、基于流程的绩效评价

成功的供应链管理要求对那些贯穿企业内部以及构成供应链的所有企业之间的各种商业流程实行跨职能整合，因此它与传统的企业管理模式有很大的区别，在对企业运行绩效的评价与分析方面也存在许多不同。

传统企业绩效评价指标主要针对单个企业，评价对象是企业内部的职能部门或者职员，其主要特点如下：

（1）传统企业绩效评价主要评价分析企业职能部门的工作业绩及效益，而不能对企业业务流程进行评价，更不能科学客观地评价整个供应链的运营情况。

（2）传统企业绩效评价指标主要是事后分析，当发现问题时已成为事实，造成的损失和危害难以补偿。

（3）传统企业绩效评价指标是以财务指标为主，在时间上略为滞后，不能反映供应链动态运营状况。

因此，必须设计出科学合理的供应链企业绩效评价的指标和评价方法，对供应链整体运营绩效做出评价，以便决策者能够及时了解供应链整体状况。

根据供应链管理运行机制的基本特征和目标，供应链企业绩效评价指标应该能够恰当地反映供应链整体运营状况以及上下节点企业之间的运营关系，而不是孤立地评价某一供应商的运营情况，评价供应链运行绩效的指标，不仅要评价该节点企业的运营绩效，而且还要考虑该节点企业的运营绩效对其下层节点企业或整个供应链的影响。传统企业绩效评价指标主要是基于部门职能的绩效评价指标（如图 9－1 所示），供应链绩效评价指标是基于业务流程的绩效评价指标（如图 9－2 所示）。

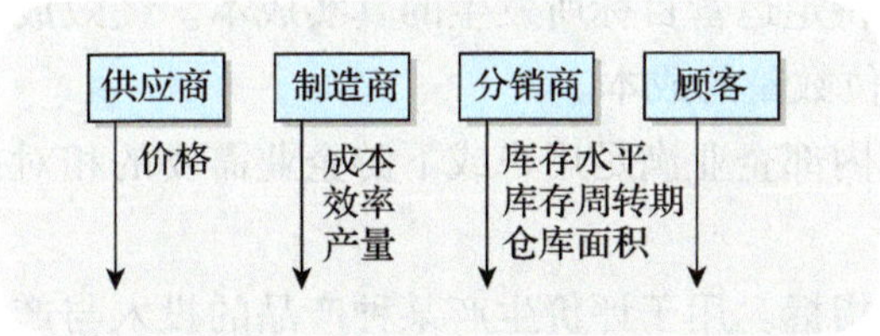

图 9－1 基于部门职能的绩效评价指标

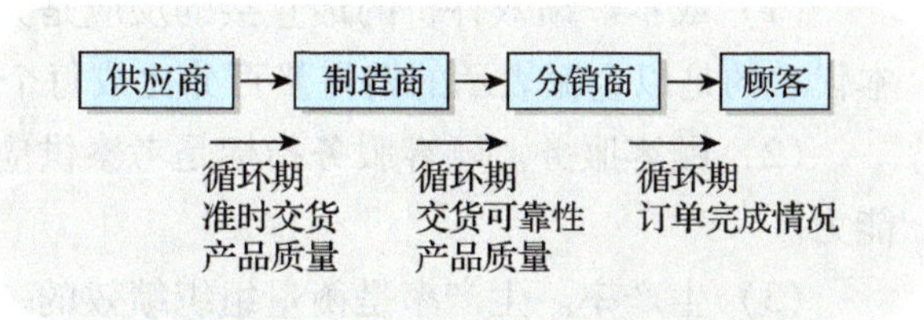

图 9－2 基于业务流程的供应链绩效评价

基于流程架构的战略绩效，是一个绩效体系，是基于流程架构（其实是企业业务架构）来思考和调整整体绩效体系，对一个规模比较大的管理成熟的企业来说，通常会比较复杂，在实际应用的时候需要根据具体的情况去设计，指标不是越细致越好的，要符合现实，要抓住重点简单设计，能够持续提升管理水平，并且具有很好的操作性。

三、供应链绩效评价的范围

1. 对整个供应链的运行效果做出评价

主要考虑到供应链之间的竞争，为供应链在市场中的生存、组建、运行、撤销的决策提供客观依据。目的是通过绩效评价而获得对整个供应链的运行状况的了解，找出供应链运营中的问题，及时给予纠正。

2. 对供应链内各企业做出评价

主要考虑供应链对其企业的激励，吸收优秀企业加盟，剔除不良企业。

3. 对供应链内企业之间的合作关系做出评价

主要评价上游企业对下游企业提供的产品和服务质量。从用户满意度的角度评价上下游企业之间的合作伙伴关系。

4. 对企业起到激励作用

这种激励作用，不仅是核心企业对节点企业的激励，也包括供应商、制造商和零售商之间的相互激励。

四、供应链绩效评价的内容

由于供应链是由多个节点企业组成的一个复杂系统，所以对供应链的评价不能片面地从一个指标得出好或坏的结论，而应综合多方面的指标评价。供应链绩效评价的内容分类如下。

（一）按照范围，分为内部绩效、外部绩效和综合供应链绩效评价

1. 内部绩效的评价

内部绩效的评价是对供应链内各企业运营情况做出评价。主要是对供应链上的企业内部绩效进行评价，侧重于供应链对企业的激励，常见的评价指标如下：

（1）成本。绩效评价的最直接的反应是完成特定运营目标所发生的真实成本。绩效成本代表的是以金额表示的销售量百分比或每个单位数量的成本。

（2）顾客服务。顾客服务指标是考察供应链内部企业满足用户或下游企业需要的相对能力。

（3）生产率。生产率是衡量组织绩效的一个指标。用于评价生产某种产品的投入与产出之间的相对关系，通常用比率或指数表示。生产率指标有三种基本类型：静态、动态和替代性。如果在一个系统里所投入的产出都包括在同一时段中，由于这个比率是建立在只有一个衡量的基础上的，因此是静态的。动态指标是跨时间完成的。如果一个系统的投入和产出以一个时期的静态生产比率与另一个时期的静态生产比率比较，其结果就是动态生产率指数。

例如：$\dfrac{2016\text{ 年产出}/2016\text{ 年投入}}{2015\text{ 年产出}/2015\text{ 年投入}}$

另外，还有一种是替代性生产率指标，这些指标并不是包括在生产率概念内的，但它们之间有着密切的相关关系，通常使用的替代性生产率指标有：顾客满意程度、利润、效益、质量、效率等。

（4）资产的衡量。资产衡量的焦点是为实现供应链的目标对该设施和设备的资产及流动资本的使用进行评价。设施、设备和存货是一个企业资产的重要组成部分。资产衡量指标着重对诸如存货等流动资本如何能快速周转，以及固定资产如何能产生投资回报率等方面进行衡量。

（5）质量。质量指标是全过程评价的最主要指标，它用来确定一系列活动的效率。然而由于质量范围广阔，所以很难加以衡量，目前人们最感兴趣的是“完美订货”，它是物流运作质量的最终评价标准。完美订货关注的是总体的物流绩效，并非单一功能。用它评价一张订单是否顺利地通过了订货管理程序过程，接受订单、信用结算、库存、分拣、配货、票据处理等，每一个环节都不能出差错，快速而无人干扰。

完美订货代表着理想的绩效。供应链实现完美订货必须符合下列标准：①圆满完成所有的工作；②订发货周期短，发货偏差控制在最小范围之内；③精确无误地完成所有文件、票据，包括标签、提货单及发票等；④状态良好，例如：安装无误，外形无损等。

2. 外部绩效的评价

外部绩效的评价是对供应链内企业之间的合作关系和运行状况做出评价。外部绩效衡量的主要指标有：用户满意程度，最佳实施基准等。

（1）用户满意程度。用户满意程度的评价可以使物流绩效评价迈向最高层。这种评价

可以由公司或行业协会组织调查或者系统订货跟踪。主要是询问关于供应链企业与竞争者的绩效，例如可靠性，订发货周期，信息的可用性，问题的解决和产品的支撑等。

（2）最佳实施基准。基准是综合绩效评价的一个重要方面，最佳的实施基准集中在对比组织指标上的实施和程序。越来越多的供应链企业应用最佳的实施基准，将它作为企业运行与相关行业或非相关行业的竞争对手或最佳企业比较的一种技术。特别是一些核心企业常在重要的战略领域将基准作为检验供应链运作的工具。

3. 综合供应链绩效衡量

这部分包括两个方面的内容：其一是对整个供应链的运行效果做出评价；其二是对供应链企业起到的激励作用做出评价。这种评价要求既能适用于企业的功能部门，又能适用于分销渠道，如果缺乏总体的绩效衡量，就可能出现制造商对用户服务的看法和决策与零售商的想法背道而驰的现象。供应链综合绩效的评价主要从顾客服务、时间、成本、资产等几个方面展开。

（1）顾客服务。顾客服务的衡量包括完美的订货、用户满意程度和产品质量。它衡量供应链企业所能提供的总的客户满意程度。

（2）时间。时间衡量主要测量企业对用户要求的反应能力。也就是从顾客订货开始到顾客用到产品为止，需要多少时间。包括装运时间、送达运输时间和顾客接受时间。

（3）成本。供应链总的成本包括订货完成成本、原材料取得成本、总的库存运输成本、与物流有关的财务和管理信息系统成本、制造劳动力和库存的间接成本等。

（4）资产。物流管理要面对包括库存、设施及设备等相当大的资产负债，资产评价基本上集中在特定资产水平支持下的销售量水平。主要测定资金周转时间、库存周转天数、销售额与总资产的比率等资产绩效。

以内部绩效的评价、外部绩效的评价和综合供应链绩效评价三个方面的供应链绩效评价为主线，形成了比较系统的有关供应链绩效评价的指标。关于供应链绩效评价的一般性统计指标见表9－1。

表9－1 供应链绩效评价的一般性统计指标

顾客服务	生产与质量	资产管理	成　本
饱和率	人均发运系数	库存周转	全部成本/单位成本
脱销率	人工费系数	负债成本	销售百分比成本
准时交货率	生产指数	废弃的库存	进出货运输费
补充订货	破损率	库存水平	仓库成本
循环时间	退货率	供应天数	管理成本
发运错误	信用要求	净资产回报	直接人工费
订单准确率	破损物价值	投资回报	退货成本

供应链绩效评价除上述指标外，还可辅以定性指标，例如：核心企业竞争力、核心企业的核心能力等。

（二）按照性质，分为时间、成本、效率、效用等评价内容

1. 时间

最常见的时间测量指标是间隔时间，如订货完成时间和补货完成时间。另一个重要的间隔时间是现金周转期。供应链管理的一个主要目标就是提高目前备受关注的库存周转率，也就是如何让存货在供应链上快速地流动。但是库存周转率本身不是一个衡量的指标，它没有一个正式的定义。实际上对它的衡量需要通过周转次数、在库天数和其他库存水平等常规测量指标来反映。

2. 成本

成本指标指的是每单位支出（劳动成本/单位）、生产能力支出（维护成本/台机器）或时间（持有成本/周）的货币价值。直接成本是指与产品的生产有直接关系的成本（原料成本/单位）。间接成本指其他相关的资源投入，例如人员（健康成本/员工）和厂房（租赁成本/平方米）。在供应链管理中，直接成本更加有用；但使用 ABC 成本计算方法或者相关技术时，应尽可能将间接成本转换为直接成本。第三类成本，是一种更难测量的成本，是供应链运作过程中的失效成本。失效成本有些可以通过追踪及退货处理、产品退换、返工、退款等成本来测量，有些只能通过估计，包括丧失的销售、丧失的客户和失去的声誉。

3. 效率

效率可以通过库存、生产能力和资产在供应链运营中的应用效果来衡量。例如，库存的囤积天数已被逐渐用来衡量周转率，在今天的高产量的环境中，它表达的信息更加有用。一个更新的能反映信息的指标是流程时间。通过这个指标，我们获知原料转换成产成品所需的实际时间。产能利用程度的测量通常采用负荷因数的形式。例如一部机器或者一个工厂利用了 83% 的产能。对一个具体的资源来说，它最优的负荷因数可能是 80%，也可能是 98%。其他的指标通过完成每单位所需的工作量表示。如每平方米车间空间的生产产量。

4. 效用

效用是绩效管理的“基线”。因为它的测量对象是最终结果，而不是运作过程的效率。最常用的指标是客户服务水平。它也是一种最不统一的指标，如订单完成比例等。来自客户的评价也有很多不同的形式，有直接的调查结果，还有来自投诉、退货和其他要求等反馈信息。然而，最终的效果的衡量标准是维持客户的能力。如果你的顾客不惜转换成本转向另一个供应商，这就明显地说明你的绩效水平远不及其他供应商。

五、供应链绩效评价的作用

供应链管理形成了一种跨企业的动态联盟，覆盖了从产品设计到产品消费和废品回收的全过程。供应链节点企业之间的协调运作，有利于供应链整体优化，以缓解日益激烈的竞争压力，集中精力开发高效率、高效益的物流资源，消除整个供应链中不必要的动作和

消耗。

供应链管理绩效评价不仅需要与企业的激励机制相结合，而且需要协调整个供应链体系的远景和契约机制。

供应链绩效评价的最终目的不仅是要获得企业或供应链的运营状况数据，更重要的是优化企业或供应链的业务流程。

供应链绩效评价的黏合剂作用，正是通过激励机制而得到供应链各节点企业的重视。供应链体系的激励机制突破了企业内部的范围，扩展到供应链管理各节点企业的相互激励。

在供应链之间的竞争代替企业之间的竞争发展趋势的推动下，供应链的整体绩效成为衡量供应链竞争优势高低的一项综合指标，不仅推动了以成本定价格向以价格定成本转移的发展，而且迫使企业按照整个供应链的产品价格核定成本。

六、供应链绩效评价的原则

供应链绩效评价是指围绕供应链的目标，对供应链整体、各环节（尤其是核心企业运营状况以及各环节之间的运营关系等）所进行的事前、事中和事后分析评价。评价供应链的绩效，是对整个供应链的整体运行绩效、供应链节点企业、供应链上的节点企业之间的合作关系所做出的评价。因此，供应链绩效评价指标是基于业务流程的绩效评价指标。供应链绩效评价方法和绩效评价系统有待进一步开发和完善。供应链咨询机构 PRTM 在 SCOR（Supply Chain Operations Reference）模型中提出了度量供应链绩效的 11 项指标，它们是：交货情况、订货满足情况（包括满足率和满足订货的提前期）、完好的订货满足情况、供应链响应时间、生产柔性、物流管理总成本、附加价值生产率、担保成本、现金流周转时间、供应周转的库存天数和资产周转率。这些指标如何运用，才能科学客观地反映供应链的运营情况，需要建立与之相适应的供应链绩效评价方法，并确定相应的绩效评价指标体系。其内容比现行企业绩效评价指标更为广泛，为了建立能有效评价供应链绩效的指标体系，需遵循如下原则：

（1）由于指标较多，需要先分出评价层次，然后在每个层次的指标选取中应突出重点，对关键的绩效评价指标进行重点分析。

（2）评价指标要能够反映整个供应链的运营情况，而不是仅仅反映单个节点企业（或部门）的运营情况。

（3）应重视对供应链业务流程的动态评价，采用实时评价与分析的方法，而不仅仅是做事后分析。

（4）要能反映供应链各节点企业（或部门）的关系，重视相互间的利益相关性。

（5）采用能够反映供应商、制造商、分销商及用户之间关系的绩效评价指标，把评价的对象扩大到供应链上的相关企业。

（6）定性评价与定量评价相结合，内部评价与外部评价相结合，并注意相互间的协调。

（7）重视对企业长期利益和长远发展潜力的评价。

第二节　供应链绩效评价体系的建立

一、建立供应链绩效评价体系的意义

任何一种绩效评价体系的设计，都应该反映它所支持组织的远景目标、管理模式、沟通与联系方式、反馈与学习方式、业务规划方式等基本状况。因此，供应链绩效评价可以被认为是围绕供应链的目标，对供应链整体、各环节运营状况，管理模式以及各环节之间的运营关系等所进行的事前、事中、事后的分析，进而进行持续改进，不断优化。所以评价体系也应该随着组织结构的改变而改变，不应该成为组织发展的阻力，因此，传统的企业绩效评价体系并不能完全适应供应链管理的需要，必须建立新的绩效评价体系。建立有效的供应链管理绩效评价机制，对有效监督资源和优化配置资源起着重要作用。

有效的绩效评价系统，可以解决供应链管理过程中存在的如下四方面的问题：

（1）评价企业原有供应链运行状况，发现原有供应链的缺陷和不足，并提出相应的改进措施。

（2）评价新构建的供应链，监督和控制供应链运行的效率，充分发挥供应链管理的作用。

（3）作为供应链业务流程重组的评价指标，建立基于时间、成本和绩效的供应链优化体系。

（4）寻找供应链约束和建立有效激励机制的参照系，同时建立标杆活动、标杆节点企业和标杆供应链的基准。

总之，建立科学合理的供应链绩效指标体系作为供应链评价的标准，能够准确地描述供应链的运营状况，为供应链管理体系的优化提供科学的依据。

二、供应链绩效评价指标的选取

（一）绩效评价指标选取的发展历程

在绩效体系建立过程中，最重要的就是评价指标的选取。20 世纪 50～60 年代，由于客户需求大于供给，企业的主要任务是以最低的成本生产出尽可能多的产品，以实现利润最大化为战略目标，在这种情况下，企业以财务指标作为绩效评价的唯一指标恰如其分。进入 20 世纪 70 年代以后，随着买方市场的出现以及市场竞争的加剧，企业管理的中心也逐步由成本管理向客户关系管理发展，单纯以财务指标作为绩效评价指标的局限性暴露无遗。在 20 世纪 80 年代后期和 90 年代，人们对企业绩效评价的研究迅速升温，并设计出综合的企业绩效评价指标体系。

从企业绩效评价指标选取的演进历程中，揭示了从单一的财务指标到包含非财务指标

的综合指标，单一指标到多维指标的发展趋势。

我国于2000年颁布了《国有资本金绩效评价规则》和《企业绩效评价操作细则》，建立了企业绩效评价指标体系。2002年2月国家五部委对《企业绩效评价操作细则》做了修订和完善。尽管如此，这些绩效评价体系仍然单纯地以财务指标作为绩效评价指标，有很大的局限性。

实践证明，传统绩效评价指标在历史上起到过重要作用，但随着卖方市场向买方市场的转变和市场竞争的加剧，企业管理的重心逐步由成本管理向客户管理转变，其暴露出的缺陷主要表现在以下几个方面：

（1）鼓励短期行为，例如为了获取短期利润最大化，企业决策者常常推迟资本投资，从而造成企业发展后劲不足。

（2）缺乏战略性考虑，无法提供产品质量、客户响应度等方面的信息。

（3）鼓励局部优化，而不是全局最优化，如为了使员工和设备持续处于工作状况而设置生产缓冲库存。

（4）鼓励管理人员千方百计地最小化标准偏差，而不是寻求持续改进的方案。

（5）无法提供有关客户需求、竞争对手的运作方式、市场发展趋势等方面的信息，为企业决策提供的支持十分有限。

（6）只能提供历史绩效信息，无法预测未来的绩效发展趋势，应用的范围受到限制。

正是传统财务指标的缺陷，才推动了现代绩效评价指标体系的建立和完善，形成了一个多尺度、全方位的标准体系。

其实经济学家早就反对使用会计数据评价企业绩效，因为它忽略了机会成本和货币的时间价值。鉴于财务指标自身存在的缺陷，越来越多的学者倾向于引入非财务指标。这些学者认为，相对于财务指标，非财务指标具有如下优点：评价更加及时、准确；易于度量；与企业的目标和战略相一致，可以有效地推动企业的持续改进；具有良好的柔性，能够适应市场和企业周围环境的变化等。不过非财务指标也有其缺点，主要是数量过多，企业很难选择出适合自己的评价标准。

（二）供应链绩效评价指标选取的原则

美国学者B. H. Maskell在绩效研究过程中，分析了绩效评价指标的七项特征：直接与生产战略相关联；主要应用非财务指标；指标在不同的应用环境有所不同；可以在需要变化时，随时间而改变；简单易用；为操作者和管理者提供快速反馈；相对于监视绩效的变化，它们更倾向于激励绩效的改善。

Maskell归纳的现代绩效评价指标的特征，综合反映了一个多维的、动态的、具有创新性的价值模型。但是非财务指标可以选取的数量过多，企业很难选择出适合自己的评价标准。寻找理想的评价指标的原则如下：

（1）能够反映客户、企业和供应链自身的需求；

（2）易于理解；

（3）应用广泛；

（4）使用成本低；

（5）能够做出前后一致的解释；

（6）能综合反映评价对象的真实价值；

（7）可以作为一个标准的、共享的衡量尺度。

（三）供应链绩效评价指标选取方法

目前，有关非财务指标选取方面的研究，已经成为企业绩效评价指标选取的热点，形成了多种绩效评价指标选取方法。为了便于理解，下来介绍几种典型绩效评价指标选取方法：

（1）根据 Pawar 和 Driva 的调研结果，总成本、实际成本与预算成本之比、实际完成时间与预定完成时间之比、市场提前期和生产前的实验领域。已经成为企业目前在产品开发和设计中最常使用的 5 项指标。

（2）Bond 通过分析发现，目前中小企业采用的绩效评价指标主要有 6 个，即质量、交货可靠性、客户满意度、成本、安全和士气。

（3）Lynch 和 Cross 则提出了一个层次模型，其目标层是企业形象，该指标通过市场指标和财务指标来描述。企业形象模型可细化为客户满意度、柔性和生产率，其中柔性主要表现在数量、交货时间和产品组合等方面，而生产率则包括流程时间和损耗成本。

三、供应链绩效评价体系的架构

建立在绩效评价指标基础上的体系模型，对于精确地进行供应链绩效评价和控制尤为重要。供应链绩效评价是一项比企业绩效评价更加复杂的系统工程，简单的指标组合不能正确反映企业的绩效水平，单一企业的绩效评价更不能反映供应链的绩效水平，所以必须采用合理的体系架构。

长期以来，各国学者从不同的角度研究了建立不同企业绩效评价框架模型的方法，著名的有 Sink and Tuttle 模型、绩效改进度量方法模型、评价指标家族模型、平衡计分卡模型等。

1. Sink and Tuttle 模型

建立“供应商—投入——加工—产出—客户—成果”模型基础上的 Sink and Tuttle 体系，共包含七项评价指标，即效率（投入）、有效性（成果）、生产率（产出/投入）、盈利能力、质量（加工）、创新和工作环境质量，该体系的突出特点是将企业绩效的评价与战略计划过程紧密结合在一起。

2. 绩效改进度量方法模型

绩效改进度量方法（Performance Improvement Measurement Methodology，PIMM），可以广泛用于评价企业的研发绩效和一般绩效，该体系的基本思想是根据企业的近期和远期目标来衡量企业的改进程度，根据客户的投入设定组织目标，并及时进行内部质量检查。PIMM 综合衡量了绩效改进的客观成果、成本状况和技术风险 3 项指标。

3. 评价指标家族模型

评价指标家族（Family of Measure，FOM）由 5 组指标组成，它们分别是盈利能力、生产率、外部质量（客户）、内部质量（效率、损耗）和其他质量（创新、安全、组织文化）。该体系强调 FOM 的概念和跨组织层次的评价指标的集成。企业对每个职能部门的指标均分为两类：一类是该部门自身特有的评价指标；另一类指标则可以成为下一层次上的一项相关指标。

4. 平衡计分卡模型

平衡计分卡（Balanced Score Card）模型，是由 Kaplan 和 Norton 于 1992 年提出来的。该体系提出了一套系统评价和激励企业绩效的方法，共由 4 组指标组成：财务角度、客户角度、内部运营过程和创新与学习成长，客户满意度成为推动其他指标顺利完全的原动力。高效的运营过程保证了高水平的客户满意度；而持续的改进则提高了组织的运作绩效。平衡计分卡模型由于简单、易操作等优点获得了广泛的认可。有些组织机构和学者根据自身的需要设计了不同的计分卡，这些绩效评价体系都是尽可能体现评价的完整性和有效性。

5. 供应链参考模型

供应链研究的权威机构美国波士顿的咨询公司——PRTMEN 和 AMR 在供应链参考模型（Supply Chain Operations Reference，SCOR）中，提出了度量供应链绩效的 11 项指标，这些指标包括交货情况、订货满足情况（包括满足率和满足订货的提前期）、完美的订货满足情况、供应链响应的时间、生产柔性、总物流管理成本、附加价值生产率、担保成本、现金流周转时间、供应周转的库存天数和周转率。

6. 客户服务质量评价模型

Roger（1999）认为，现有的评价指标已经不能反映 21 世纪供应链的绩效，必须建立新的绩效评价系统。他认为，客户服务质量是评价供应链整体绩效的最重要的手段。具体地说，应从以下 10 个方面进行：

（1）有形的外在绩效，该指标用于评价企业内的工具、设备、人事，甚至营销等实体的外在绩效。

（2）可靠性，该指标反映了供应链或者企业履行承诺的能力。例如，物流管理就是要度量其能否正确地满足客户的订货。

（3）响应速度，该指标反映了企业服务于客户的意愿和提供服务的迅捷性，时间是该指标的主要度量变量。

（4）能力，是指达到既定的服务水平，员工必须掌握的技能和知识。

（5）服务态度，与客户接触时，企业或者服务人员表现出来的礼貌性、友好性、考虑问题的周全性以及对客户的尊重。

（6）可信性，该指标反映了供应链或者企业按时交货的能力。

（7）安全性，该指标反映了企业规避和避免风险、危险和冲突的能力。

（8）可接近性，即客户或者供应链外的组织与供应链成员接触的便捷性，如客户能够以多快的速度找到客户服务代表。

（9）沟通能力，企业与客户或者其他成员的交流能力，如标准的语言、符号等。

（10）理解客户能力，反映了企业对客户的理解能力，如企业是否真正的了解客户的需求。

第三节　供应链绩效评价指标

一、供应链业务流程的绩效评价指标

在这里，供应链是指从最初供应商开始直至最终用户为止的整条供应链。反映整个供应链运营的绩效评价指标，目前国内外研究得很少。这里综合考虑了指标评价的客观性和实际可操作性，提出了如下反映整个供应链运营绩效的评价指标：

（一）产销率指标

产销率是指在一定时期内已销售出去的产品与已生产的产品数量的比值，即

$$产销率=\frac{一定时期内销售出去的产品数量（S）}{一定时期内生产的产品数量（P）}$$

因为 $S \leqslant P$，所以产销率小于或等于 1。

产销率指标又可分成如下 3 个具体的指标。

1. 供应链节点企业的产销率

$$供应链节点企业产销率=\frac{一定时期内节点企业销售出去的产品数量}{一定时期内节点企业已生产的产品数量}$$

该指标反映供应链节点企业在一定时间内的经营状况。

2. 供应链核心企业的产销率

$$供应链核心企业产销率=\frac{一定时期内核心企业销售出去的产品数量}{一定时期内核心企业已生产的产品数量}$$

该指标反映供应链核心企业在一定时间内的产销经营状况。

3. 供应链产销率

$$供应链产销率=\frac{一定时期内供应链节点企业已销售出去的产品数量之和}{一定时期内供应链节点企业已生产的产品数量之和}$$

该指标反映供应链在一定时间内的产销经营状况，其时间单位可以是年、月、日。随着供应链管理水平的提高，时间单位可以取得越来越小，甚至可以做到以天为单位。该指标也反映供应链资源（包括人、财、物、信息等）的有效利用程度，产销率越接近 1，说明资源利用程度越高。同时，该指标也反映了供应链库存水平和产品质量，其值越接近 1，说明供应链成品库存量越小。

（二）平均产销绝对偏差指标

$$平均产销绝对偏差 = \sum_{i=1}^{n} |P_i - S_i| / n$$

公式中，n 表示供应链节点企业的个数，P_i 表示第 i 个节点企业在一定时间内生产产品的数量，S_i 表示第 i 个节点企业在一定时间内已生产的产品中销售出去的数量。

该指标反映在一定时间内供应链总体库存水平，其值越大，说明供应链成品库存量越大，库存费用越高。反之，说明供应链成品库存量越小，库存费用越低。

（三）产需率指标

产需率是指在一定时间内，节点企业已生产的产品数量与其下层节点企业（或用户）对该产品的需求量的比值。具体分为如下 2 个指标。

1. 供应链节点企业产需率

$$供应链节点企业产需率 = \frac{一定时期内节点企业已生产的产品数量}{一定时期内对节点企业生产产品的需求量}$$

该指标反映上、下层节点企业之间的供需关系。产需率越接近 1，说明上、下层节点企业之间的供需关系协调，准时交货率高，反之，则说明节点企业准时交货率低或者企业的综合管理水平较低。

2. 供应链核心企业产需率

$$供应链核心企业产需率 = \frac{一定时期内核心企业已生产的产品数量}{一定时期内对核心企业生产产品的需求量}$$

该指标反映供应链整体生产能力和快速响应市场能力。若该指标数值大于或等于 1，说明供应链整体生产能力较强，能快速响应市场需求，具有较强的市场竞争能力；若该指标数值小于 1，则说明供应链生产能力不足，不能快速响应市场需求。

（四）供应链产品生产循环指标或节拍指标

当供应链节点企业生产的产品为单一品种时，供应链产品产出循环期是指产品的产出节拍；当供应链节点企业生产的产品品种较多时，供应链产品产出循环期是指混流生产线上同一种产品的产出间隔。由于供应链管理是在市场需求多样化经营环境中产生的一种新的管理模式，其节点企业（包括核心企业）生产的产品品种较多，因此，供应链产品产出循环期一般是指节点企业混流生产线上同一种产品的产出间隔期。它可分为如下两个具体的指标：

（1）供应链节点企业（或供应商）零部件产出循环期。该循环期指标反映了节点企业库存水平以及对其下层节点企业需求的响应程度。该循环期越短，说明了该节点企业对其下层节点企业需求的快速响应性越好。

（2）供应链核心企业产品产出循环期。该循环期指标反映了整个供应链的在制品库存水平和成品库存水平，同时也反映了整个供应链对市场或用户需求的快速响应能力。核心企业产品产出循环期决定着各节点企业产品产出循环期，即各节点企业产品产出循环期必须与核心企业产品产出循环期合拍。如果合拍一致，说明整个供应链的在制品库存量和成品库存量都比较少，总的库存费用都比较低；另一方面也说明供应链管理水平比较高，能快速响应市场需求，并具有较强的市场竞争能力。缩短核心企业产品产出循环期，应采取如下措施：

1）使供应链各节点企业产品产出循环期与核心企业产品产出循环期合拍，而核心企业产品产出循环期与用户需求合拍。

2）可采用优化产品投产计划、采用高效生产设备或加班加点来缩短核心企业（或节点企业）产品产出循环期。其中，通过优化产品投产计划来缩短核心企业（或节点企业）产品产出循环期是既不需要增加投资又不需要增加人力物力的好方法，见效快，值得推广。

（五）供应链总运营成本指标

供应链总运营成本包括供应链通信成本、供应链库存费用及各节点企业外部运输总费用。它反映供应链运营的效率。具体分析如下：

(1) 供应链信息系统成本。供应链通信成本包括各节点企业之间通信费用，如EDI/Internet的建设和使用费用、供应链信息系统开发和维护费等。

(2) 供应链总库存费用。供应链总库存费用包括各节点企业在制品库存和成品库存费用、各节点之间在途库存费用。

(3) 各节点企业外部运输总费用。各节点企业外部运输总费用等于供应链所有节点企业之间运输费用总和。

（六）供应链核心企业产品成本指标

供应链核心企业的产品成本是供应链管理水平的综合体现。根据核心企业产品在市场上的价格确定出该产品的目标成本，再向上游追溯到各供应商，确定出相应的原材料、配套件的目标成本。只有当目标成本小于市场价格时，各个企业才能获得利润，供应链才能得到发展。

（七）供应链产品质量指标

供应链产品质量是指供应链各节点企业（包括核心企业）生产的产品或零部件的质量。主要包括合格率、废品率、退货率、破损率、破损物价值等指标。

二、供应链企业之间的绩效评价指标

供应链是由若干个节点企业所组成的一种网络结构，如何选择供应商、如何评价供应商的绩效以及由谁来评价等问题是必须明确的问题。根据供应链层次结构模型，这里提出了相邻层供应商评价法，可以较好地解决这些问题。相邻层供应商评价法的基本原则是通过下层供应商来评价上层供应商。由于下层供应商可以看成是上层供应商的用户，因此通过下层供应商来评价和选择与其业务相关的上层供应商更直接、更客观，如此递推，即可对整个供应链的绩效进行有效的评价。为了能综合反映供应链上、下层节点企业之间的关系，这里提出满意度指标，其内容具体介绍如下（如图9－3所示）。

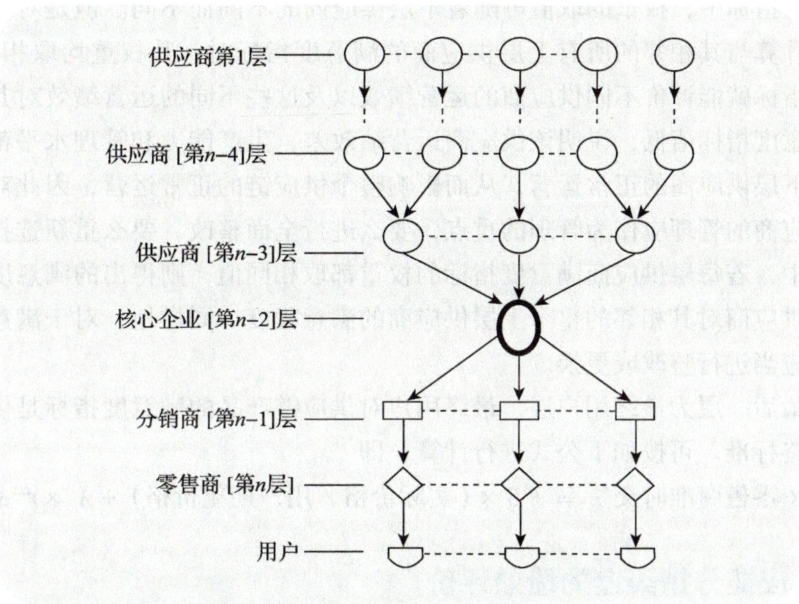

图9－3　供应链层次结构模型示意图

满意度指标是反映供应链上、下节点企业之间关系的绩效评价指标，即在一定时间内下层供应商 i 对其相邻上层供应商的综合满意程度 C_{ij}。其表达式为

$C_{ij} = \alpha_j \times$ 供应商(j) 准时交货率 $+ \beta_j \times$ 供应商(j) 成本利润率 $+ \lambda_j \times$ 供应商(j) 产品质量合格率

式中，α、β、λ 为指标权重 $\alpha_j + \beta_j + \lambda_j = 1$。

准时交货率是指上层供应商在一定时间内准时交货的次数占其总交货次数的百分比。供应商准时交货率低，说明其协作配套的生产能力达不到要求，或者是对生产过程的组织管理跟不上供应链运行的要求；供应商准时交货率高，说明其生产能力强，生产管理水平高。

成本利润率是指单位产品净利润占单位产品总成本的百分比。在市场经济条件下，产品价格是由市场决定的，因此，在市场供需关系基本平衡的情况下，供应商生产的产品的价格可以看成是一个不变的量。按成本加成定价的基本思想，产品价格等于成本加利润，因此产品成本利润率越高，说明供应商的盈利能力越强，企业的综合管理水平越高。在这种情况下，由于供应商在市场价格水平下能获得较大利润，其合作积极性必然增强，必然对企业的有关设施和设备进行投资和改造，以提高生产效率。

产品质量合格率是指质量合格的产品数量占产品总产量的百分比，它反映了供应商提供货物的质量水平。质量不合格的产品数量越多，则产品质量合格率就越低，说明供应商提供产品的质量不稳定或质量差，供应商必须承担对不合格的产品进行返修或报废的损失，这样就增加了供应商的总成本，降低了其成本利润率。因此，产品质量合格率指标与产品成本利润率指标密切相关。同样，产品质量合格率指标也与准时交货率密切相关，因为产品质量合格率越低，就会使得产品的返修工作量加大，必然会延长产品交货期，使得准时交货率降低。

在满意度指标中，权重的取值可随着下层供应商的不同而不同。但是对于同一个下层供应商，在计算与其相邻的所有上层供应商的满意度指标时，其权重均取相同值。这样，通过满意度指标就能评价不同供应商的运营绩效以及这些不同的运营绩效对其下层供应商的影响。满意度指标值低，说明该供应商运营绩效差，生产能力和管理水平都比较低，并且影响了其下层供应商的正常运营，从而影响整个供应链的正常运营，因此对满意度指标值较低的供应商的管理应作为管理的重点，要么进行全面整改，要么重新选择供应商。在整个供应链中，若每层供应商满意度指标的权重都取相同值，则得出的满意度指标可以反映整个下层供应商对其相邻的整个上层供应商的满意程度。同样地，对于满意度指标值低的供应商就应当进行整改或更换。

供应链最后一层为最终用户层，最终用户对供应链产品的满意度指标是供应链绩效评价的一个最终标准。可按如下公式进行计算，即

$C=\alpha\times$零售商准时交货率$+\beta\times$（实际价格／用户期望价格）$+\lambda\times$产品质量合格率

三、供应链分销渠道的绩效评价

评价供应链的绩效是一件很困难的事。供应链某些方面的绩效很难量化，难以建立一个统一的标准。同时不同的供应链有各自的特征，很难建立一个通用的比较标准。在实践中，为了分析某一渠道结构的有效性并做出及时反馈，进行恰当的绩效评价又是必要的。

渠道绩效评价一般有定性和定量两种方法。定性方法包括：分销渠道成员协作的程度；分销渠道成员矛盾冲突的程度；所需信息的可获得程度。定量方法有：每单元的分销成本；履行订单的出错率以及商品的破损率等。

一般情况下，采用企业目标市场顾客的满意程度来评价分销渠道绩效。这包括评价产品在店铺中的可获得性；评价顾客服务是否充分；评价企业品牌形象的优势等。另外，评价分销渠道结构的有效性可以包括：评价渠道成员的营业额；渠道中的竞争力量和相关问题；还应该将本企业实行某些市场功能的能力与其他渠道成员相比，以保证渠道的专业化程度。

评价分销渠道绩效没有通用标准，企业可以根据自身的战略目标、运营环境、顾客的特殊需求等设计适合自己的标准，表9－2将主要的评价标准分成三类列示。

表9－2　分销渠道绩效评价标准

顾客服务	宏观生产率	微观生产率
库存补充速度	物流成本占销售额的百分比	每单位的仓库成本
订单完成百分率	运输成本占销售额的百分比	库存破损
运送提前期	累计库存成本	运输成本/吨公里
订单运单票据出错率	定期补充的库存量	回程空载率

第四节　供应链标杆管理

绩效度量是一种手段，目的是通过对企业经营绩效的度量，发现问题，找出解决办法。尤其是在供应链管理环境下，一个节点企业运行绩效的高低，不仅关系到该企业自身的生存与发展，而且影响到整个供应链其他企业的利益，因此，建立绩效度量指标和方法也只是手段，目的是激励各个企业都要创造一流绩效。通过树立标杆促使其他企业采取措施迎头赶上。在现代企业管理方法体系中，标杆法（Benchmarking）得到了越来越多的应用。标杆法广泛用于建立绩效标准、设计绩效过程、确定度量方法及管理目标上。

一、标杆管理概述

（一）标杆的内涵和分类

标杆的定义可以概括为：以那些出类拔萃的企业作为基准，将本企业的产品、服务和管理措施等方面的实际状况与这些基准进行定量评价和比较，分析这些基准企业的绩效达到优秀水平的原因，在此基础上选取改进的最优策略。这种程序连续不断地反复进行。利用所获取的信息作为制定企业绩效目标、战略和行动计划的基准。绩效标杆一般分为三种。

（1）战略性标杆，它包含一个企业的市场战略与其他企业的市场战略的比较，可以使一个企业获取优秀企业的市场战略。通常包括以下几个方面的问题：

1）标杆企业强调什么样的市场？

2）标杆企业是什么样的市场战略？

3）支持标杆企业市场战略的资源水平？

4）标杆企业的竞争优势集中在哪些方面？

（2）操作性标杆，它是以各方面的职能性活动为重点，找出有效的方法，在各种职能方面都取得最好的成绩。为了解决主要矛盾，一般选择对标杆职能有重要影响的有关职能与活动，以便使企业获取最大效益。

（3）支持活动性标杆，标杆企业内的支持功能应该显示出比竞争对手更好的成本效益，通过支持活动性标杆控制内部间接费用和防止费用的上升。

（二）标杆管理制度

标杆最早是美国施乐公司的经营分析法。20 世纪 70 年代末，施乐公司在复印机市场上失去其领导地位，1979 年开始对其制造成本实施标杆制度，并对制造质量及特性进行改进。在制造活动中标杆制度获得成功后，将标杆制度运用于各企业单位，使其小型复印机在市场上居于优势。

在日本和欧美国家的企业中早也已实施标杆制度。在计算机、医院、银行及物流企业中全部或部分地实施了标杆管理制度。

1. 基本构成

标杆管理制度的基本构成可以概括为两部分，即最佳实践和衡量标准。所谓最佳实践，是指行业中的领先企业在经营管理中所推行的最有效的措施和方法。所谓衡量标准则是指能真实客观地反映经营管理绩效的一套评价指标体系以及与此相应的作为标杆的基准数据，如顾客满意程度、单位成本、周转时间以及资产计量指标。

2. 基本程序

开展标杆管理包括以下 3 个基本程序：

（1）掌握本企业在经营中需要解决的问题，制定工作措施，建立绩效评价指标。

（2）调查同行业中领先企业或竞争对手的绩效水平，掌握其关键性优势。

（3）调查领先企业的最佳实践，即了解这些企业获取优秀绩效的原因，并树立目标努力仿效。

能够成功开展标杆活动的关键是要在组织内部形成一种要求改变现状的共识和目标一致的行动。需要组织成员之间的沟通以及其他管理措施的支持。

标杆活动的应用范围十分广泛，它可以应用到企业外部顾客的最终产品和服务；也可应用于企业内部顾客的产品，即每道工艺流程的产出；还可以应用于各种经营职能，甚至某个具体的经营程序和措施。标杆企业可以是同行业的竞争对手，也可以是跨行业的优秀企业。现在标杆活动已经超过了企业的范围。

3. 标杆管理制度的原则

标杆管理涉及诸多影响因素，所以在执行时应遵循以下几点原则：

（1）设定具体标杆目标，全方位、全过程、多层面进行标杆管理。标杆管理的应用范围很广，从策略规划到质量活动，都可以利用标杆管理方式，企业在运用时，一方面要全方位、全过程、多层面进行标杆管理，另一方面要将具体目标界定清楚。需先检查所有的作业流程，检查与顾客期望是否有差距，而后选定最迫切需要改善的项目进行标杆管理。

（2）挑选最佳的标杆对象。最佳的标杆对象可能是特定产业、竞争者、不同产业中的佼佼者、熟悉的供应商，甚至关系企业等，只要是卓越的地方就可以成为标杆，企业在某一方面的标杆对象可能是一个，但就企业总体而言，标杆对象则可能是多个，只要是最佳的，不论局部还是整体都可作为标杆对象。美国的福特汽车公司选择日本的本田公司作为标杆进行管理，虽然本田公司的规模不及福特，但工作效率高于福特。

（3）有效收集标杆信息。选定标杆对象后，应多阅读相关资料，然后进行实地考察，期待能网罗所有信息，以及结果的评价。

（4）不断发掘问题，追踪标杆对象，持续标杆管理，勇于创新进取。找出和标杆对象的差异，并从中归纳各种阻碍企业进步的关键影响因素，然后拟定详细的规划步骤并付诸实施。应将标杆作为一项制度固定下来。不断发掘问题，追踪标杆对象，持续进行标杆管理，勇于创新进取是标杆管理的精髓。

4. 影响标杆管理成功的关键因素

标杆管理是否能够取得成功，在实施中受到多种因素的影响，其中主要的关键性影响因素为：

（1）高层领导的支持。标杆管理必须成为企业全体人员所接受的实实在在的过程，而不能搞形式主义。全体人员必须把标杆管理看作建立企业竞争战略的长久措施。企业高层领导的支持也是十分关键的因素。

（2）注意收集有关数据。首先要了解哪些企业是第一流的，然后要分析为什么这些企业能够成为第一流的企业，最后确定标杆管理实施效果的定量分析方法。标杆管理的成功依赖于细致的、准确的数据和信息处理，这是整个标杆实施过程的一个重要组成部分。

（3）必须认识到标杆管理的作用。管理人员必须将标杆管理实施过程看作是向其他企业学习和改进本企业工作的一个有效途径，从思想深处认识标杆的作用。

二、标杆管理的实施步骤与过程

（一）标杆管理的实施步骤

1. 明确标杆内容

标杆管理的第一步是从改进和提高绩效的角度出发，明确本企业和本部门的任务是什么，这些任务实际上是企业成功的关键因素，它是标杆管理首先考虑的目标。接着应对这些任务进行具体分解，以便易于进行诸如成本等问题的量化分析和检查，最后确定标杆管理的具体内容，可以采用因果分析法，针对各项任务，提出问题、分析原因，将企业面临的问题、挑战和机遇作为主要内容。关键是深刻理解，正确地把握影响企业成功的问题和症结所在。这些问题和症结才是主要内容。

2. 选择标杆企业（或部门）

选择标杆企业应遵循两个原则：一是应具有卓越的业绩与经济效益，应是行业中具有最佳实践的领先企业；二是标杆企业应与本企业或本部门有相似的特点。选择标杆，可以在同行中选择有潜力的企业，也可以在跨行业企业中相近的部门选择，还可以在企业内部相似的部门选择。选择的标准是具有可比性，不要遗漏任何一个极有可能在管理实践中绩效优秀的企业或部门。

3. 收集资料和数据

资料和数据是开展标杆活动的基础，资料和数据可分为两大类：

一类是标杆企业的资料和数据，主要包括标杆企业的绩效数据，以及它们的最佳实践，即标杆企业优良的绩效管理方法、措施和管理诀窍。这类数据资料是标杆的基准线，也是学习、追求的目标。

另一类资料数据针对开展标杆管理活动的企业或部门，反映他们目前的绩效及管理现状。

作为基准线的资料数据可以来自单个的标杆企业和部门，也可以来自行业、全国乃至全球的某些样本。通过同这类数据的比较，可以了解企业（部门）在行业及国内外、同行中所处的相对位置，明确努力方向。

资料数据的来源主要有：政府统计部门、资讯部门、各种协会、顾客、在标杆企业工作过的雇员等。通过访问、座谈、问卷调查及实地考察等方法获取。

4. 分析差距

对收集的数据进行分析比较，即可找出本企业与目标企业在绩效水平上的差距，以及在管理措施和方法上的差异。

5. 制定绩效目标

在分析差距的基础上，可确定追赶绩效目标，明确应该学习的标杆企业的最佳实践。在制定绩效目标时，必须考虑以下4个方面的客观条件的差异：

（1）经营规模的差异及由于规模经济而造成的效率差异。

（2）管理哲学及管理观念上的不同，例如：对经营职能的集权程度、资源分享程度以及内部控制程度的不同观点。

（3）产品特性及生产过程的差异。

（4）经营环境中存在的不同条件。

6. 综合与交流

将上述步骤1~5中取得的各项进展同全体员工反复交流、征询意见，并将标杆管理所要达到的目标前景向全体职员通报。根据全体职员的意见，修正已制定的绩效目标，改进计划方案。全体职员的目标一致，行动一致，这是标杆管理活动最终能否成功的关键。其主要内容包括：

（1）制定具体的行动方案。对包括计划、安排、实施方法和技术以及阶段性的成绩评估等制订出一整套行动方案。

（2）专人负责，专家指导。标杆管理工作应有专门的人员负责，必要时可聘用标杆管理专家进行指导。除专职人员外，与标杆管理内容密切相关的人员需要参与。

（3）标杆管理方法的连续进行。前一次标杆管理工作完成之后，要及时总结，并对新的情况、新的发现进行进一步的分析，提出新的基准目标，以便进行下一轮的标杆管理，这样可以使企业始终保持在行业中不断变化和进取的态势。

7. 标杆管理的成熟运用

标杆管理活动成功开展以后，应被作为企业经营的一项职能活动融入日常工作中去。标杆管理活动最终成果应具备以下两个特点：

（1）企业标杆管理应获得同领先企业相同甚至超越领先企业的竞争实力。

（2）单独进行的各项标杆管理活动应融合到企业日常经营活动中。

（二）供应链标杆管理的实施过程

供应链标杆管理实施过程共分五个阶段，见表9-3。

表 9－3　标杆管理的实施阶段

阶　段	工作内容
1. 计划	确定任务、产品、职能等 确定实施标杆的目标 确定对数据和信息的要求
2. 分析	怎样使标杆的目标更好 怎样把标杆企业的做法用于供应链企业 确定未来的趋势和绩效水平
3. 整合	主要负责人交换标杆实施中的情况 建立运作层的工作目标和具体的职能目标
4. 行动	确定具体行动负责人 制定一套对标杆计划和目标进行评审和修改的程序 建立标杆进程的沟通机制
5. 正常运作	在供应链各企业中继续坚持标杆活动 坚持绩效的持续改进

根据标杆管理的特征，供应链标杆管理如图 9－4 所示，这是构成体系相对完整的标杆管理实施过程图。

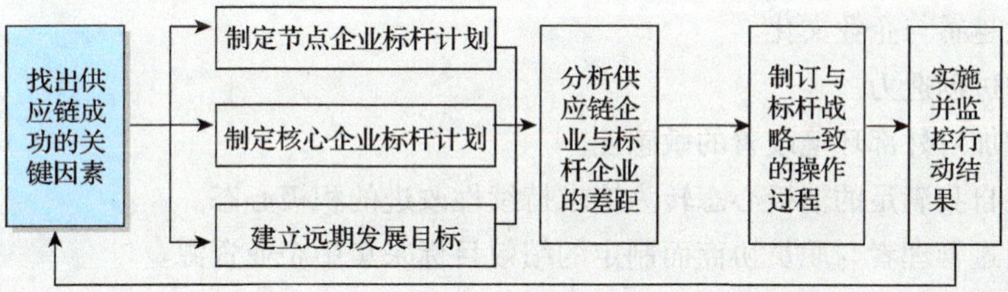

图 9－4　供应链标杆管理实施过程示意图

三、实施标杆管理的经济效益分析

（一）实施标杆管理的收益

开展标杆管理活动可以获得如下收益：

（1）标杆管理实施过程可以帮助企业辨别最优秀企业及其优秀的管理功能，并将之吸收到企业的经营计划中来，以通过标杆活动改进工作绩效。标杆管理可以激励管理人员更好地完成绩效计划，使人们发挥出更高的创造性，取得实施标杆法的实际效益。

（2）实施标杆法可以克服阻碍企业进步的顽疾。管理者通过对比外界的状况，找出本企业深层次的问题和矛盾，再根据标杆企业成功的做法，决定采取何种措施保持企业的持续发展。

（3）实施标杆管理还是一种市场信息的来源，例如可以通过实施标杆法发现过去没有意识到的技术或管理上的不足。最后，通过标杆的实施过程使得企业间各个部门的结合更加紧密。

（二）标杆管理的成本效益分析

管理者在做出标杆管理制度决策时，须考虑采用标杆管理后的收益是否大于投入成本。作为管理者，只有在对其欲采取的标杆管理做过成本效益评价，且确定其效益将大于成本时，才能实施标杆管理，标杆管理的效益评价指标如下。

1. 量化指标

（1）程序或产品质量的改善。

（2）生产力的改善。

（3）生产绩效的改善。

（4）合格产品或服务。

（5）增加市场占有率。

（6）产品带来的收益及现金流量的增加。

（7）降低产品成本或达到目标成本。

2. 非量化指标

（1）优越感与企业文化。

（2）增进创造力。

（3）增加对外部环境改善的敏感度。

（4）将自我满足的消极心态转为追求持续性改进的积极心态。

（5）通过管理者与职员协商而制定的绩效目标来集中企业资源。

（6）与标杆对象分享最好实务。

（7）改进工作士气满意度及工作态度。

（8）改善管理者与职员间的合作与协调。

（9）对员工有较大的授权以期改善程序与产品。

（10）顾客对产品的满意度增加。

（11）改进组织生产的产品或提供的服务。

（12）增加企业机会。

3. 成本评价指标

可评价的成本：包括制定、学习、认识与实践标杆管理所需成本。

不可评价成本：揭露经营者资讯的风险成本；对企业文化改变的潜在反抗者所产生的成本。

四、供应链的标杆管理

标杆管理不仅仅在传统企业，在供应链的构建或再建中的作用也日趋明显，可以说供应链的标杆管理是一种新型的标杆管理方法。它是将标杆管理的思想、工作方法贯穿于从供应商、制造商、分销商、第三方物流到最终用户的整个供应链过程。

（一）顾客服务的标杆管理

供应链管理的目标就是赢得顾客、抢占市场。这也是供应链管理的出发点和归宿。把握了顾客的需求和变化就是把握了市场的脉搏。顾客服务标杆一般分为4个阶段：

（1）明确顾客心目中把供应链企业与哪几家企业进行相互参照，同时划定比较的企业范围，选定比较企业。

（2）供应链必须掌握顾客需求及所提供的产品或服务与顾客需求的差距，并找出影响顾客需求的关键要素，一般情况下关键要素是产品特性、价格、质量、交货、服务、灵活性等方面。

（3）确定影响顾客需求关键要素之后，将这些关键要素的相对重要性进行排序。具体操作是将每一个关键要素细分为多项指标，这些细分指标用来对相关顾客进行调查，选取较为重要的指标，同时将指标的重要性进行排序。如表9－4，在交货这一关键要素方面最重要的是准时交货，其次是按质按量交货，而交货周期则排在最后。

表9－4　交货分项指标及重要程度

指　标	重要程度
准时交货	5
按质按量交货	3
交货周期	1

（4）将各企业的顾客需求关键要素与各比较企业进行对比，分析顾客对企业的满意程度。例如顾客对供应链中的企业与A、B、C三家同行企业对比，满意度评价见表9－5，其中5分表示顾客最满意，1分表示不满意。

表9－5　顾客满意程度对比评价

指　标	本企业	A	B	C
准时交货	5	4	5	3
按质按量交货	4	3	5	4
交货周期	4	5	4	4

将表9－4中各指标的重要程度作为权数，各企业的顾客满意程度为

供应链企业（本企业）：$5 \times 5 + 3 \times 4 + 1 \times 4 = 41$

A企业：$5 \times 4 + 3 \times 3 + 1 \times 5 = 34$

B 企业：5 ×5 +3 ×5 +1 ×4 =44

C 企业：5 ×3 +3 ×4 +1 ×4 =31

在交货方面，顾客对 B 企业最为满意（44），其次是供应链企业（41），不太满意的是 C 企业（31）和 A 企业（34）。

根据上面的分析结果，供应链企业应该将 B 企业作为标杆，向 B 企业学习，尽最大努力改进绩效，满足顾客的需求。

（二）供应链流程的标杆管理

产品是投入的结果，要提高供应链的绩效，还要进一步从供应链流程着手。因此，实施供应链标杆管理还要解决两个关键问题。

1. 供应链流程识别

由于制造业产品的原料占产品成本的一大部分，流通渠道及路径直接影响企业的成本，因此提高企业绩效不仅需关注企业自身的行为，还要考虑供应链中的供应商、分销商、零售商的效率。评价供应商或中间商的相对绩效，必须找出在工作流程、职能部门的工作效率等方面和行业领先企业或最佳类似部门的差距。在物流、供应链流程图中，除了要把供应链中所有企业清晰表达出来外，还需注意各企业间的界面接触问题，这是一个容易被忽视的问题。不仅供应商、分销商的行为需要与领先企业相比较并加以控制，供应链界面也需要与其他竞争力更强的供应链界面相比较，分析其他供应链中的组织是如何有效地在供应商—制造商间传递信息或者制造商—分销商间协调生产计划等，以便向他们学习。

2. 供应链标杆管理的优先环节

供应链流程是相当复杂的，需要进行标杆管理的环节很多，如果没有重点，可能收效甚微，必须抓住关键环节，也就是确定标杆管理的优先环节，对此可以从以下四个方面进行综合评价。

（1）对战略的影响程度。

（2）对相关企业的影响程度。

（3）对标杆管理的主观迫切性。

（4）对该环节必须进行自制与外购的选择。

总之，根本的决策原则是有利于提高竞争优势，在成本和差异化方面有所建树。标杆管理的有效性早已被证实，它已成为经济发达国家物流管理的一种基本方法，供应链标杆管理是对该管理方法的进一步发展。

第五节　供应链企业激励机制

一、建立供应链企业激励机制的必要性

为什么要建立供应链企业的激励机制呢？某一汽车制造商为了促进其汽车在市场上的

销售，向分销商提出了一个促销的激励措施。公司规定，只要经销商的销售额达到一定数额，年底时制造商将付给经销商一笔奖励资金。同时，为了帮助经销商，制造商出面与银行签订了分期付款的协议。此举推行下去之后，曾出现一阵销售热潮，库存量明显下降。但是，到年底一算账，制造商才发现有问题。原来，经销商为了扩大销售业绩，纷纷下调价格出售汽车。结果，汽车卖出去不少，经销商也得到了实惠，但是制造商则损失惨重。制造商不得不承受低价销售的损失，使本来就步履艰难的生产经营活动更加雪上加霜。于是，制造商不得不检讨该项措施的失误，第二年重新制定新的促销战略。

这个例子说明，制造商的出发点是激励经销商多卖汽车，希望在给自己带来效益的同时，经销商也能获得一定利益。但是，事与愿违，此激励措施不但没有发挥正常作用，反而给企业造成一定的损失。

导致出现这种情况的原因当然是多种多样的，其中之一就是在实现委托—代理过程中的风险所造成的。委托—代理过程中的风险有多种表现形式，其中最为常见的是不完全信息下决策的风险、代理人的道德风险等。供应链企业间的关系实际上是一种委托—代理关系。事实上就是处于信息优势与处于信息劣势的市场参加者之间的相互关系。由于信息非对称现象在经济活动中相当普遍，而许多经济合同又都是在信息非对称条件下执行的，就难免出现道德风险问题。产生道德风险的原因之一是代理人拥有私有信息，这从道德风险对策环境中看得很清楚：委托人与代理人签订合同时，双方所掌握的信息是相互对称的（至少双方都认为他们自己已经掌握了对方了解的信息）。然而，建立委托—代理关系后，委托人无法观察到代理人的某些私有信息，特别是代理人的努力程度方面的信息，在这种情况下，代理人可能会利用这种不对称采取某些损害委托人利益的行动（如上面举的汽车经销商的例子）。为了克服道德风险带来的危害，委托—代理理论普遍发展了以合作和分担风险概念为中心的信息激励机制理论。

对于委托人来讲，只有使代理人行动效用最大化，才能使其自身利益最大化。然而，要使代理人采取效用最大化行动，必须对代理人的工作进行有效的激励。因此，委托人与代理人，即制造商和供应商或制造商和经销商之间的利益协调关系，就转化为信息激励机制的设计问题。所以说，如何设计出对供应链上的各个节点企业的激励机制，对保证供应链的整体利益是非常重要的。

二、供应链企业激励机制的特征

激励机制并不是一个新话题。在组织行为学中就专门讨论激励问题，在委托—代理理论中也研究激励问题。这里将激励的概念和范围扩大到了整个供应链及其相关企业上，用更广的视角审视供应链管理环境下的激励和激励机制的建立问题。

根据组织行为学的基本观点，一个人的工作成绩可以用公式表示：工作成绩 =f（能力 × 动机），即一个人工作成绩的好坏，既取决于人的能力，也取决于人的动机。如果一个人的积极性被调动起来，即动机被激发，那么他取得的成绩就大。美国哈佛大学心理学家威廉·詹姆士（Willliam James）在对职工的激励研究中发现，按时计酬的职工仅能发挥其能力的20%～30%，如果受到充分激励则可以达到80%～90%，也就是说，同样一个人在通过充分激励后所发挥的作用相当于激励前的3～4倍。它反映的是这样一个问题：在现代企业中，人们往往不是不会做，而是不积极地去做。因此企业管理重要问题之一是调动职工的工作积极性，而职工积极性是与个人需要和动机相联系的，是由动机推动的。可以说，影响积极性的基本因素是人的需要和动机。应该明确这样一个观点：人人有待激励，人人可以激励。只有了解人的需要和动机的规律性，才能预测、引导和控制人的行为，才能达到激励职工、调动职工积极性的目的。这就是“需要—动机—行为—目标”激励模式。

从供应链的委托—代理特征去理解，所谓激励，就是委托人拥有一个价值标准，或一项社会福利目标，这些标准或目标可以是最小个人成本或社会成本约束下的最大预期效用，也可以是某种意义上的最优资源配置，或个人的理性配置集合。现在，委托人希望能够达到这些目标，那么，委托人应该制定什么样的规则，使其他市场参与者（代理人）都能够使利己行为的最后结果与委托人给出的标准一致呢？更进一步地分析，激励就是委托人如何使代理人在选择或不选择委托人标准或目标时，从自身利益效用最大化出发，自愿或不得不选择与委托人标准或目标一致的行动。由于每个经济模型都是一个机制，因此，设计激励机制必然要求既定模型应符合参与约束和激励相容约束。

激励是一个心理学范畴，在管理学的应用中，对激励的研究一般限于个人行为的范围。供应链激励因其对象包括团体（供应链和企业）和个人（管理人员和一般员工）两部分，而将研究范围扩大为个人的心理和团体的心理。一般地讲，供应链涵盖的社会范围很大，具有社会性，供应链的团体心理即社会心理。供应链的社会心理作为一个“整体”具有“个体”心理的一般特性，即基于需要产生动机进而产生某些行为以达到目标。但是整体毕竟不是个体的简单相加，供应链的社会心理同时又具有其独特的一面。

作为众多企业的集合，供应链管理系统也存在同样的问题。成员企业的积极性不够，核心企业的开拓精神不强烈，有些企业是小富即安，更有一些企业安于现状、做到不亏损就心满意足了，或者是受到竞争压力和外部某些压力（例如项目失败，市场需求疲软等）而退缩、丧失进取心等。一个企业如同一个人一样，也有需要、行为、动机和目的，也有心理活动，也有惰性，当然也需要激励。供应链激励是供应链管理的一项重要工作。供应链包含组织层、功能层和工作层三个层面，可激励对象包括供应链自身、成员企业、企业管理人员、一般员工。其中管理人员（企业家）和一般员工的激励属于企业激励机制的范畴，因此供应链激励主要专注于供应链环境下的成员企业。

供应链企业的激励过程可以借用传统的激励过程模型来描述，如图9－5所示。从图中可以看出，供应链的激励机制包含激励对象（又称激励客体，代理方）、激励的目标、供应链绩效测评（包括评价指标、指标测评和评价考核）和激励方式（正激励和负激励，物质性激励、精神性激励和感情性激励）等内容。事实上，根据供应链激励的特点，供应链的激励机制还隐含了两个内容：供应链协议和激励者（又称激励主体，委托方）。考察激励主体实质是站在什么角度去实现激励行为，达到什么目的。

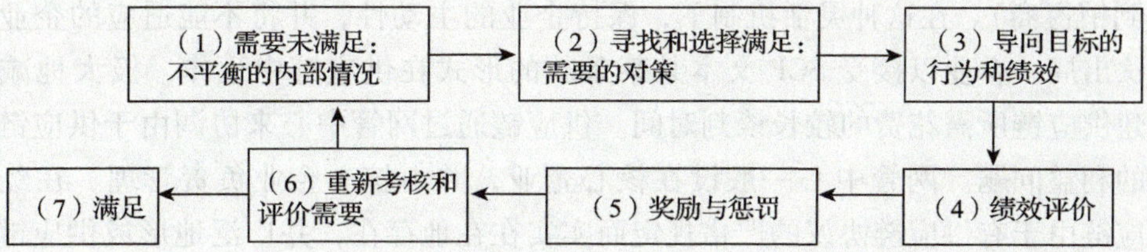

图9－5 供应链企业激励过程

三、供应链协议

供应链激励需要一个好的规则来评判好与坏。供应链协议（SCP）充当了这一角色。并为供应链绩效评价和激励的实现提供了一个平台。

供应链协议是将供应链管理工作进行程序化、标准化和规范化的协定。供应链协议为激励目标的确立、供应链绩效测评和激励方式的确定提供基本依据。激励目标要与激励对象的需要相联系，同时也要反映激励主体的意图和符合供应链协议。激励方式要视绩效评价结果和激励对象的需要具体而定。

供应链的运作以快速、高效、敏捷等特点而显示出竞争优势，兼容并蓄了许多先进管理方法如 JIT、MRP Ⅱ、CIMS、FMS 等的优点。但是，供应链在运作时存在着安全性、法律法规、协商时间、供应链优化、主动性限制、供应链淘汰机制等现实问题。这些问题的存在制约了供应链功能的发挥。针对这几个根本性问题，相应地提出供应链协议，以规范对供应链运作的管理。供应链协议是根据供应链产品生产模式的特点，结合 WTO 协定、ISO9000、EDI、TCP/IP 等多方面的标准和规范，将供应链管理不断程序化、标准化和规范化，使供应链系统能有效控制、良好运作、充分发挥功能。简单地讲，供应链协议就是在一系列标准（供应链协议标准，简称 SCP 标准）支持下的拥有许多条目的文本（供应链协议文本，简称 SCP 文本），并且，这些文本固化于一个网络系统（供应链协议网络系统，简称 SCPNet）中。供应链协议强调供应链的实用性和供应链管理的可操作性，重视完全信息化和快速响应的实现。

供应链协议的内容分为 3 个部分：SCP 文本；SCP 标准；SCPNet。SCP 文本是供应链管理规范化、文本化、程序化的主体部分，包括 10 个部分：①定义；②语法规范；③文本规范；④供应链的组建和撤销；⑤企业加入供应链条件、享受权利、应担风险以及应尽义务；⑥供应关系的确立与解除；⑦信息的传递、收集、共享与发布；⑧供应、分销与生产的操作；⑨资金结算；⑩纠纷仲裁与责任追究。SCP 标准包括产品标准、零配件标准、质量标准、标准合同、标准表（格）单（据）、标准指令、标准数据、标准文本以及 SCPNet 标准等。SCPNet 分为硬件和软件两部分。硬件为：Internet/Intranet /Extranet、客户机、工作站、网管中心；软件为：数据库、网络系统、SCPNet 支撑软件。

在供应链协议环境下，企业以期货形式在 SCPNet 上发布订单（接受订单），寻求供应商（得到销售商）。在这种灵活机制下，保持企业的主动性，并将不能适应的企业从供应链上淘汰出局。企业以接受 SCP 文本某某条款的形式在供应链中运作，极大地减少了加入、组建供应链所需花费的较长谈判时间。供应链通过网管中心来协调由于供应链的优化而带来的利益问题。网管中心一般设在核心企业，并由核心企业负责管理。在经济活动中，供应链由于有供应链协议的严格规定而实实在在地存在，并广泛地形成供应链与供应链之间的竞争。

四、供应链企业激励机制的主要内容

激励的主体是指激励者，激励的客体是指被激励者，即激励对象。激励的主体是从最初的业主转换到管理者、抽象的委托人。供应链管理激励的客体主要指其成员企业，例如：上游的供应商、下游的分销商等，也包括供应链企业内部管理人员和员工。

（一）供应链管理环境下的激励主体与客体

供应链管理环境下的激励主体与客体主要涉及以下几个方面：

（1）核心企业对成员企业的激励。

（2）制造商（下游企业）对供应商（上游企业）的激励。

（3）制造商（上游企业）对销售商（下游企业）的激励。

（4）供应链对成员企业的激励。

（5）成员企业对供应链的激励。

激励的目标是调动客体与主体的积极性，兼顾双方的共同利益，消除各种因素带来的风险，使供应链的运作更加顺畅，实现供应链企业共赢的目标。

（二）激励手段

供应链管理模式下的激励手段主要是正激励和负激励两大类。正激励是指一般意义上的正向强化、奖励，是鼓励人们采取某种行为；而负激励是指一般意义上的负强化，是一种约束，一种惩罚，阻止人们采取某种行为。

对于激励的手段在现实管理中主要采取三种激励模式：物质激励模式、精神激励模式和感情激励模式。

物质激励模式是主要的激励手段，而物质刺激因素中，金钱的作用则是最为重要的。对于供应链管理，物质刺激可以理解为利润的刺激。要保证能够获取所追求的经济利益，同时又要鼓励其积极性，也就说该物质利益是足以能够起到刺激作用的激励指标。

人是有智慧而且有责任心的，他们追求具有挑战性和有意义的工作。精神的激励模式有公开表扬或批评，工作的承认、权利和责任，在同行业中获得最高的信誉和在公众中获得高的声誉等。感情激励模式既不以物质为刺激，也不以精神理想为刺激，而是以企业之间的感情联络为手段的激励模式，主要有思想沟通式和排忧解难式等。

对于供应链来说，有以下几种激励模式。

1. 价格激励

对于供应链管理，各个企业在战略上是合作伙伴关系，而供应链的各企业的利益分配主要体现在价格上。价格包含供应链利润在所有企业间的分配、供应链优化而产生的额外收益或损失在所有企业间的均衡。这种均衡通过价格来反映。高的价格能增强企业的积极性、不合理的低价会挫伤企业的积极性。供应链利润的合理分配有利于供应链企业间合作的稳定和运行的顺畅。但是价格激励本身也隐含有一定的风险，这就是逆向选择问题，即制造商在挑选供应商时，由于过分强调低价格而在签约前对供应商不甚了解可能会将整体水平较好的企业排斥在外，其结果会造成在产品质量或服务（如交货期）方面影响整个供应链。

2. 订单激励

供应链如果能够获得更多的订单是一种极大的激励，在供应链内的企业也需要更多的订单激励。一个上游供应商能够获得更多的订单，这些订单对供应商就是一种激励。

3. 商誉激励

商誉是一种无形的资产，对于供应链企业极为重要，在经济发达国家，企业极为看重自己的商誉。为了商誉，其实也是为了本企业未来的利益，企业努力提高自己的顾客服务水平及产品质量。一个企业有较高的商业信誉是经过市场经济长期洗礼而形成的无形资产，也是一个企业实力的表现。提高一个企业的商业信誉，首先必须从长远发展的战略目标出发，提高企业对商誉重要性的认识，提高信守合同、依法经营的市场经济意识；其次是加大宣传力度，创造良好的氛围。

4. 信息激励

信息对供应链的激励实际上是一种间接的激励模式，但它的激励作用不可低估。供应链企业利用信息技术建立起信息共享机制，其主要目的之一就是为企业获得信息提供便利，如果能够快捷地获得合作企业的需求信息，本企业就能够主动采取措施提供优质服务，也必然使合作方的满意度大大提高。因此供应链企业始终保持着对掌握了解信息的欲望，这些信息对供应链企业都起到激励作用。

5. 淘汰激励

淘汰激励是负激励的一种。为了使供应链的整体竞争力保持在一个较高的水平，供应链必须建立对成员企业的优胜劣汰机制，同时供应链自身也面临淘汰的风险。对于优秀企业，因供应链淘汰劣者使其获得优秀的绩效；对于绩效较差者，为了避免被淘汰的危险更需要求上进。淘汰激励是在供应链系统中形成的一种危机激励机制，使合作企业都有一种危机感，这样企业为了能在供应链管理体系获得群体优势的同时自己也获得发展，就必须承担责任和义务，对下游企业，在成本、质量、交货期等方面负有全方位的责任。危机感可以从另一个角度上激发企业的发展。

6. 新产品或新技术的开发

供应链管理实施好的企业都将供应商、经销商甚至用户结合起来进行新产品或新技术的开发工作，按照团队的工作方式全面开展合作。合作企业成为整个产品开发中的一个分子，其成败不仅影响到制造商，而且也影响供应商及经销商。因此大家都来关心新产品或新技术的开发工作，这就形成了一种激励机制，构成对供应链上企业的激励作用。

7. 组织激励

一个具有良好组织的企业对供应链及供应链企业都是一种激励，减少供应商的数量，同主要供应商和经销商保持长期稳定的合作伙伴关系是以制造商为核心企业所采用的组织激励的主要措施。如果不能从组织上保证供应链管理系统的运行环境，供应链的绩效也会受到影响。

本章小结

成功的供应链管理要求对那些贯穿企业内部以及构成供应链的所有企业之间的各种商业流程实行跨职能整合，因此它与传统的企业管理模式有很大的区别，在对企业运行绩效的评价与分析方面也存在许多不同。因此，必须设计出科学合理的供应链企业绩效评价的指标和评价方法，对供应链整体运营绩效做出评价，以便决策者能够及时了解供应链整体状况。传统企业绩效评价指标主要是基于部门职能的绩效评价指标，供应链绩效评价指标是基于业务流程的绩效评价指标。

供应链绩效评价的范围包括：①对整个供应链的运行效果做出评价；②对供应链内各企业做出评价；③对供应链内企业之间的合作关系做出评价；④对企业起到激励作用。供应链的绩效评价内容分为：①内部绩效衡量，常见的指标有成本、顾客服务、生产率、质量；②外部绩效衡量，常见的指标有用户满意程度，最佳实施基准等；③供应链综合绩效衡量，常见的指标有顾客服务、时间、成本、资产。整个供应链业务流程的绩效评价可以从产销率指标、平均产销绝对偏差指标、产需率指标、供应链产品生产循环指标或节拍指标、供应链总运营成本指标、供应链核心企业产品成本指标、供应链产品质量指标等方面来考察。

在现代企业管理中，标杆法得到了越来越多的应用。标杆法广泛用于建立绩效标准、确定度量方法及管理目标上。绩效标杆一般分为三种，战略性标杆、操作性标杆、支持活动性标杆。标杆管理制度的基本构成包括了最佳实践和衡量标准两部分内容。开展标杆管理有以下三个基本程序：

（1）掌握本企业在经营中需要解决的问题、制定工作措施，建立绩效评价指标。

（2）调查同行业中领先企业或竞争对手的绩效水平，掌握其关键性优势。

（3）调查领先企业的最佳实践，即了解这些企业获取优秀绩效的原因，并树立目标，努力仿效。

标杆管理的实施分为：明确标杆内容、选择标杆企业（或部门）、收集资料和数据、分析差距、制定绩效目标、综合与交流六个步骤。

标杆管理不仅仅在传统企业，在供应链的构建或再建中的作用也日趋明显，可以说供应链的标杆管理是一种新型的标杆管理方法。它是将标杆管理的思想、工作方法贯穿于从供应商、制造商、分销商、第三方物流到最终用户的整个供应链过程。主要包括两个方面：顾客服务的标杆管理和供应链流程标杆管理。供应链流程标杆管理须解决的两个关键问题是：供应链流程识别和供应链标杆管理的优先环节的确定。

供应链企业间的关系实际上是一种委托—代理关系。供应链管理出现的很多问题是由实现这种委托—代理过程中的风险所造成的。委托—代理风险中最为常见的是不完全信息下决策的风险和代理人的道德风险。供应链激励需要一个好的规则来评判好与坏。供应链协议充当了这一角色，并为供应链绩效评价和激励的实现提供了一个平台。供应链协议是将供应链管理工作进行程序化、标准化和规范化的协定。供应链协议为激励目标的确立、供应链绩效测评和激励方式的确定提供了基本依据。供应链的基本激励模式包括：价格激励、订单激励、商誉激励、信息激励、淘汰激励、新产品或新技术的开发、组织激励。

复习思考题

1. 供应链管理的关键业务流程有哪些？
2. 比较供应链绩效评价与传统企业绩效评价的异同。
3. 供应链评价的范围和内容有哪些？
4. 供应链绩效的评价指标体系由哪几类组成？
5. 试说明供应链标杆管理的实施步骤和过程。
6. 供应链的企业激励手段有哪些？
7. 试说明供应链协议的含义和内容。

案例

供应商总运作成本评价

本案例是关于3个供应商总运作成本的比较评价。总运作成本包括价格、质量、交货期等方面的要素。这个比较分析来源于一个意大利中等机械制造企业的供应链。

1. 案例背景

某企业生产的机器上有一种零件需要从供应链上的其他企业购进，年需求量为10 000件。有3个供应商可以提供该种零件，他们的价格不同，质量也有所不同。另外，这3个供应商的交货提前期、提前期的安全期及要求的采购批量均不同。详细的数据见表9－6。

表 9-6 3 个供应商的基本数据

供应商	价格/（元/件）	合格率（%）	提前期/周	提前期的安全期/周	采购批量/件
A	9.50	88	6	2	2 500
B	10.00	97	8	3	5 000
C	10.50	99	1	1	1 200

如果零件出现缺陷，需要进一步处理才能使用。每个有缺陷的零件处理成本为 6 元，主要是用于返工的费用。

为了比较分析评价的结果，共分三个级别评价供应成本和排名：

第一级：仅按零件价格水平排序；

第二级：按价格、质量水平排序；

第三级：按价格、质量水平及交货时间排序。

2. 供应商供货绩效及排序分析

首先按第一个级别即价格水平排序。排出的结果如下：

供应商	价格/（元/件）	排名
A	9.50	1
B	10.00	2
C	10.50	3

其次，按价格和质量成本的绩效排名。有缺陷零件的处理成本可根据不同供应商的零件质量水平来计算。排出的结果如下：

供应商	缺陷率（%）	缺陷零件数/（件/年）	缺陷处理成本/（元/年）	质量成本/（元/件）	总成本/（元/件）	排名
A	12	1 200.00	7 200.00	0.72	9.50 + 0.72 = 10.22	2
B	3	300.00	1 800.00	0.18	10.00 + 0.18 = 10.18	1
C	1	100.00	600.00	0.06	10.50 + 0.06 = 10.56	3

最后，综合考虑价格、质量和交货时间的因素，评价供应商的运作绩效。交货期长短的不同主要会导致库存成本的不同。主要考虑下列因素：交货提前期、提前期的安全期、允许的最小采购批量。

考虑缺陷零件增加的安全量（补偿有缺陷零件的额外库存），企业用下列方式计算考虑提前期和安全的库存数量

$$\text{安全库存（SS）} = Ks\sqrt{\text{LT} + \text{LTS}}$$

式中 K——根据质量可靠性（95%）确定的系数，取 $K = 1.64$；

s——标准偏差，在这里取 $s = 80$，即每周的零件数量偏差为 80 件；

LT——交货提前期；

LTS——交货提前期的安全期。

下面以供应商 A 为例计算库存相关费用。给供应商 A 设定的安全库存为

$SS = 1.64 \times 80 \times \sqrt{6+2} = 371$（件）

则库存物资的价值为

$$371 \times 9.50 = 3\,525.00 \text{（元）}$$

供应商 A 要求的订货批量为 2 500 件，由订货批量引起的成本按下面的方法计算

$$(2\,500/2) \times 9.50 = 11\,875.00 \text{（元）}$$

用于预防有缺陷零件的成本是根据缺陷率和零件的总的库存价值计算的，即

$$(3\,525.00 + 11\,875.00) \times 12\% = 1\,848.00 \text{（元）}$$

综合以上结果，得到：

供应商	提前期引起的库存价值/元	批量引起的库存价值/元	总库存价值/元	年缺陷零件造成的费用/元	实际总库存成本/元
A	3 525.00	11 875.00	15 400.00	1 848.00	17 248.00
B	4 352.00	25 000.00	29 352.00	881.0	30 233.00
C	1 948.00	6 300.00	8 248.00	82.48	8 330.50

与零件库存有关的维持费用，如库房租赁费、货物保险费等，按库存价值的 25% 计算（这个系数根据企业的不同而不同）。计算结果如下：

供应商	实际总库存价值/元	维持费用/元	单位零件成本/（元/件）
A	17 248.00	4 312.00	0.43
B	30 233.00	7 558.00	0.76
C	8 330.50	2 082.00	0.21

那么，根据价格、质量成本、交货期的综合评价结果为：

供应商	价格/（元/件）	质量成本/（元/件）	交货期成本/（元/件）	总成本/（元/件）	排序
A	9.50	0.72	0.43	10.65	1
B	10.00	0.18	0.76	10.94	3
C	10.50	0.06	0.21	10.77	2

3. 结论

通过对三家供应商的供货运作绩效的综合评价，在价格、质量、交货时间及订货批量方面，供应商 A 最有优势，最后选择供应商 A 为供应链上的合作伙伴。

第十章 Chapter Ten

供应链管理信息技术支撑体系

学习目标

1. 了解供应链中运用的各种信息技术。
2. 说明信息技术在供应链管理中的作用。
3. 描述基于 EDI 的供应链信息集成系统结构。
4. 说明电子商务在供应链中的作用。

第一节 信息技术及其在供应链管理中的应用

在信息社会中，企业能否在激烈的市场竞争中生存和发展，关键是要看企业能不能及时有效地获得生产经营管理中所需的各种信息。供应链中的信息可以分成两大类，即供应链各节点间的信息和各节点企业内部的信息。而企业内部的信息根据企业的管理层次又可以分为三层：即作业级信息、战术级信息和战略级信息。信息是企业各层级、供应链的各成员间的密切配合和协同工作的黏合剂。供应链作为一种“扩展”的企业，其信息流动和获取方式不同于单个企业下的情况。在一个由网络信息系统组成的信息社会里，各种各样的企业在发展的过程中相互依赖，形成一个共生共存的环境。要做到整个供应链上的信息能够共享，必须建立面向供应链管理的新的信息系统，这种系统与每个企业原有的基于单个企业的信息系统是不一样的，这需要对信息的组织模式和规划策略进行重新设计。

一、供应链信息共享理论

信息技术的进步及其商业价值的凸显、市场竞争的愈发激烈和消费者需求的不断更新和提高，使企业间的竞争已发展成为供应链间的竞争。

国内外许多学者对供应链管理中或企业间的信息共享问题进行了研究，他们对供应链信息共享中的“牛鞭效应”“囚徒困境”等现象进行成因分析，并提出对策；从不同角度出发，对供应链中信息共享的利弊进行了定性和定量的分析，讨论了企业如何选择符合自己的信息共享方式、信息共享层级，利用信息共享降低供应链成本等问题；对供应链中不同种类信息的需求模式及共享模式对供应商和零售商产生的不同影响进行了研究。供应链对共享信息的不同需求要求有不同的信息共享模式与之适应。

以下以第三方物流的供应链为例，探讨供应链中节点间的共享信息需求、特点、共享信息模式及结构。

（一）共享信息需求

供应链是从原材料采购开始，经过生产、储存、分配、运输、销售、配送等环节，使产品最终送达用户的全过程，它向上追溯到原材料供应商，向下直达最终用户，涉及多级供应商、制造商、仓库、配送中心、批发商、零售商等节点单位以及在各节点单位之间流动的原材料、在制品和产成品。在基于第三方物流的供应链中，供应链中的节点，甚至企业内部中的物流不是孤立的企业行为，而是具有一定流量，环环相扣的物流“链”，信息流影响到供应链中物流、商流及资金流的运作速度和占用时间，信息种类、信息分流、信息处理要求、信息共享模式在供应链中发挥了重要的作用。

在此类型供应链中，共享信息中反映、控制物流的信息占相当大比重，某些物流信息成为贯穿整个供应链的全局共享信息。

涉及两个相邻的上下游企业时，它们的共享信息（包括上下游企业各自合作伙伴提供的供对方同享的信息）多来源于共享双方的内部信息系统，内容涉及商流、资金流、人才流、技术研发、市场营销等多个方面，直接影响企业采购、生产、制造、销售战略的制定和方案决策。共享信息的重要级别很高，保密性强，可扩散范围小，一旦泄密将对信息提供方的经营活动产生极大的破坏作用，因此其共享对企业信用等级、信息的可信性、完整性、安全性要求高，实施难度大。而物流企业与供应链节点企业的共享信息，基本都和第三方物流活动相关，如地理分布信息、产品信息、采购信息、发货信息等。涉及的企业不仅限于合作的物流企业和上下游企业，而是整个物流网络中以上下游企业为核心的某一个企业群体。信息提供方主要是该上下游企业，其他信息还包括：第三方企业的公共信息、与物流活动相关的商流信息、物流状态信息、行业及社会共享信息资源等。这些信息的特点是透明度高、综合性强、安全性要求不高，同时涉及共享三方，信息来源包括企业内部信息系统也包括外部其他数据库等。

（二）共享信息的模式

根据上面对共享信息的分析，为满足对信息共享的不同需求和特点，信息共享模式可归结为三种：点对点共享、信息集中管理及综合共享信息模式。

1. 点对点共享模式

点对点共享模式指供应链合作伙伴间通过自身建立的内部信息系统，一方企业直接把对方企业传递来的信息存放在自己的数据库中。在这种模式中，信息直接从提供方传给需求方，不需要经由其他数据转换或储存中心，信息的提供和获取是多对多关系，即共享信息在多个信息系统（或数据库）间进行一对一的传递。这种模式中，根据采用的信息技术又分为 EDI 模式和数据接口模式。

2. 信息集中管理模式

信息集中管理模式是将供应链中的共享信息集中在一个公共数据库中，各企业根据权限对其进行操作，完成与多个合作伙伴的信息交流。由于公共数据库同时包括供应链企业提供的共享信息和外界提供的信息，按照公共数据库的提供者划分，这种模式又可分为第三方模式和信息平台模式。

（1）第三方模式由第三方信息企业提供公共数据库，由于第三方企业可主动地从外部其他信息来源去收集、加上与供应链相关的信息，向供应链单位提供额外的信息服务，从而可能人为地介入信息处理过程。另外，第三方和供应链企业之间只是合作关系，一旦合作关系中止，信息的安全性难以得到保证。因此对第三方企业的信用要求高。

（2）信息平台模式，用信息平台取代了第三方信息企业，企业内部信息数据库和信息平台数据库间的数据传输和处理由计算机自动完成。信息平台服务商只对平台运行进行维护或根据用户的需要开发新功能模块，不提供具体的信息服务，共享信息种类、要求由供应链相关的节点企业商定，信息共享的公平性和安全性得到一定程度的保证。

信息平台模式对企业信息化、标准化、规范化要求较高，对其他类型供应链（如基于制造业的供应链）信息共享实现难度较大，但它也是比较容易实现的一种信息共享模式。尤其是国务院《积极推进“互联网+”行动的指导意见》《促进大数据发展行动纲要》等重要文件出台后，信息平台模式在各级政府的推动下，信息化发展环境进一步优化，“十三五”期间信息化建设会是从分散转向集约、从孤立封闭转向共享开放、从以政府推动为主转向政企合作推进的重要转型期，即将迈入全面联网、业务协同、智能应用的新阶段，信息平台模式将会得到长足发展。

3. 综合共享信息模式

该模式是点对点模式和信息集中管理模式的综合，它对不同信息采用不同的信息共享模式，通常以一个主要的信息平台为核心进行构建。例如，基于第三方物流的供应链的共享信息以与第三方物流的关联居多，因此更强调第三方物流企业在供应链中的信息衔接作用，其中信息平台模式将是很重要的一种信息共享模式，以物流信息平台为核心建设该类型供应链的综合共享信息模式是不错的选择。

但是供应链中的共享信息不只有物流信息，对于其他共享信息，其共享需求有着较大的不同，除了信息提供方、信息共享方、信息内容上的不同，更重要的是基于共享信息的获取、处理、密级、时间要求、传输、加工等方面的不同，导致对信息共享模式要求的不同，对综合共享模式建设的核心信息平台需求也不同。对处于不同生命周期的同一供应链或信息化程度不同的供应链，信息共享模式也会不同，因“链”而异。因此采取合适的、合理的共享模式，选择适当的信息平台作为模式建设核心，实现信息共享，可以更好地满足不同企业关系对共享信息不同方面的需求，也较符合实际。

4. 核心企业托管模式

该模式由供应链中的核心企业实施供应链管理并为供应链中的其他企业提供相关信息

服务的供应链信息共享模式。实践中，核心企业由供应链中某一成员企业担当；相应地核心企业信息系统中包含一个被称为托管系统的信息中心，它是为核心企业以外的其他合作企业提供信息服务的抽象功能系统，其作用与第三方模式信息系统的作用相同。

在核心企业托管模式下，核心企业与供应链中的其他合作企业通过因特网连接，供应链中的工作通过各个企业实体的交互活动与协作协调共同完成，期间所需信息通过信息中心进行传递，实现企业间的信息共享。

从以上四种模式的比较中，可以看出在点对点共享模式中，共享双方有明确的信息需求，总体的数据规划，相应的数据标准，一方的信息输出就是另一方的输入，数据传输持续平稳，数据共享合作周期长，关系稳定，变动性不大，安全性高。

信息集中管理模式对供应链合作伙伴企业的信息系统限制不大，可适用于不同信息化水平的企业但对公共数据库提供方的硬件设备要求较高，需对现存的信息系统按一定标准进行整合或重新建设，信息集成实施难度大。

综合共享信息模式从供应链上的主流分析，抓住物流在供应链上贯穿各企业的活动行为为主要特征，是具有较高可行性的供应链信息共享模式，它根据不同需求的共享信息和信息系统灵活的采用相应的模式，实施操作性较强。目前国内各地物流园区和物流信息平台的建设，为这种模式提供了良好的支持。

核心企业托管模式由供应链中的核心企业实施供应链管理并为供应链中的其他企业提供相关信息服务，指企业整合利用其外部最优秀的专业化资源，从而达到降低成本、提高效率、充分发挥自身核心竞争力和增强企业对环境的迅速应变能力的一种管理模式。

总的来说，对于信息化建设进行得较早的企业，因为大多已经建成并在使用一些功能较单一的信息系统，这些系统多是在不同时期由不同企业不同部门自行建立的，系统独立性强，可集成性差。但由于某些早期信息化的职能部门信息系统遵循同一套规范，局部信息系统数据共享性较好，实行点对点共享比较可行，比如通过 EDI 共享的商贸信息以及通用财务系统的财务数据交互等。对于不是遵循同一套规范建立的信息系统，采用综合共享信息模式比较可行。而对于信息化建设做得较晚或尚未起步的企业，由于没有以前的系统约束，系统建设起点高，并能够将供应链管理思想融入信息化建设当中，采用数据规范性强，扩充性强的信息集中管理模式是一种较合理的选择。

供应链的共享信息涉及整条供应链上各类企业多方面的活动和各节点企业的信息。要获得供应链上各节点企业所提供的全部可得信息，实现供应链信息的共享和集成，是一件难度极大的系统工程，它涉及企业内外部不同的信息系统。企业内部信息系统的发展水平及其关联，以及供应链合作伙伴对共享信息的需求决定了合作伙伴间采用哪一种信息共享信息模式，并在供应链生命周期的不同阶段进行调整和完善。

随着全球经济的日趋一体化，企业间的专业化分工将越来越细，导致供应链企业间相互依赖的程度越来越高，企业间信息的传递就越来越频繁。虽然高速发展的互联网为供应链上下游企业间的信息传递提供了技术支持，但这种跨越企业边界的信息传递却不同于企业内部的信息处理而变得十分复杂，因为这种信息传递所依托的信息系统涉及多个企业而具有动态不确定性。因此，实现供应链企业间的信息传递并非只是技术层面的问题，而更需要探索供应链信息系统协同运作的有效管理模式与方法，不同的信息共享模式有不同的特点，何时何地选用何种模式，要根据供应链运作的需要和特点来分析，不能等同而论。

下面将结合快速反应和有效的顾客响应等供应链管理方法，分别介绍条形码技术、EDI 数据传输技术、地理信息系统技术和全球定位系统技术。

二、条形码技术

条形码由一级排列规则的条、空和相应的字符组成。这种条、空和字符组成的数据编码可以供机器识读，而且很容易译成二进制和十进制数。这些条和空可以有各种不同的组合方法，从而构成不同的图形符号，即各种符号体系，也称条码制，适用于不同的场合。

条形码技术是光电子与信息科学领域的高新技术，所涉及的技术领域较广，是多项技术相结合的产物。经过多年的长期研究和应用实践，条形码技术现已发展成为成熟的实用技术。这种技术的出现，不仅在国际范围内为商品提供了一套可靠的代码标识体系，而且为产、供、销等生产及贸易的各个环节提供了一套通用的可靠的代码标识技术，为实现商业数据的自动采集和电子数据交换奠定了基础。

目前条形码技术已在多个领域中得到了广泛的应用，比较典型的应用有以下几种：

1. 商业零售领域

零售业是条形码应用最为成熟的领域。大多数在超市中出售的商品都申请使用了 EAN（国际物品编码协会）条形码，在销售时，用扫描器扫描 EAN 条形码，POS 系统从数据库中查找到相应的名称、价格等信息，并对客户所购买的商品进行统计，大大加快了收银的速度和准确性，同时各种销售数据还可作为商场的供应商进货、供货的参考数据。由于销售信息能够及时准确地被统计出来，所以商家在经营过程中可以准确地掌握各种商品的流通信息，及时地优化库存，最大限度地利用资金，从而提高商家的效益和竞争能力。

2. 图书馆

条形码也被广泛用于图书馆中的图书管理和流通环节，图书和借书证上都贴上了条码，借书时只要扫描一下借书证上的条形码，再扫描一下借出的图书上的条形码，相关的信息就被自动记录入数据库中，而还书时只要一扫图书上的条形码，系统就会根据原先记录的信息进行核对，如是正确就将该书还入库中。与传统的方式相比，大大地提高了工作效率。

3. 仓储管理与物流跟踪

对于大量物品的场合，用传统的手工记录方式记录物品的流动状况，既费时又费力，准确度又低，在一些特殊场合，手工记录是不现实的。况且这些手工记录的数据在统计、查询过程中的应用效率也相当低。应用条形码技术，可以实现快速、准确地记录每一件物品，采集到的各种数据可实时地由计算机系统进行处理，使得各种统计数据能够准确、及时地反映物品的状态。

4. 质量跟踪管理

ISO 9000 质量保证体系强调质量管理的可追溯性，也就是说对于出质量问题的产品，应当可以追溯出它的生产时间、操作者等信息。过去，这些信息很难记录下来，即使有一些工厂采用加工单的形式进行记录，但随着时间的积累，加工单据也越来越多，有的工厂甚至要用几间房子或更大的空间来存放这些单据。从这么多的单据中想找出一张有用的或特定的单据，难度可想而知。若采用条形码，在生产过程的主要环节中，对生产者及产品的数据通过扫描条形码进行记录，并利用计算机系统进行处理和存储。如产品质量出现问题，可利用计算机系统很快地查到该产品生产时的数据，为工厂查找事故原因、改进工作质量提供依据。

5. 数据自动录入

大量格式化单据的录入是一件很麻烦的事，浪费大量的人力不说，正确率也难以保障。现在有了二维条形码技术，可以把上千个字母或几百个汉字放入名片大小的一个二维条形码中，并可用专用的扫描器在几秒钟内正确地输入这些内容。

三、射频技术及其应用

射频技术（RF）的基本原理是电磁理论。射频系统的优点是不局限于视线，识别距离比光学系统远，射频识别卡具有读写能力，可携带大量数据、难以伪造和有智能等。

RF 适用的领域有：物料跟踪、运载工具和货架识别等要求非接触数据采集和交换的场合。由于 RF 标签具有可读写能力，对于需要频繁改变数据内容的场合尤为适用。

美国和北大西洋公约组织（NATO）在波斯尼亚的“联合作战行动”中，吸取了“沙漠风暴”军事行动中大量物资无法跟踪造成重复运输的教训，建成了战争史上投入战场最复杂的通信网，还完善了识别跟踪军用物资的新型后勤系统，无论物资是在运输途中、还是在某个仓库存储着，通过该系统，各级指挥人员都可以实时掌握所有的信息。该系统途中运输部分的功能就是通过贴在集装箱和装备上的射频识别标签实现的。

在供应链管理的物流系统中，可以用射频卡跟踪和保护财产。将射频卡贴在货柜车和货舱上，结合全球定位，可以有效地对货柜车、货舱进行跟踪。

将 RF 系统用于智能仓库货物管理，RF 完全有效地解决了仓库里与货物流动有关信息的管理，它不但增加了一天内处理货物的件数，还监管这些货物的一切信息。货物所通过的仓库大门上安装有读写器，每个货物都贴有射频条码，货物被运进仓库时，其信息自动记录到仓库的中心计算机里，该货物的有关信息随时能在计算机里查到。需要拣选货物时，可以通过安装在叉车上的读写器、天线和车载电脑快速找到货物。当货物被装走运往别处时，由另一读写器识别并告知计算中心它被放在哪个拖车上，这样管理中心可以实时地了解到已经生产了多少产品和发送了多少产品，并可自动识别货物，确定货物的位置。

四、地理信息系统技术及应用

地理信息系统（GIS）是 20 世纪 60 年代开始迅速发展起来的地理学研究新成果，是多种学科交叉的产物，它以地理空间数据为基础，采用地理模型分析方法，适时地提供多种空间的和动态的地理信息，是一种为地理研究和地理决策服务的计算机技术系统。

GIS 的基本功能是将表格型数据（无论它来自数据库、电子表格文件或直接在程序中输入）转换为地理图形显示，然后对显示结果浏览、操作和分析。其显示范围可以从洲际地图到非常详细的街区地图，显示对象包括人口、销售情况、运输线路以及其他内容。

GIS 主要由五个元素构成：硬件、软件、数据、人员和方法。主要可以实现五方面的功能：输入、处理、数据管理、查询分析、可视化。

GIS 用于供应链和物流分析，主要是指利用 GIS 强大的地理数据功能来完善物流分析技术。国外公司已经开发出利用 GIS 为供应链和物流分析提供专门分析的工具软件。完整的 GIS 供应链和物流分析软件集成了车辆路线模型、最短路径模型、网络物流模型、分配集合模型和设施定位模型等。

1. 车辆路线模型

用于解决一个起始点、多个终点的货物运输中，如何降低物流作业费用，并保证服务质量的问题。包括决定用多少辆车，每辆车的路线等。

2. 网络物流模型

用于解决寻求最有效的分配货物路径问题，也就是物流网点布局问题。如将货物从 M 个仓库运往 N 个商店，每个商店都有固定的需求量，因此需要确定由哪个仓库提货送给哪个商店，使得运输代价最小。

3. 分配集合模型

可以根据各个要素的相似点把同一层上的所有或部分要素分为几个组，要求这些分销点要覆盖某一地区，且要使每个分销点的顾客数目大致相等。

4. 设施定位模型

用于确定一个或多个设施的位置。在物流系统中，仓库和运输线共同组成了供应链和物流网络，仓库位于网络的节点上，节点决定着线路，如何根据供求的实际需要并结合经济效益等原则，在既定区域内设立多少个仓库，每个仓库的位置、规模以及仓库之间的物流关系等，运用此模型均能很容易地得到解决。

五、全球定位系统技术及其应用

全球定位系统（GPS）是美国从 20 世纪 70 年代开始研制的，历时 20 年，耗资 200 亿美元，于 1994 年全面建成，具有陆、海、空全方位实时三维导航与定位功能的新一代卫星导航与定位系统。经过使用表明，GPS 以全天候、高精度、自动化、高效益等显著特点，成功地应用于大地测绘、工程测量、航空摄影测量、运载工具导航和管制、地壳运动监测、工程变形监测、资源勘察、地球动力学等多种学科，带来了一场深刻的技术革命。

GPS 系统由三大部分构成：

（1）空间部分——GPS 卫星星座。

（2）地面控制部分——地面监控系统。它由均匀分布在美国本土和三大洋的美军基地上的监测站、一个主控站和三个注入站构成。

（3）用户接收系统。它主要由以无线电传感和计算机技术支撑的 GPS 卫星接收机和 GPS 数据处理软件构成。

GPS 技术的主要应用有：

1. 基于 GPS 技术的车辆监控管理系统

该系统是基于 GPS 技术、地理信息技术和现代通信技术综合在一起的高科技系统。其主要功能是将任何装有 GPS 接收机的移动目标的动态位置、时间、状态等信息，实时地通过无线通信网络传至监控中心，之后在具有强大地理信息处理、查询功能的电子地图上进行移动目标运动轨迹的显示，并能对目标的准确位置、速度、运动方向、车辆状态等用户感兴趣的参数进行监控和查询，以确保车辆的安全，方便调度管理，提高运营效率。本系统应用广泛，特别适合于公安、银行、公交、保安、部队、机场等单位对所属车辆的监控和调度管理，也可以应用于对船舶、火车等的监控。

2. 基于 GPS 技术的智能车辆导航仪

该装置是安装在车辆上的导航设备。它以电子地图为监控平台，通过 GPS 接收机实时获得车辆的位置信息，并在电子地图上显示出车辆的运动轨迹。当接近路口、立交桥、隧道等特殊路段时可进行注意提示。作为辅助导航仪，可按照规定的行进路线行驶，司机无论是在熟悉或不熟悉的地域都可迅速到达目的地。该装置还设有最佳行进路线选择及路线偏离报警等多项辅助功能。

3. 用于军事方面的物流

GPS 技术是因为军事目的而建立起来的，在军事物流中，如后勤装备的保障等方面，应用相当普遍，尤其是在美国，其在世界各地驻扎的大量军队无论是在战时还是在平时都对后勤补给提出很高的需求，在战争中，如果不依赖 GPS，美军的后勤补给就会变得一团糟。美军在 20 世纪末的地区冲突中依靠 GPS 和其他顶尖技术，以强有力的、可见的后勤保障，为“保卫美国的利益”做出了突出的贡献。

4. 在供应链管理中利用 GPS 技术实现货物跟踪管理

货物跟踪是指在供应链上的企业利用现代信息技术及时获取有关货物运输状态的信息（如货物品种、数量、货物在途情况、交货期间、发货地和到达地、货物的货主、送货责任车辆和人员等），提高物流运输服务的质量。具体就是物流运输企业的工作人员在进行物流作业时，利用扫描仪自动读取货物包装或货物发票上的物流条形码得到货物信息，通过计算机通信网络把货物的信息传送到总部的中心计算机进行汇总整理，这样所有被运送货物的物流全过程的各种信息都集中在中心计算机里。可以随时查询货物的位置及状态。

货物跟踪的工作过程：货物被装车发出后，当运输车辆上装载的 GPS 接收机在接收到 GPS 卫星定位数据后，自动计算出自身所处的地理位置的坐标，由 GPS 传输设备将计算出来的位置坐标数据经移动通信系统发送到公用数字移动通信网，移动通信网再将数据传送到服务器，服务器将收到的坐标数据及其他数据还原后，与GIS的电子地图相匹配，并在电子地图上直观地显示车辆实时坐标的准确位置（如图10－1所示）。

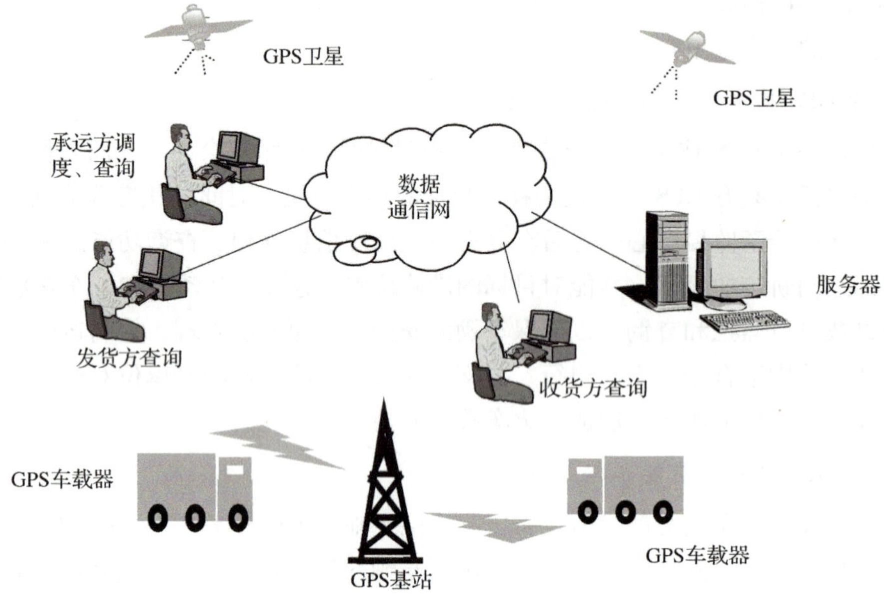

图10－1　利用GPS进行货物跟踪示意图

货物跟踪系统提高了物流企业的服务水平，其具体作用表现在以下方面：

（1）当顾客需要对货物的状态进行查询时，只要输入货物的发票号码，马上就可以知道有关货物状态的信息。查询作业简便迅速，信息及时准确。

（2）通过货物信息可以确认货物是否将在规定的时间内送到顾客手中，能即时发现没有在规定时间内把货物交给顾客的情况，便于马上查明原因并及时改正，从而提高运送货物的准确性和及时性，提高服务水平。

（3）作为获得竞争优势的手段，提高物流运输效率，提供差别化物流服务。

（4）通过货物跟踪系统所得到的有关货物运送状态的信息，丰富了供应链的信息分享源，有关货物运送状态信息的分享有利于顾客做好接货以及后续工作的准备。

目前，我国自行研制的北斗卫星导航系统，将于2020年形成全球服务能力。

第二节　基于EDI的供应链管理信息技术支撑体系

一、EDI技术的含义

EDI意为电子数据交换。国际标准化组织（ISO）于1994年确认了电子数据交换的技术定义：根据商定的交易或电文数据的结构标准，实施商业行政交易从计算机到计算机的电子传输。这表明 EDI 应用有它自己特定的含义和条件，即：

（1）使用 EDI 的是交易的双方，是企业间的文件传递，而不是同一组织内的不同部门。

（2）交易双方传递的文件是特定的格式，采用的是报文标准，现在用的是联合国的 UN/EDIFACT。

（3）双方必须各自拥有自己的计算机（计算机管理信息系统）。

（4）双方的计算机（计算机管理信息系统）能发送、接收并处理符合约定标准的交易电文的数据信息。

（5）双方的计算机之间有网络通信系统，信息传输则是通过该网络通信系统实现的。

二、EDI 的构成要素

EDI 由三个要素构成：数据标准、EDI 软件及硬件和通信网络。

1. 数据标准

EDI 标准是由各企业、各地区代表共同制定的电子数据交换标准，可以使各组织之间的不同文件格式，通过共同的标准，实现彼此之间交换的目的。

2. EDI 软件及硬件

EDI 软件具有将用户数据库系统中的信息译成标准格式，以供传输交换的能力。由于 EDI 标准具有足够的灵活性，可以适应不同行业的众多需求。然而，每个公司有其自己规定的信息格式，因此，当需要发送 EDI 电文时，必须用某些方法从公司的专有数据库中提取通用数据，并把它翻译成 EDI 格式，进行传输，这就需要 EDI 相关软件的帮助。EDI 软件主要由转换软件、翻译软件和通信软件三部分构成。

EDI 所需的硬件设备大致有：计算机、调制解调器及通信线路。

3. 通信网络

通信网络是实现 EDI 的手段。EDI 通信方式有多种，从图 10－2 中不难看出，第一种方式只在贸易伙伴数量较少的情况下可能使用。随着贸易伙伴数目的增加，当多家企业直接用计算机通信时，会出现由于计算机厂商不同、通信协议相异以及工作时间不易配合等问题，造成相当大的困难。为了克服这些问题，许多应用 EDI 的公司逐渐采用第三方网络与贸易伙伴进行通信，即增值网络（VAN）方式。它类似于邮局，为发送者与接收者维护邮箱，并提供存储转送、记忆保管、通信协议转换、格式转换、安全管制等功能。因此，增值网络传送 EDI 文件，可以大大降低相互传送资料的复杂度和困难度，从而大大提高 EDI 的效率。

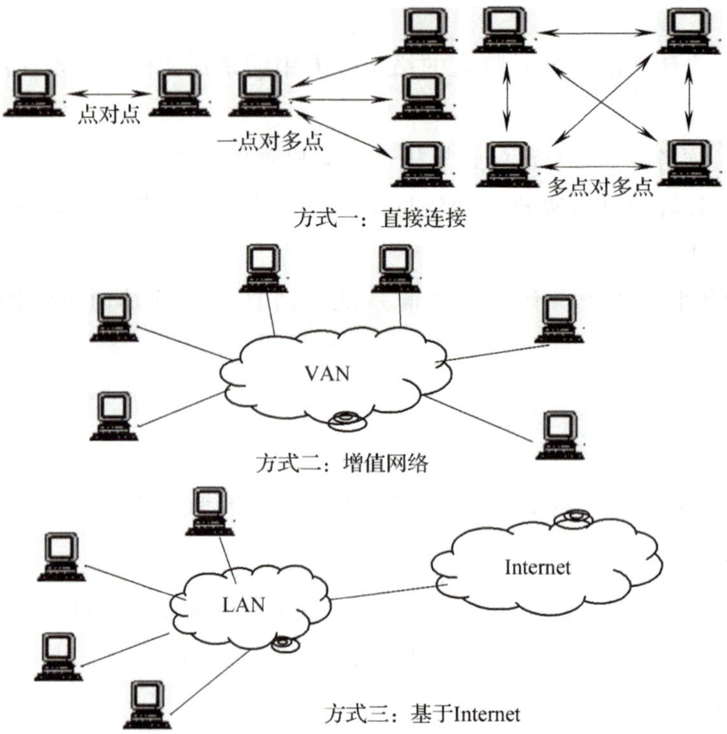

图 10－2　EDI 通信方式图

以互联网为基础的 EDI 方式是将来实施 EDI 的大势所趋。以国际互联网为基础的 EDI 与传统的封闭式（基于 VAN 的）EDI 相比有以下几方面的优势：

（1）比传统封闭式的 EDI 节省投资和运营成本。以国际互联网为基础的 EDI 比在增值网络上运行的 EDI 要节省投资和运营成本。增值网络服务商是按照每一笔生意或每兆字节来收取费用，而国际互联网的连接一般只需每月固定的费用。

（2）使电子商务的参与形式多样化。传统的 EDI 相对缺乏灵活性，因为电脑本身更擅长高效率地处理标准化、程序化和重复性的事务。以国际互联网为基础的 EDI 使企业可以在开放性的平台上实施，这样就会使电子商务的参与形式多样化。

（3）比传统 EDI 的接入灵活方便，速度快。传统 EDI 的网络接入需要特殊的传输协议和接入方式，缺乏灵活性。而由于以国际互联网为基础的 EDI 是用国际互联网传输交易信息，所以网络接入方式方便，可以通过专用网，也可以通过电话线直接拨入。

（4）比传统的 EDI 的时滞小。传统的 EDI 在传输时有长达 12～14h 的时滞。而以互联网为基础的 EDI 比传统的 EDI 的传输速度要快得多。加密、解密和压缩的时间也不过几分钟。

目前，EDI 也存在一些不容忽视的问题：如安全问题、网络运营的可靠性问题以及第三方认证问题等。

三、EDI 在供应链管理中的应用

在供应链管理的应用中，EDI 是供应链企业信息集成的一种重要工具。同时也是一种在合作伙伴企业间交互信息的有效技术手段，特别是在全球经济一体化、全球进行合作贸易时，它是在供应链中连接各节点企业的商业应用系统的媒介。通过 EDI，可以快速获得信息，提供更好的服务，减少纸面作业，更好地沟通和通信，提高生产率，降低成本，并且能为企业提供实质性的、战略性的好处，如改善运作、改善与客户间的关系、提高对客户的响应、缩短事务处理周期、缩短订货周期、减少订货周期中的不确定性，增强企业的国际竞争能力等。

（一）EDI 的效益评价

具体而言，将 EDI 技术引入到供应链管理中来会带来如下效益：

（1）由于交易双方的信息经由计算机通信网络传输，瞬间即达，可大大缩短供应链各节点间的业务运作时间。

（2）由于信息处理是在计算机上自动完成的，毋需人工干预，所以除节约时间外也可大幅度降低业务处理过程中的差错率，从而降低资料出错的处理成本。

（3）节省各节点企业的库存费用。由于使用 EDI 后可大幅度缩短供需双方的业务处理时间，因而需方可减少库存，从而降低了库存成本。

（4）节省各节点企业的人事费用。由于使用 EDI 后不再需要人工填表、制单、装订、打包、邮寄等一系列过程，自然可节省人力。

（5）实现各节点企业的贸易无纸化，大幅度节省纸张、印刷、储存及邮寄费用，亦即降低了贸易文件成本。

（6）企业国际化。随着企业使用 EDI，业务不再受到地域的限制，而是走向全球。

（7）在供应链中应用 EDI，可以消除许多不确定性的因素。供应链中的最主要的不确定性因素是最终消费者的需求，必须对最终消费者的需求做出尽可能准确的预测，供应链中的需求信息都源于而且依赖于这种需求预测。

（二）基于 EDI 的供应链信息集成系统

将 EDI 和企业的信息系统集成起来能显著提高企业的经营管理水平。将供应链上各节点在 EDI 的基础上进行组织和集成，会大大提高整个供应链的效率，基于 EDI 的供应链信息组织与集成模式如图 10 - 3 所示。

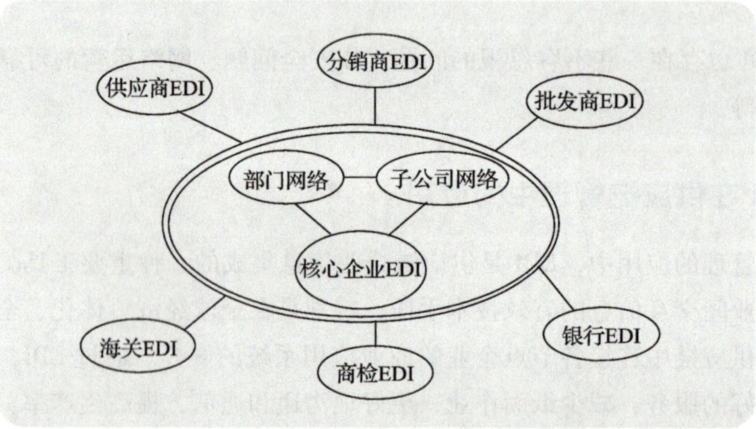

图 10－3 基于 EDI 的信息组织与集成模式图

基于 EDI 的信息集成后，供应链各节点企业之间与有关商务部门之间也实现了一个集成，形成了一个集成化的供应链（如图 10－4 所示）。

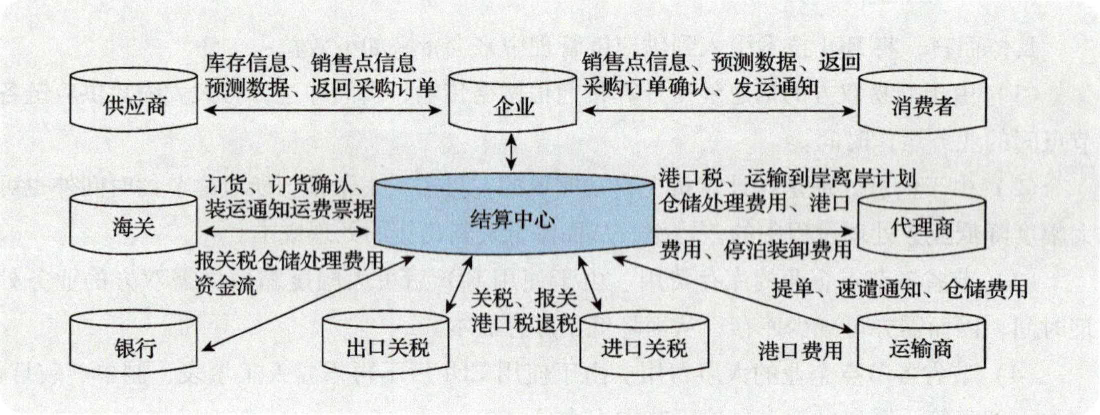

图 10－4 基于 EDI 信息的企业集成模式图

其基本过程是先将企业各子公司和部门的信息系统组成局域网（LAN），在局域网的基础上组建企业级广域网（WAN），相当于 Intranet，再和其他相关的企业和单位相连接。和其他企业的通信连接方式可通过增值网（VAN）或互联网（Internet）。

第三节 基于 Internet/Intranet 的供应链管理信息技术支撑体系

当今存在的一个趋势是使用 Web 和 Intranet/Extranet 进行供应链管理。供应链从本质上是以链的方式连接生产商、零售商、客户和供应商的一种业务过程，并在这个过程中开发和发送产品。在供应链中，所有的角色都结合在一个虚拟的技术和资源合作的组织内。其目标在于通过“平滑的”从生产产品到出售到客户手中的过程而获利，所谓平滑是指减少障碍，如库存费用等，这种平滑过程是通过提供及时的需求信息以及合作伙伴之间业务流程协作实现的。

在过去的十几年中，许多工业企业都开发了一些实现供应链的项目，比如 JIT、快速反应、有效的顾客响应、供应商管理库存以及连续补给等，所有这些都是为了一个目标：使供应链更有效地工作。很明显，现在企业在供应链管理上面临的问题和过去一样，但是，这仅是可行方案的一小部分。我们认为，Web 及其相关技术对供应链管理的冲击更是解决这个问题不可忽视的策略。

一、Internet、Extranet 与 Intranet 的关系

从技术上说，Intranet 是连接一系列使用标准 Internet 协议的客户网络。它是存在于一个或者多个由安全或虚拟网络连接在一起的防火墙之后的一些基于 IP 的节点组成的网络。它存在于一个企业内。如果一个公共网络连接了两个或两个以上的贸易伙伴，一般被称为企业对企业的 Web，或者叫作 Extranet。

从应用上说，Intranet 是一个组织内部使用 Internet 技术实现通信和信息访问的方式。它是一个针对企业人员、处理和信息的集成机制，是一种协作信息网络。事实上，Intranet 的用途是非常广泛的，它完全取决于用户的需求。

Intranet 是 Internet 技术在企业内部的表现，二者间的关系见表 10－1。

表 10－1　Internet 与 Intranet 的对比

Internet	Intranet
公共信息包	私有信息包
IP 协议族	IP 协议族
费用由公共使用者共同负担	费用由企业负担
用于问题管理	用于企业管理
原则性弱	原则性强
无强制性管理	中心强制管理
无控制性组织	企业控制

Extranet 是 Internet 的另一种应用，Extranet 是将 Internet 的构建技术应用于企业间的系统。它使企业与其客户或其他企业相连，完成其共同目标和交互合作。通过向一些主要贸易伙伴添加外部链接来扩充 Intranet，这些贸易伙伴不限于组织的成员，可超出组织之外，特别是包括那些想与之建立联系的供应商和客户。Extranet 可以通过 Internet 或公司内部网络更新公司数据库，从而保持公司相互之间的关系。与 EDI 相比，Extranet 由于使用的是公共网络，费用要便宜得多。另外，EDI 以通过标准的贸易单证完成企业间计算机到计算机之间的通信，而 Extranet 更多的是使用 Web 技术，一个企业的操作人员登录到另一个企业的主页上，通过填写网页上的单证完成交易。

综上所述，Internet、Intranet 和 Extranet 三者的区别和联系在于：Internet 是基础，是

网络基础和包括 Intranet 和 Extranet 在内的各种应用的集合；Intranet 强调企业内部各部门的联系，业务范围仅限于企业内部；Extranet 强调各企业间的联系，业务范围包括贸易伙伴、合作对象、零售商、消费者和认证机构。由此可见，Internet 业务范围最大，Extranet 次之，Intranet 最小。

二、Internet 和 Intranet 的集成思想

Intranet 在供应链企业中的应用以及与 Internet 的集成，是不可避免的趋势。这种集成使企业的内部工作模式和相互间的合作方式都发生了改变，人们重视供应链管理的目的也从单纯的效率提高和减少成本转移到了更好的客户服务、增加客户的数量和提高收入上去。也就是说，供应链由原来的生产商推动型转换为客户的需求拉动型。为了更好地实现供应链管理，需要做好下面几件事：为每个参与者制订一个统一的行动计划；建立合作者之间的通信渠道；协调参与者并引导他们的方向。

从高的层次上来讲，供应链管理包括三部分内容：计划系统、执行系统和绩效度量系统。这三个部分的共同目标是在考虑客户需求的前提下，优化企业流程。供应链管理中包含了许多相互分离的业务功能——市场、原材料管理、销售、生产和送货，而采用了 Intranet 之后，就可以把这些功能集成在一起（如图 10 - 5 所示）。

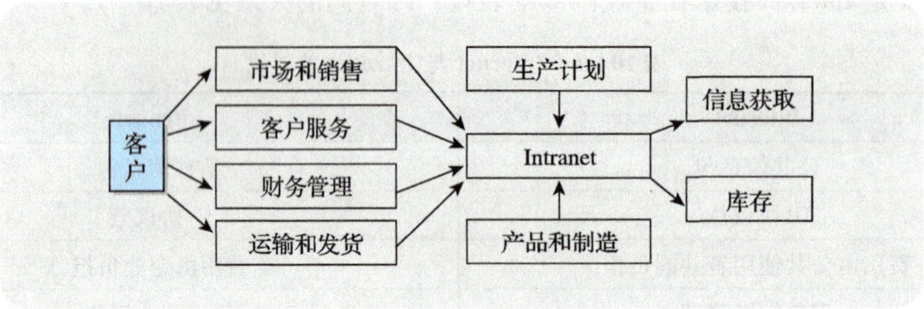

图 10 - 5　Intranet 将企业的功能结合在一起

三、基于 Internet/Intranet 和 Extranet 的供应链企业信息组织与集成模式

实施供应链管理的企业在构建管理信息系统时，要正确处理各种关系，并充分考虑各种因素的影响程度。根据企业所处环境、自身条件和营销策略，建立一种现代企业的管理信息系统，这包括企业的经营观念、方式和手段的转变，它将产生新的深层次变革。

一般企业可以通过高速数据专用线连接到 Internet 骨干网中，通过路由器与自己的 Intranet 相连，再由 Intranet 内主机或服务器为其内部各部门提供存取服务。

在供应链企业的管理信息系统中，计算机可以既是 Internet 的节点，又是 Intranet 的节点，办公室的概念外延由服务范围和防火墙限定，基于 Internet/Intranet 的供应链企业信息组织与集成模式如图 10 - 6 所示，这也就是基于供应链管理的 Internet 和 Intranet 集成化管理信息系统的网络结构模型。根据该结构，可以在供应链企业中充分利用 Internet 和

Intranet 建立三个层次的管理信息系统。

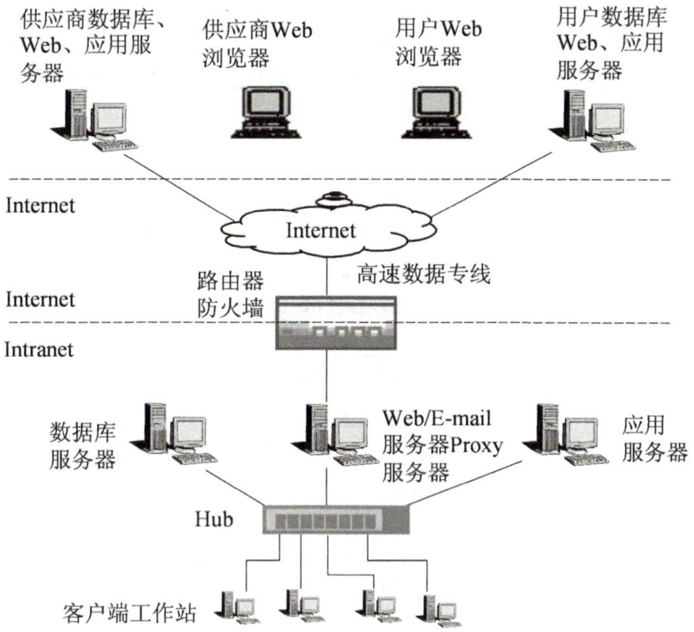

图 10-6　基于 Internet/Intranet 的供应链企业信息组织与集成模式

第四节　电子商务与供应链管理

一、电子商务与物流

（一）电子商务（EC）

电子商务是20世纪信息化、网络化的产物，由于其日新月异的发展，已广泛引起了人们的注意。但是人们对电子商务所涵盖的内容和范围至今没有达成一个统一、规范的认识。但是不能否认，电子商务中的任何一笔交易，都包含着以下几种基本"流"，即信息流、商流、资金流和物流。

电子商务的概念模型由电子商务实体、电子商场、交易事务和信息流、商流、资金流、物流等基本要素构成，如图10-7所示。

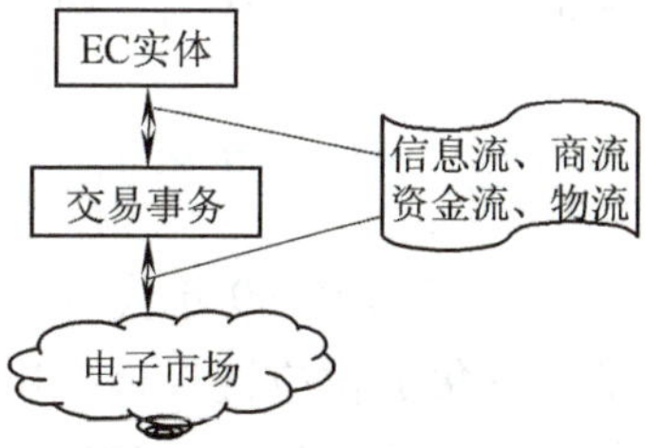

图 10-7　电子商务的概念模型

过去几年来人们十分强调电子商务中的信息流和资金流的电子化和网络化，而忽视了物流的现代化过程，认为大多数商品和服务仍可以用传统的经销渠道来完成。但随着电子商务的进一步推广和应用，物流现代化的重要性已经日益显现出来，人们最关注的热点问题是送货的时间与安全，这再次使人们认识到物流现代化对电子商务的重要性。

（二）物流

物流是电子商务的重要组成部分，是实现电子商务的保证。电子商务的流程如图10－8所示。图中的“发货、仓储、运输、加工、配送、收货”表明物流是实现电子商务的重要环节和基本保证。

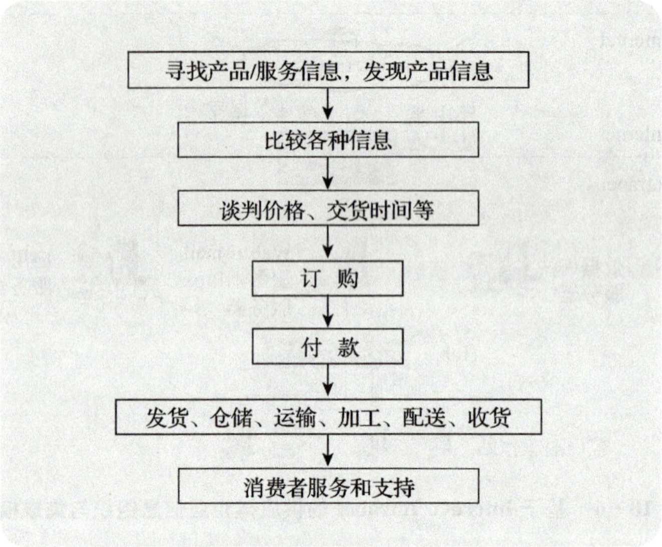

图10－8　电子商务流程图

1. 物流保障生产

无论在传统的贸易方式下，还是在电子商务下，生产都是商品流通之本，而且生产的顺利进行需要各类物流活动支持。整个生产过程实际上就是系列化的物流活动。

2. 物流服务于商流

在整个电子商务的交易过程中，物流实际上是以商流的后续者和服务者的姿态出现的。没有现代化的物流，多么轻松的商流活动都会退化成一纸空文。

3. 物流是实现“以顾客为中心”理念的根本保证

物流是电子商务中实现“以顾客为中心”理念的最终保证，缺少了现代化的物流技术，电子商务给消费者带来的购物便捷就会打折扣，消费者必然会转向他们认为安全的传统购物方式，那么网上购物还有什么存在的价值呢？

二、电子商务下的供应链管理

自20世纪90年代以来，随着电子商务的推广，原来的供应链出现了一种新的发展趋势——集成供应链管理（Integrated Supply Chain Management）其系统研究已经成为国内外管理学、物流学、采购学领域专家学者的一个研究热点。这也是电子商务的发展给供应链管理带来的最大的影响。

1. 集成供应链管理系统的概念

我们知道，供应链是由供应商、工厂、仓库、流通配送中心、连锁店和零售商组成的一个世界范围的网络。它由多种不同功能的节点组成，每个节点实现供应链的一个或几个功能。供应链各节点间彼此相互制约、相互影响，组成一个有机的整体，共同实现供应链的总目标。为了优化其性能，供应链的各个节点必须以一种直辖的方式、以相同的节奏运作。但是电子商务的发展使这种直辖关系变得复杂化。供应链出现问题时，可能在局部得到解决，也就是说，可能在某个供应链节点或某个供应链功能范围之内得到协调解决。而在另外一些情况下，问题就不这么简单了，可能需要涉及供应链跨节点、跨组织、跨职能之间的协调。我们把具有这种内在机制的供应链管理系统称为集成供应链管理系统。

为了能够及时传播信息，准确地协调决策管理人与系统的行为，供应链在战术和战略层次中需要不断提高供应链管理系统的协调敏捷性和灵活性。就是这种协调的敏捷性和灵活性，最终决定了企业组织能够有效地、协调地实现它自身的目标。

2. 集成供应链管理的目标

优化供应链管理系统的功能，使供应链的各节点、各功能实现最佳配合与协调，共同保证供应链目标的实现，这是集成供应链管理系统研究的基本出发点和基本目标。

3. 集成供应链管理系统的内容

集成供应链管理系统研究的内容主要包括：供应链的需求和资源预测、供应链的服务水平、供应链运作的多层次计划、供应链控制机制、供应链的分析诊断与咨询、供应链的设计开发和改进、供应链计划的执行、供应链活动的指挥协调、供应链的绩效评价、供应链的竞争力分析等。

4. 集成供应链管理系统的研究方法

从建模的角度看，多级集成化供应链的设计和分析模型可以分为4类，即确定型分析模型（变量已知且是确定的）、随机分析模型（变量未知但假设服从某一分布）、经济模型和仿真模型。

（1）确定型分析模型，其目标函数是一个简单的组合函数，如混合整数规划模型。

（2）随机分析模型，可以面向最终顾客分析供应链对随机需求的响应程度。

（3）经济模型，也称博弈模型，可以用来描述供应链中供应商和采购商的关系。

（4）仿真模型，是通过实施不同的供应链改进战略，验证事先设计好的不同策略哪一种更有效。

三、基于电子商务的供应链信息组织与集成模式

电子商务与供应链管理的结合应用所建立的信息组织与集成模式如图10－9所示。

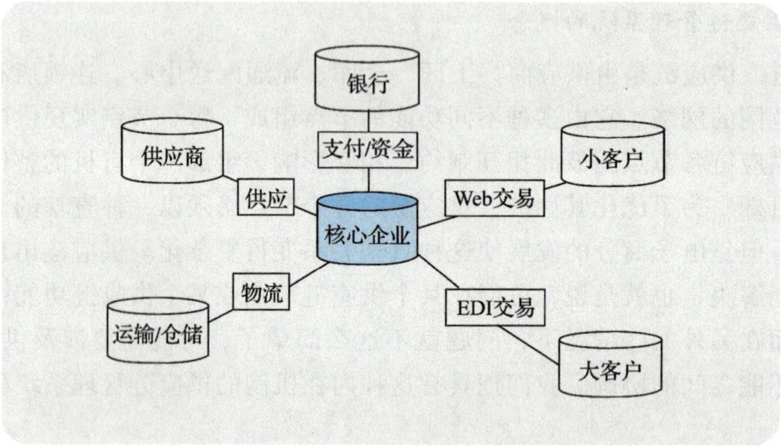

图 10-9　基于电子商务的供应链管理信息组织与集成模式

本章小结

信息对供应链管理至关重要，它是管理者赖以决策的基础。供应链的信息技术包括了供应链管理中信息的获取、存储、加工处理、传输和输出的各种软件和硬件技术。除计算机软、硬件之外，条形码技术、射频技术（RF）、地理信息系统（GIS）技术、全球定位系统（GPS）技术等都是现代供应链管理中应用的先进技术。EDI 和 Internet/Intranet 为供应链管理活动的开展提供了协调和集成的技术基础。

电子商务指在互联网上开展各种商业交易的活动。在供应链中，通过直接向顾客销售产品，提供全天候服务，为顾客提供个性化定制服务，加快产品的配送，缩短新产品上市的时间，实现快速有效的交易和资金转移等途径，电子商务可以提高企业的收入水平。此外，电子商务通过缩短供应链，降低产品管理成本，实施延迟策略，降低配送成本、设施成本、加工成本和库存成本，提高供应链运作的协调性和同步性等途径可以降低供应链的总成本。

成功地运用电子商务，实行顾客先发订单，厂家后组装生产，延迟产品差异化的发生时间。对于不确定性需求，网上交易通过集中短缺需求和过剩供给，更好地实现供给与需求的平衡。

复习思考题

1. 信息技术的发展与供应链管理间的关系如何？
2. 在供应链管理中，有哪些信息技术可以被应用来提高供应链管理的效率？
3. 把 EDI 技术引入供应链管理是为了解决哪些问题？

4. 简述基于 EDI 和基于 Internet/Intranet 的供应链管理信息技术支撑体系的区别和联系。

案例

沃尔玛的信息技术实践

一、沃尔玛的信息技术应用

20 世纪 50 年代末，当第一颗人造卫星上天的时候，全世界商业对现代通信技术还无人问津。而 20 世纪 70 年代沃尔玛就率先使用了卫星通信系统，新世纪开始，沃尔玛又投资 90 亿美元开始实施“互联网统一标准平台”的建设。凭借先发优势、科技实力，沃尔玛的店铺冲出阿肯色州，遍及美国，走向世界。由此可见，与其说它是零售企业，不如说它是科技企业。

沃尔玛领先于竞争对手，先行对零售信息系统进行了非常积极的投资：最早使用计算机跟踪存货（1969 年），全面实现 S. K. U. 单品级库存控制（1974 年），最早使用条形码（1980 年），最早使用 CM 品类管理软件（1984 年），最早采用 EDI（1985 年），最早使用无线扫描枪（1988 年），最早与宝洁公司等大供应商实现 VMIECR 产销合作（1989 年）。在信息技术的支持下，沃尔玛能够以最低的成本、最优质的服务、最快速的管理反应进行全球运作。尽管信息技术并不是沃尔玛取得成功的充分条件，但它却是沃尔玛成功的必要条件。这些投资都使得沃尔玛可以显著降低成本，大幅度提高资本生产率和劳动生产率。

沃尔玛的全球采购战略、配送系统、商品管理、人力资源管理、天天平价战略在业界都是可圈可点的经典案例。可以说，所有的成功都是建立在沃尔玛利用信息技术整合优势资源，信息技术战略与传统物流整合的基础之上。可以说，强大的信息技术和后勤保障体系使它不仅在经营商品，更在生产商店，经营物流。

20 世纪 90 年代，沃尔玛提出了新的零售业配送理论，开创了零售业的工业化运作新阶段：集中管理的配送中心向各商店提供货源，而不是直接将货品运送到商店。其独特的配送体系，大大降低了成本，加速了存货周转，形成了沃尔玛的核心竞争力。20 世纪 90 年代初，沃尔玛就在公司总部建立了庞大的数据中心，全集团的所有店铺、配送中心和经营的所有商品，每天发生的一切与经营有关的购销调存等详细信息，都通过主干网和通信卫星传送到数据中心。任何一家沃尔玛商店都具有自己的终端，并通过卫星与总部相连，在商场设有专门负责排货的部门。沃尔玛每销售一件商品，都会即时通过与收款机相连的计算机记录下来，每天都能清楚地知道实际销售情况，管理人员根据数据中心的信息对日常运营与企业战略做出分析和决策。

沃尔玛的数据中心已与 6 000 多家供应商建立了联系，从而实现了快速反应的供应商管理库存 VMI。厂商通过这套系统可以进入沃尔玛的计算机配销系统和数据中心，直接从 POS 得到其供应的商品流通动态状况，如不同店铺及不同商品的销售统计数据、沃尔玛各仓库的存货和调配状况、销售预测、电子邮件与付款通知等，以此作为安排生产、供货和送货的依据。生产厂商和供应商都可通过这个系统查阅沃尔玛产销计划。这套信息系统为生产商和沃尔玛两方面都带来了巨大的利益。

沃尔玛总部的通信网络系统使各分店、供应商、配送中心之间的每一进销调存节点都能形成在线作业，使沃尔玛的配送系统高效运转。这套系统的应用，在短短数小时内便可完成“填妥订单–各分店订单汇总–送出订单”的整个流程，大大提高了营业的高效性和准确性。

二、沃尔玛的整合物流体系

沃尔玛在美国本土已建立62个配送中心，整个公司销售商品85%由这些配送中心供应，而其竞争对手只有约50%～65%的商品集中配送。沃尔玛完整的物流系统号称“第二方物流”，相对独立运作。不仅包括配送中心，还有更为复杂的资料输入采购系统、自动补货系统等。其配送中心的平均面积约100 000m^2，相当于23个足球场，全部自动化作业，现场作业场面就像大型工厂一样蔚为壮观。

沃尔玛公司共有六种形式的配送中心：第一种是“干货”配送中心，第二种是食品中心（相当于我们的“生鲜”），第三种是山姆会员店配送中心，第四种是服装配送中心，第五种是进口商品配送中心，第六种是退货配送中心（其收益主要来自出售包装箱的收入和供应商支付的手续费）。

其配送中心的基本流程是：供应商将商品送到配送中心后，经过核对采购计划、进行商品检验等程序，分别送到货架的不同位置存放。提出要货计划后，计算机系统将所需商品的存放位置查出，并打印有商店代号的标签。整包装的商品直接由货架上送往传送带，零散的商品由工作台人员取出后也送到传送带上。一般情况下，商店要货的当天就可以将商品送出。

沃尔玛要求它所购买的商品必须带有UPC条形码，从工厂运货回来，卡车将停在配送中心收货处的数十个门口，把货箱放在高速运转的传送带上，在传送过程中经过一系列的激光扫描，读取货箱上的条形码信息。而门店需求的商品被传送到配送中心的另一端，那里有几十辆货车在等着送货。其十多公里长的传送带作业就这样完成了复杂的商品组合。其高效的计算机控制系统，使整个配送中心用人极少。数据的收集、存储和处理系统成为沃尔玛控制商品及其物流的强大武器。

为了满足美国国内3 500多个连锁店的配送需要，沃尔玛公司在美国本土共有近3万个大型集装箱挂车，5 500辆大型货运卡车，24h昼夜不停地工作。每年的运输总量达到77.5亿箱，总行程6.5亿km。合理调度如此规模的商品采购、库存、物流和销售管理，离不开高科技的手段。为此，沃尔玛公司建立了专门的计算机管理系统、卫星定位系统和可视化调度系统，拥有世界第一流的先进技术。

全球4 500多个店铺的销售、订货、库存情况可以随时调出查问。公司5 500辆运输卡车，全部装备了卫星定位系统，每辆车在什么位置，装载什么货物，目的地是什么地方，总部一目了然。可以合理安排运量和路程，最大限度地发挥运输潜力，避免浪费，降低成本，提高效率。

沃尔玛正是通过信息流对物流、资金流的整合、优化和及时处理，实现了有效的物流成本控制。从采购原材料开始到制成最终产品，最后由销售网络把产品送到消费者手中的过程都变得高效有序，实现了商业活动的标准化、专业化、统一化、单纯化，从而达到实现规模效益的目的。

三、CPFR——以信息流整合物流的产业化基石

英国著名物流专家 Martin Christopher 认为：现代物流是指经信息技术整合的，实现物质实体从最初供应者向最终需求者运动的最优化的物流过程。利用信息技术整合物流是真正意义上的供应链管理。而沃尔玛是成功的实践者。

传统的 ERP 在强化企业的财务控制、规范管理和生产计划之余，只能在企业局部解决企业商品销售及其物流管理控制的难题；后 ERP 时代的信息系统面向电子商务环境和多数据源的信息收集、交换和处理，必将走向建立集中式数据管理的中央处理平台。

沃尔玛利用信息技术有效地整合物流及其资金流资源，是基于合作计划、预测与补给（Collaborative Planning，Forecasting，and Replenishment，CPFR）供应链计划管理模式的理论和实践。1995 年，沃尔玛及其供应商 Warner Lambert，以及它的管理软件开发商一起联合成立了零售供应和需求链工作组，进行 CPFR 研究和应用获得很大成功。在供应链运作的整个过程中，CPFR 应用一系列技术模型，对供应链不同客户、不同节点的执行效率进行信息交互式管理和监控，对商品资源、物流资源进行集中的管理和控制。通过共同管理业务过程和共享信息来改善零售商和供应商的伙伴关系，提高采购订单的计划性、提高市场预测的准确度，提高全供应链运作的效率，控制存货周转率，并最终控制物流成本。

优秀的商业管理思想和高技术结合使商业从分散、弱小的传统形象转换为庞大的零售产业、物流产业，甚至信息技术产业的自身形象。沃尔玛创造了零售业工业化经营的新时代。

零售业是中国目前业态变革剧烈，同时也是物流变革需求迫切的行业。现代物流区别于传统物流的最大特征就在于现代物流把信息技术应用到了极致，即所谓的“用信息取代库存”。然而，在尚未跨越 ERP 基础应用的中国零售业，在流通思想匮乏、物流经验不足的先天劣势的条件下，即使应用海外最昂贵的成型套装软件也难解物流运作之痛；而中国零售业物流运作体系的独特性和国外软件服务商对中国商业企业行为的理解和实施支持力度的局限，造成了他们在进入中国之后难以实施成功的项目推广和客户化二次开发的状况。

今天，零售巨头做大，做成一份有质量的产业，我们的百强企业应该及早考虑如何在现有基础门店系统基础上，建立强大的总部数据管理中心，建立强大的中央清算和结算体系、中央运营报表体系，并面向零售终端体系、供应商（分销商）体系、物流服务体系实施信息化的一体化建设。“以订单驱动物流”，这是提高我国零售业采购及配送物流运营现代化水平的当务之急。

如果说，零售业基础管理系统的建设是中国商品流通业得以迅速做大的基础。那么，

基于CPFR的集中式智能化信息管理平台就是零售巨头得以做强的智能驾驶舱（IPS，Intelligent Pilot System）。今天，面对1 000家店到未来5 000家店的快速扩张、并购和有效管理的矛盾，零售巨头的IT系统架构和应用架构、零售巨头自身的数据资源利用、零售巨头资本并购中的IT继承和数据资源整合等等都是事关连锁事业成败的关键问题。我们需要借鉴沃尔玛的高端整合物流体系开发思想，适应多级分销组织、多级管理组织、多业态跨区域发展状况以及建立相对独立的物流专业服务体系，帮助中国巨头们按基础流通、协同流通、智能流通三大信息化环节有序地全面架构IT系统，重点建立总部集中式的数据管理平台，实现数据资源的深度开发和高层次应用。

这种高端的集中式管理信息平台，具备多数据源的数据交换能力、数据接口和组件应用技术，支持与第三方的单业态连锁系统、与第三方门店系统和第三方的物流中心对接；同时，将联系供应链上下游的贸易合作伙伴纳入全程整合的价值链设计中，连接零售商、分销商、第三方物流服务商的商品实体流动运行与可视化管理控制；支持EAI，支持ECR，以信息流整合物流和资金流。

参考文献

[1] 约翰·门茨尔. 供应链管理概论［M］. 刘学元，等译. 北京：电子工业出版社，2006.
[2] 罗伯特·蒙克萨，等. 采购与供应链管理［M］. 4 版. 北京：清华大学出版社，2010.
[3] 乔尔 D 威斯纳. 供应链管理（原书第 3 版）［M］. 北京：机械工业出版社，2014.
[4] 马士华，林勇. 供应链管理［M］. 北京：机械工业出版社，2014.
[5] 曹基梅. 客户关系管理［M］. 长沙：湖南师范大学出版社，2013.
[6] 骆金鸿，徐芹. 供应链管理［M］. 沈阳：东北大学出版社，2015.
[7] 朱占峰，陈勇. 供应链管理［M］. 北京：高等教育出版社，2014.
[8] 李建丽. 供应链管理实务［M］. 3 版. 北京：人民交通出版社，2015.
[9] 吴星泽，胡延华. 供应链管理［M］. 西安：西北工业大学出版社，2013.
[10] 杨军，赵继新. 供应链管理［M］. 北京：北京师范大学出版社，2012.
[11] 罗伯特·蒙克萨. 采购与供应链管理［M］. 3 版. 北京：清华大学出版社，2008.
[12] 约翰·盖特纳. 战略供应链联盟［M］. 宋华，等译. 北京：经济管理出版社，2005.
[13] 戴维·泰勒. 全球物流与供应链管理案例［M］. 胡克，等译. 北京：中信出版社，2003.
[14] 保罗·麦尔森. 精益供应链与物流管理［M］. 梁峥，等译. 北京：人民邮电出版社，2014.
[15] 乔普拉，迈因德尔. 供应链管理战略、规划与运作［M］. 北京：清华大学出版社，2008.